HEINHARD STEIGER

Staatlichkeit und Überstaatlichkeit

Schriften zum Öffentlichen Recht

Band 31

# Staatlichkeit und Überstaatlichkeit

Eine Untersuchung zur rechtlichen und politischen
Stellung der Europäischen Gemeinschaften

Von

Dr. jur. Heinhard Steiger

DUNCKER & HUMBLOT / BERLIN

Alle Rechte vorbehalten
© 1966 Duncker & Humblot, Berlin 41
Gedruckt 1966 bei Alb. Sayffaerth, Berlin 61
Printed in Germany

*Meinem Vater*

# Vorwort

Die Europäischen Gemeinschaften erheben einen politischen Anspruch. Sie verstehen sich seit der Erklärung Robert Schumans vom 9. Mai 1950 als Meilensteine zu einem bundesstaatlich verfaßten Europa. Die Überstaatlichkeit ist deswegen als rechtlich-politisches Zwischenstadium verstanden worden. Inzwischen ist aber nicht nur die Verwirklichung des ursprünglichen Anspruches in Frage gestellt worden, sondern das Prinzip der Überstaatlichkeit selbst scheint der Gefahr der Auflösung nahe zu sein. Ist es in diesem Stadium der Entwicklung überhaupt wissenschaftlich sinnvoll, eine Analyse der Europäischen Gemeinschaften und des sie tragenden Prinzips vorzulegen? Besteht nicht die Gefahr, daß diese Untersuchung sehr schnell bloß historischen Charakter annimmt? Wäre es nicht ratsamer abzuwarten, bis die politische Lage sich geklärt hat?

Ich meine aus zwei Gründen, daß die Bemühungen um eine Analyse der rechtlich-politischen Stellung der Europäischen Gemeinschaften gerade im gegenwärtigen Zeitpunkt notwendig und sinnvoll sind. Einerseits deuten die gegenwärtigen Auseinandersetzungen darauf hin, daß es schon rein politisch äußerst risikoreich ist, hinter die tragenden Grundsätze der Europäischen Gemeinschaften zurückzugehen, da es wegen der damit verbundenen Erschütterungen für alle Beteiligten unzweckmäßig wäre. Aber das allein würde sich unter Umständen als sehr schwankender Grund wissenschaftlicher Arbeit erweisen. Vielmehr geht diese Untersuchung davon aus, daß das Prinzip der Überstaatlichkeit, wie es sich in den Gemeinschaften zu verwirklichen beginnt, für die Erhaltung der nationalen Staatlichkeit notwendig ist. Es ist allerdings erforderlich einzusehen und sich einzugestehen, daß es falsch ist, die Europäischen Gemeinschaften als Schritte zur Bundesstaatlichkeit Europas im herkömmlichen Sinne anzusehen. Sie sind es nicht. Das ist einerseits desillusionierend. Aber es ist andererseits weder ausgemacht, daß der Europäische Bundesstaat so ohne weiteres wünschbar ist, noch verlieren die Gemeinschaften ihren Sinn. Sie werden im Gegenteil in ihrer Eigenbedeutung dem kritischen Erfassen erst zugänglich. Indem die Überstaatlichkeit nicht mehr als Zwischenstufe, sondern als eigenständige rechtlich-politische Ordnungsform verstanden wird, ist es möglich, sie in Beziehung zur Staatlichkeit zu setzen und zu begreifen, inwieweit sie selbst eine geschichtlich notwendige Stufe politischer Ordnung der Ergänzung nicht aber der Aufhebung nationaler Staatlichkeit darstellt. Unter diesem, wie mir scheint, neuen Blickwinkel erhellt sich die Bedeutung mancher Züge der Gemeinschaften, die bisher vom vorgestellten Ideal des Bundesstaates her als unfertig, störend, ja systemwidrig und im Grunde unverständlich erschienen. Vor allem rechtfertigt sich dieser erneute Versuch trotz der scheinbar fragwürdigen Lage der Gemeinschaften, weil diese erst als eigenständige, in sich und als solche notwendige, wenn auch durchaus verbesserungsfähige rechtlich-politische Willens- und Wirkeinheiten ernst genommen werden.

Die Arbeit wurde Ende 1964 abgeschlossen. Der Vertrag über die Fusion der Organe vom 8. April 1965 (BGBl. 1965 II S. 1453) wurde aber noch eingearbeitet. Die 1965 erschienene Literatur konnte nur zum Teil berücksichtigt werden. Insbesondere konnten die Referate von Josef Kaiser und Peter Badura auf der Tagung der Vereinigung der deutschen Staatsrechtslehrer in Kiel 1964 nur in den Leitsätzen ausgewertet werden. Die in den verschiedenen Zeitschriften erschienenen Berichte sind für eine wissenschaftliche Auseinandersetzung nicht hinreichend genau. Das Buch von Heinz Wagner: „Grundbegriffe des Beschlußrechts der Europäischen Gemeinschaften", Köln 1965 und das Protokoll über die „Semaine de Bruges 1965, Droit Communautaire et Droit National", Bruges, De Tempel 1965 erschienen während der Drucklegung und werden daher nur hier erwähnt.

Die vorliegende Untersuchung baut auf meiner Dissertation „Die Unabhängigkeit der Rechtssetzung der Europäischen Gemeinschaften" auf, ist aber sowohl hinsichtlich der Fragestellung wie der Ausarbeitung in fast allen Teilen völlig neu gefaßt.

Ich habe vielfachen Dank zu sagen. Er gilt an erster Stelle den Herren Professoren Dr. Hans Ulrich Scupin und Dr. Hans J. Wolff, die mich in die wissenschaftlichen Fragen und Methoden eingeführt und mit ihnen vertraut gemacht haben. Herr Prof. Scupin hat außerdem sowohl die Dissertation als auch diese Abhandlung durch wertvollen Rat und vertiefende Gespräche hilfreich gefördert. Herr Prof. Dr. Friedrich Klein gab als Korreferent der Dissertation wichtige Hinweise, die auch in diese Untersuchung eingegangen sind. Durch mannigfache Anregungen hat Herr Prof. Dr. Dr. Ernst Wolfgang Böckenförde den eigenen Gedankengang stark befruchtet.

Herrn Ministerialrat a. D. Dr. Johannes Broermann danke ich für die Aufnahme dieser Abhandlung in seine Schriftenreihe.

Münster, den 1. Dezember 1965

*Heinhard Steiger*

# Inhalt

**Einleitung** .......................................................... 15

### Erster Teil:
**Zur Lage des modernen Staates**      17

§ 1 Zur Theorie des Staates .......................................... 17
    a) Staat und Gesellschaft ....................................... 17
    b) Zum Begriff der Souveränität ................................. 19
    c) Staatsgewalt und Gesellschaft ................................ 26

§ 2 Bewegungen der Gesellschaft ...................................... 26
    a) Allgemeine Trends der gesellschaftlichen Bewegungen .......... 26
    b) Bewegungen des Güterlebens .................................. 28
    c) Die Hervorbringung eines übernationalen Wirtschaftsrechts .... 30
    d) Die Entwicklung eines übernationalen Bewußtseins ............ 33

§ 3 Folgerungen für den Staat ........................................ 37

### Zweiter Teil:
**Die Überstaatlichkeit als politisches Formprinzip**      44

#### Kapitel I:
*Die klassischen zwischenstaatlichen Organisationen*      47

§ 4 Allgemeine Bauprinzipien der zwischenstaatlichen Organisationen .. 47
§ 5 Rechtsbildung in den zwischenstaatlichen Organisationen ......... 49

#### Kapitel II:
*Gegenstand und Grundlagen der Europäischen Gemeinschaften*      54

§ 6 Aufgaben und Ziele der Gemeinschaften ........................... 55
    a) Gegenstand der EGKS ......................................... 55
    b) Aufgaben und Ziele der EWG .................................. 57
    c) Aufgaben und Ziele der EAG .................................. 59

## Inhalt

§ 7 Rechtscharakter der Gründungsverträge der Europäischen Gemeinschaften ................................................................. 60
    a) Der Vereinbarungscharakter der Gründungsverträge ............ 60
    b) Der Satzungscharakter der Gründungsverträge ................ 63
    c) Der verfassungsändernde Charakter der Gründungsverträge .... 65

### Kapitel III:
### Der Rechtssetzungsprozeß in den Europäischen Gemeinschaften    67

### Abschnitt 1:
### Grundlagen der Rechtssetzungsbefugnis der Europäischen Gemeinschaften    68

§ 8 Formen der Rechtssetzung ........................................ 68
    a) In der EGKS .............................................. 68
    b) Bei der EWG und der EAG ................................ 71
    c) Allgemeine Empfehlungen und Richtlinien .................. 74
§ 9 Der allgemeine Umfang der Rechtssetzungsbefugnis ................ 76
§ 10 Der Ursprung der Rechtssetzungsbefugnis der Europäischen Gemeinschaften ......................................................... 80
§ 11 Die materiellen Einteilungen der Rechtssetzungsakte der Europäischen Gemeinschaften ............................................. 83
    a) Vertragsändernde Rechtssetzungsakte ........................ 83
    b) Vertragsausfüllende Rechtssetzungsakte ...................... 85
    c) Vertragsdurchführende Rechtssetzungsakte .................... 87
    d) Durchführende Rechtssetzungsakte der Kommissionen der EWG und EAG ................................................. 89

### Abschnitt 2:
### Die Ausübung der Rechtssetzungsbefugnis    89

§ 12 Die Zuständigkeitsverteilung ...................................... 89
    a) Die Zuständigkeitsverteilung in der EGKS .................... 89
    b) Die Zuständigkeitsverteilung in der EWG .................... 92
    c) Die Zuständigkeitsverteilung in der EAG .................... 95
§ 13 Willensbildung der Organe ...................................... 95
    a) Willensbildung der Ministerräte ............................ 96
    b) Willensbildung der Direktorien ............................ 98
    c) Würdigung ............................................... 98

Inhalt 11

Abschnitt 3:

Die Wirkung der Rechtssetzungsakte
der Europäischen Gemeinschaften gegenüber und in den Staaten 99

§ 14 Die allgemeine Rechtswirkung der Rechtssetzungsakte der Europäischen Gemeinschaften .................................................. 99
§ 15 Gemeinschaftsrecht und Staatsrecht ............................. 102
    a) Bindung der Gemeinschaftsorgane an staatliches Verfassungsrecht 102
    b) Bindung der Staatsorgane an das Gemeinschaftsrecht .......... 110

*Kapitel IV:*

*Die rechtlich-politische Stellung der Europäischen Gemeinschaften* 122

Abschnitt 1:

Die äußere Stellung der Europäischen Gemeinschaften
in der Völkerrechtsgesellschaft 124

§ 16 Grundlagen der Völkerrechtspersönlichkeit der Europäischen Gemeinschaften ................................................... 124
    a) Der Begriff der Völkerrechtspersönlichkeit ................... 124
    b) Völkerrechtliche Rechte und Pflichten der Gemeinschaften ...... 127
§ 17 Die Anerkennung der Europäischen Gemeinschaften als Völkerrechtssubjekte ................................................. 128

Abschnitt 2:

Die innere Stellung der Europäischen Gemeinschaften
zu den Mitgliedstaaten 132

§ 18 Die staatliche Verfügbarkeit über den Bestand der Europäischen Gemeinschaften .................................................. 132
    a) Grundsätzliches ............................................ 132
    b) Einverständliche Verfügungen ............................... 133
    c) Einseitige Verfügungen ..................................... 138
§ 19 Der bündische Charakter der Europäischen Gemeinschaften-Grundlagen ............................................................ 143
    a) Allgemeines ............................................... 143
    b) Die Einheit der Gemeinschaften ............................. 148
    c) Der Begriff des Bundes .................................... 149
§ 20 Der bündische Charakter der Europäischen Gemeinschaften-Einzelheiten ........................................................... 154
    a) Die Verfassungselemente der Gründungsverträge ............. 154

|  |  |
|---|---|
| b) Interventionsrechte der Europäischen Gemeinschaften | 156 |
| c) Gemeinsames Handeln nach außen | 159 |
| d) Organisation und Organisationsgewalt | 161 |
| e) Integration und Planung | 164 |
| § 21 Die politische Einheit der Europäischen Gemeinschaften | 171 |
| a) Homogenität | 171 |
| b) Repräsentation | 173 |
| c) Zusammenfassung | 182 |

**Literaturverzeichnis** . . . . . . . . . . . . . . . . . . . . . . . . . . . . . . . . . . . . . . . . . . . 187

**Namenverzeichnis** . . . . . . . . . . . . . . . . . . . . . . . . . . . . . . . . . . . . . . . . . . . . 195

**Sachverzeichnis** . . . . . . . . . . . . . . . . . . . . . . . . . . . . . . . . . . . . . . . . . . . . . 196

# Abkürzungsverzeichnis

| | |
|---|---|
| a.A. | anderer Ansicht |
| a.a.O. | am angeführten Ort |
| ABl | Amtsblatt der Europäischen Gemeinschaften |
| AdV | Archiv des Völkerrechts |
| AöR | Archiv für öffentliches Recht |
| Bank | International Bank for Reconstruction and Development |
| BB | Betriebsberater |
| BGBl | Bundesgesetzblatt |
| BRD | Bundesrepublik Deutschland |
| BVerfG | Bundesverfassungsgericht |
| BVerfGG | Bundesverfassungsgerichtsgesetz |
| BYIL | British Yearbook of International Law |
| DöV | Die öffentliche Verwaltung |
| DVBl | Deutsches Verwaltungsblatt |
| EAGV | Vertrag zur Errichtung der Europäischen Atomgemeinschaft |
| EGKSV | Vertrag zur Errichtung der Europäischen Gemeinschaft für Kohle und Stahl |
| ESCOR | Economic and Social Council (der VN) — Reports |
| EWGV | Vertrag zur Errichtung der Europäischen Wirtschaftsgemeinschaft |
| FAO | Food and Agriculture Organization |
| FG | Finanzgericht |
| GG | Grundgesetz der Bundesrepublik Deutschland |
| GH | Gerichtshof der Europäischen Gemeinschaften |
| HB | Hohe Behörde |
| h.L. | herrschende Lehre |
| h.M. | herrschende Meinung |
| IAEA | International Atomic Energy Agency |
| ICAO | International Civil Aviation Organization |
| IGH | Internationaler Gerichtshof |
| ILO | International Labor Organization |
| IMCO | International Maritime Consultative Organization |
| IMF | International Monetary Fund |
| JZ | Juristenzeitung |
| MRK | Menschenrechtskonvention des Europarates |
| NJW | Neue Juristische Wochenschrift |
| NZZ | Neue Zürcher Zeitung |

| | |
|---|---|
| RdC | Recueil des Cours de l'Académie de Droit International de la Haye |
| rde | Rowohlts deutsche Enzyklopädie |
| RDP | Revue de Droit Publique |
| RGDIP | Revue Générale de Droit International Public |
| RV | Verfassung des Deutschen Reiches von 1871 |
| SRGH | Sammlung der Rechtsprechung des Gerichtshofes der Europäischen Gemeinschaften |
| SVN | Satzung der Vereinten Nationen |
| UPU | Universal Postal Union |
| u.U. | unter Umständen |
| VN | Vereinte Nationen |
| VVdtStRL | Veröffentlichungen der Vereinigung deutscher Staatsrechtslehrer |
| WHO | World Health Organization |
| WRV | Verfassung des Deutschen Reiches von 1919 |
| ZaöRV | Zeitschrift für ausländisches öffentliches Recht und Völkerrecht |
| ZgesStW | Zeitschrift für die gesamte Staatswissenschaft |
| ZHR | Zeitschrift für das gesamte Handelsrecht und Konkursrecht |

# Einleitung

Die maßgebende politische Organisation der Gesellschaft in der Gegenwart ist der souveräne Staat. Zwar ist er keine absolute, sondern eine geschichtliche Erscheinung[1], aber er hat sich für unsere Gegenwart allgemein durchgesetzt und erhalten. Jedes Nachdenken über andere Organisationen ist daher irgendwie auf den Staat bezogen. Erheben diese Organisationen wie die Europäischen Gemeinschaften als „überstaatliche" Organisationen den Anspruch, den Staat zu ergänzen, so müssen sie wie dieser politisch sein, d. h. sie müssen unmittelbar auf die allgemeine Existenz der menschlichen Gesellschaft selbst, in der sie sich als von den Teilen unabhängige und selbst bildende Gesamtheit konstituiert, bezogen sein. Die Frage aber ist, ob sich der souveräne Staat überhaupt ergänzen läßt; denn seinem Anspruch nach ist er eine societas perfecta, die als solche einer Ergänzung weder bedürftig noch überhaupt fähig ist. Jedoch ist tatsächlich dieser Anspruch heute in Frage gestellt. Die Gesellschaft ändert sich. Sie ist von einer geschlossenen staatsbürgerlichen Gesellschaft zu einer offenen Industriegesellschaft auf dem Wege. Staat und Gesellschaft treten also wiederum auseinander oder doch in neuer Form in Gegensatz zueinander. Selbst einer der konsequentesten staatsbezogenen Denker unserer Zeit, Carl *Schmitt*, wagt — wenn auch aus vielleicht anderen Gründen — den Satz: „Die Epoche der Staatlichkeit geht jetzt zu Ende[2]."

Die „Überstaatlichkeit" ist als Rezept zur Wiederherstellung der Einheit — nicht der Identität! — von Staat und Gesellschaft gedacht. Es ist in den Europäischen Gemeinschaften zum ersten Mal in die rechtliche und politische Erscheinung getreten, wenn diese auch nicht ohne weiteres die bereits vollkommene Verwirklichung der neuen politischen Ordnungsvorstellung sind. Die Kernfrage der Europäischen Gemeinschaften ist, ob sie in der Lage sind, eine wirksame politische Form der Ergänzung der Staatlichkeit zu sein, oder jedenfalls zu werden. Ihr Ziel

---

[1] *Krüger*, Herbert: Allgemeine Staatslehre, Stuttgart 1964, S. 1; *Brunner*, Otto: Land und Herrschaft, 4. Aufl., Wien-Wiesbaden 1959, S. 111 ff.; *Schmitt*, Carl: Staat als konkreter, an eine geschichtliche Epoche gebundener Begriff (1941), in: Verfassungsrechtliche Aufsätze, Berlin 1958, S. 375—385, und auch sonst, insbesondere: Nomos der Erde, Köln 1950, S. 96 ff.

[2] *Schmitt*, Carl: Der Begriff des Politischen, Vorwort zur Neuauflage, Berlin 1963, S. 10 (es wird nur diese zitiert).

ist nicht, den Staat zu beseitigen; vielmehr wollen sie ihn in eine größere sekundäre Gesamteinheit einbeziehen, indem sie einerseits ihn grundsätzlich als politische Grundeinheit bestehen lassen, andererseits die übergreifenden Zusammenhänge einer überstaatlichen Lösung zugänglich zu machen trachten, indem auf diesen Gebieten eine Integration herbeigeführt wird. In diesem zugestandenermaßen paradoxen Ziel liegt die Schwierigkeit ihrer Beurteilung. Denn der Staatsrechtler wie der Völkerrechtler sind gewohnt, den Staat allein als maßgebende Einheit anzusehen, der seinerseits nur wieder in einem Staat aufgehen kann. Schon die Einordnung zwischenstaatlicher Organisationen macht ihm Schwierigkeiten. Jedoch gehört es eben zur These dieser Untersuchung, daß der Staat dabei ist, selbst sein bisheriges Monadendasein aufgeben zu müssen. Die Europäischen Gemeinschaften gehen, um ihr Ziel zu erreichen, den von der Sachlage her vorgeschriebenen Weg, nur begrenzte, auf bestimmte Sachgebiete bezogene hoheitliche Zuständigkeiten für sich in Anspruch zu nehmen, während die allgemeine Zuständigkeit bei den Staaten verbleibt. Sie haben also auch nur begrenzte Autorität. Zwar kann sich diese gegen einen einzelnen Mitgliedstaat richten, die Staaten insgesamt aber können nicht ausgeschaltet werden. So ist das Verhältnis zwischen Gemeinschaften und Staaten in der Schwebe.

Zur politischen Wirksamkeit gehört Macht, zwar rechtlich gebundene Macht, aber immerhin Macht. Konkret bedeutet das, daß die Europäischen Gemeinschaften den Mitgliedstaaten Befehle erteilen können müssen, die Mitgliedstaaten der Europäischen Gemeinschaften also, jedenfalls im Verhältnis zu ihnen, eine eingeschränkte Souveränität haben, d. h. nicht mehr tun und lassen können, was sie nach allgemeinen Regeln untereinander tun oder lassen könnten. Gelingt es den Europäischen Gemeinschaften mit anderen Worten, die Politik der Mitgliedstaaten über das sonst im zwischenstaatlichen Verkehr übliche Maß hinaus zu zähmen und zu einer Politik der Gesamteinheit zu gewinnen, bilden die Europäischen Gemeinschaften bereits die „Europäische Gemeinschaft", bilden sie rechtlich gesprochen einen Bund.

Erster Teil

# Zur Lage des modernen Staates

## § 1 Zur Theorie des Staates

### a) Staat und Gesellschaft

1. Der Staat ist die politische Einheit der Gesellschaft. Die Verfassungen wie die Verwaltungen der Staaten sind nach den Worten Lorenz von Steins[1] „den Elementen und Bewegungen der gesellschaftlichen Ordnung unterworfen". Nach Krüger bringt die Gesellschaft „in ständiger dialektischer Auseinandersetzung" den Staat erst hervor[2]. Diese Stimmen ließen sich beliebig vermehren[3]. Es ist heute weitgehend anerkannt, daß Staat und Gesellschaft zwei in Spannung miteinander stehende Erscheinungsweisen menschlicher Gruppierung sind, die erste durch das Moment der Herrschaft und des Politischen, die zweite durch das Moment des Wirtschaftlichen, das als herrschaftslos und nichtpolitisch begriffen wird, konstituiert[4].

2. Wie immer die Gesellschaft im einzelnen bestimmt wird[5], als ihr konstituierendes Merkmal wird die „Güterwelt", die Wirtschaft angesehen[6]. Ihre treibende Kraft ist die individuelle Interessenbefriedigung durch Erwerb[7]. Sie wird als die Voraussetzung der konkreten Freiheit

---

[1] *Stein*, Lorenz von: Geschichte der sozialen Bewegung in Frankreich, 3 Bde. Neudruck der von Gottfried Salomon besorgten Ausgabe von 1921, Darmstadt 1959, Bd. I, S. 3.

[2] *Krüger:* Staatslehre, S. 346 u. 526.

[3] Siehe die vielen Zitate bei *Krüger*.

[4] Allerdings gibt es auch Stimmen, die die Unterscheidung von Staat und Gesellschaft in unserer sozialen Wirklichkeit bestreiten, siehe dazu bei E. W. *Böckenförde:* Lorenz von Stein als Theoretiker der Bewegung von Staat und Gesellschaft zum Sozialstaat. Festschrift für Otto Brunner „Alteuropa und die moderne Gesellschaft", Göttingen 1963, S. 248—277, S. 254, Fußnote 24.

[5] Es ist nicht die Absicht dieses Abschnittes, eine neue Theorie der Gesellschaft und des Staates zu entwerfen oder auch nur die einzelnen Theorien zu verfolgen. Es genügt für unsere Zwecke, das grundsätzliche Verhältnis herauszustellen.

[6] Siehe die verschiedenen Gesellschaftsbegriffe bei *Krüger:* Staatslehre, S. 342 ff.

[7] Das hat vor allem *Stein* herausgestellt: Soziale Bewegung I, S. 43: „Das Interesse, indem es den Mittelpunkt der Lebenstätigkeit jedes einzelnen in

und Selbstbestimmung des Einzelnen begriffen[8]. Diese Interessenbefriedigung vollzieht sich zunächst im herrschaftsfreien Raum. Ja, sie setzt geradezu die Freisetzung aus der staatlichen Sphäre zu ihrer Entwicklung voraus[9]. Arbeitsteilung und Wettbewerb sind ihre Mittel. Was sie erstrebt, ist letztlich der herrschaftslose, der staatslose Zustand[10]. Sie versucht, ihre eigene Ordnung hervorzubringen, begründet auf die sogenannten Sachgesetzlichkeiten der wirtschaftlichen Abläufe. Nur diese gelten ihr als Maßstab ihres Handelns. Die Gesellschaft strebt also grundsätzlich nach Autonomie. Ihr Ziel ist die Sicherung der individuellen Existenz durch sachgemäßen Vollzug der wirtschaftlichen Gesetze. Diese individuelle Existenzsicherung bedeutet aber gegenseitigen wirtschaftlichen Kampf[11]. Denn die der Existenzsicherung dienenden Güter sind beschränkt. Erst unerschöpfliche Fülle würde den Kampf unnötig machen. Um diesen Kampf zu regeln und einem Ziele zuzuführen, gliedert sich die Gesellschaft in die verschiedensten Gruppen, die Interessengruppen. Ihnen geht es zunächst um das „subjektive Wohl", nicht um das „Gemeinwohl"[12]. Allerdings sind sie alle geneigt, beide miteinander zu identifizieren, um sich dadurch eine größere Durchschlagskraft ihrer Wünsche und Forderungen zu sichern.

3. Ist die Gesellschaft durch den Individualismus, so ist der Staat durch das Prinzip des Allgemeinen bestimmt. Allerdings ist er als Hervorbringung der Gesellschaft zunächst auf ihre Ziele, Sicherung der individuellen Existenz und Freiheit festgelegt[13]. So ist nach Lorenz von Stein das Prinzip des Staates „die Erhebung aller einzelnen zur vollsten Freiheit, zur vollsten persönlichen Entwicklung"[14]. Die ursprünglich gesellschaftlich-individualistische Forderung wird zur politisch-allgemeinen. Denn der Ton liegt auf „aller" einzelnen. Diese Sicherung

---

Beziehung auf jeden anderen, mithin der ganzen gesellschaftlichen Bewegung abgibt, ist daher das Prinzip der Gesellschaft." Dazu *Böckenförde:* Lorenz von Stein, S. 259 f.; *Krüger:* Staatslehre, S. 343 f.

[8] Das gilt jedenfalls in der westlichen Welt der „sozialen Reform" auch heute, wie die Betonung des Eigentums auch für den Arbeiter zeigt.

[9] Siehe dazu die Darlegung Steins zur Bedeutung der „Déclaration des droits de l'homme et du citoyen", Soziale Bewegung I, S. 209 ff., dazu *Böckenförde:* Lorenz von Stein, S. 254 ff.

[10] Es ist bemerkenswert, daß sowohl der extreme Liberalismus wie der Marxismus insoweit dasselbe Ziel haben.

[11] Siehe z. B. *Tönnies,* Ferdinand: Gemeinschaft und Gesellschaft, Nachdruck der 8. Auflage, Darmstadt 1963, S. 40, 53.

[12] Allerdings reitet sich dieses System selbst zu Tode. Es führt letztlich nur dazu, das Gemeinwohl als solches endgültig zum Verschwinden zu bringen.

[13] Mit Recht bemerkt *Böckenförde:* Lorenz von Stein, S. 261, daß die Gesellschaft an den Staat im Kern nicht politische, sondern gesellschaftliche Forderungen stellt. Aber sie werden, indem der Staat sie aufgreift, aufgreifen muß, politisch. Siehe den Text.

[14] Soziale Bewegung I, S. 45.

aller einzelnen geschieht in der Sicherung der Gesamtexistenz der Gesellschaft als solcher. Aber auch nur in der Sicherung der Freiheit und Existenz aller einzelnen, kann die Gesamtexistenz gesichert werden[15]. Dieses dialektische Verhältnis zwingt den Staat zur Regulierung der gesellschaftlichen Abläufe. Es zwingt ihn zur Herrschaft. Er kann die Gesellschaft nicht sich selbst überlassen, weil diese nicht das Gemeinwohl, sondern das Einzelwohl zum Prinzip hat. Denn die Knappheit der Güter führt zur Bevorzugung der einen und zur Benachteiligung der anderen, ohne daß persönliche Fähigkeiten allein über die Verteilung der Güter zu entscheiden hätten. Auch heute noch ist das Kapital gegenüber der kapitallosen Arbeit bevorzugt. Auch heute noch muß im Interesse beider der Ausgleich stattfinden. Dazu bedarf es der staatlichen Herrschaft, der Staatsgewalt[16]. Die Staatsgewalt hat einen inneren und einen äußeren Aspekt: Die Ausschließlichkeit und die Unabhängigkeit. Sie werden im Begriff der Souveränität zusammengefaßt.

### b) *Zum Begriff der Souveränität*

1. Die Souveränität ist der Schnittpunkt des Politischen mit dem Juristischen, der Entscheidung mit der Norm, der Macht mit dem Rechten[17]. Souverän war der König ursprünglich als Richter[17]. Aber mit dem Aufkommen des modernen Staates wurde der Souverän schon bei dem ersten großen Staatstheoretiker Jean Bodin zum Herrscher über das Recht als derjenige, der das Recht setzt und wieder aufhebt[18]. Es kann nicht Sinn dieser Überlegungen sein, einen neuen Begriff der Souverä-

---

[15] Bei Stein kommt dieses dialektische Verhältnis von Einzelexistenz und Gesamtexistenz in seinen Darlegungen über die „zwei Republiken" der herrschenden und der beherrschten Klassen zum Ausdruck. Die Gesellschaft ist aus sich heraus nicht in der Lage, diesen Zwiespalt zu überwinden, und gefährdet dadurch sich selbst und jeden einzelnen. Besonders eindeutig wird das in folgenden Sätzen ausgesprochen: „Wenn die nichtbesitzende Klasse die Herrschaft über die Staatsgewalt aus dem abstrakten Begriff der rein demokratischen Gleichheit durch die Zahl der Stimmen erreichen will, so wird die besitzende Klasse ihr natürlicher und unversöhnlicher Feind sein, und der Staat wird der Gewalt der Waffen und damit dem Untergang der Freiheit anheimfallen. Wenn die besitzende Klasse die Herrschaft über die Verwaltung wesentlich im Interesse des Besitzes ausübt, so wird sie die nichtbesitzende Klasse zu ihrem natürlichen und unversöhnlichen Feind haben, und auch dann wird sie die Ordnung der Dinge in der Gewalt untergehen." Soziale Bewegung III, S. 206.
[16] Stein hat in der Verwaltung den Ort dieser Tätigkeit der Staatsgewalt gesehen. Dieser Ansatz ist an seinem Ort aufzunehmen, unten S. 147.
[17] *Church*, William Farr: Constitutional Thought in 16th Century France, Cambridge (Mass.) 1941, S. 194—292; *Scupin*, Hans Ulrich: Der Begriff der Souveränität bei Johannes Althusius und bei Jean Bodin, Der Staat, Bd. 4, S. 1—26, S. 22.
[18] *Bodin*, Jean: Les six livres de la République, Faksimile der Ausgabe von 1586, Aalen 1961, S. 223; siehe auch Hobbes berühmten Satz „auctoritas non veritas facit legem", dazu *Schmitt*: Begriff des Politischen, S. 121 f.

nität neben die bisherigen zu stellen, oder wieder einmal den Versuch zu machen, ihn aus seinen Ursprüngen und Verwandlungen zu begreifen[19]. Es würde sich wahrscheinlich zeigen, daß er als ein historischer Begriff in historischen Situationen historisch bedingt gebraucht wurde[20], also immer bezogen auf die konkreten Interessen[21], für oder gegen die er eingesetzt wurde. Schon sein Ursprung zeigt, daß Bodin ihn umwandelte, um den Staat Frankreich zu retten, gegen den Kaiser, gegen die Kirche, gegen die im Bürgerkrieg liegenden Parteien[22]. Trotzdem kann man seit Bodin feststellen, daß das Politische und das Juristische die Elemente des Begriffes der Souveränität und ihre Verbindung sein Wesen ist. Erst durch die Verbindung von Entscheidung und Norm im Rahmen des Staates wird der Begriff der Souveränität überhaupt wichtig. Denn die Geschichte Europas ist die Geschichte der Vernunft und damit der Zähmung der beliebigen, willkürlichen Macht. Die Macht trägt in sich nur die Schranken des größeren oder kleineren Erfolgsrisikos. Da hilft nur Gegenmacht. Es ist daher nicht nur ein methodisches[23], sondern ein sachliches Problem, ob man einen politischen und einen juristischen Souveränitätsbegriff unterscheiden soll. Der politische Begriff hört bei der absoluten Macht auf, der juristische bei der inhaltsleeren hypothetischen Grundnorm. Beides kann nicht befriedigen. „Souverän ist, wer über den Ausnahmezustand entscheidet[24]." Aber wonach entscheidet er, nach Belieben, nach Vernunft, nach Normen? Die hypothetische Grundnorm Kelsens hingegen ist zwar rein, aber sie ist rein, weil die „eigentliche Schwierigkeit" (Schmitt) umgangen wird, nämlich ihre Beziehung zur Wirklichkeit.

2. Der Staat hat die Herrschaftsgewalt monopolisiert und dadurch die Souveränität gewonnen. Souveränität ist nicht gleich Staatsgewalt, sie ist vielmehr eine Eigenschaft derselben. Die Frage, auf die der gegen-

---

[19] Siehe dazu folgende Versuche: *Dennert,* Jürgen: Ursprung und Begriff der Souveränität, Stuttgart 1964; *Schmitt,* Carl: Politische Theologie, München-Leipzig 1922; *Koppensteiner,* Hans Georg: Die Europäische Integration und das Souveränitätsproblem, Baden-Baden/Bonn 1963; die allgemeinen Werke der Staatslehre, z. B. von *Jellinek, Heller, Krüger.*

[20] Er ist zwar eine Abstraktion, aber kein für alle Zeiten gültiges umwandelbares Axiom, siehe *Scupin,* Begriff S. 1.

[21] Siehe zu diesem Begriff: *Kriele,* Martin: Kriterien der Gerechtigkeit, Berlin 1963, S. 62 ff.

[22] Siehe statt vieler: *Schnur,* Roman: Die französischen Juristen im konfessionellen Bürgerkrieg des 16. Jahrhunderts, Berlin 1962.

[23] So z. B. *Koppensteiner,* Integration, S. 24, im Anschluß an Kelsen.

[24] *Schmitt:* Politische Theologie, S. 9. Auf ihn greift Rosenstiel zurück: *Rosenstiel,* Francis: Supranationalität, eine Politik des Unpolitischen, Köln 1964, S. 40; aber er fährt fort, wobei er Schmitt's Thesen m. E. überzieht und eben dadurch verfälscht: „Nun liegt das Besondere des Ausnahmezustandes darin, daß er sich außerhalb des Rechtes befindet." Das scheint mir nicht der Fall zu sein.

§ 1 Zur Theorie des Staates

wärtige Staat eine geschichtliche Antwort darstellt, lautet, wie dargelegt, wie Freiheit der Menschen garantiert werden könne[25]. Seine Lösung hat eine doppelte Richtung: Nach innen Ausschluß der miteinander konkurrierenden Gewalten und Etablierung der Zentralgewalt. Das Mittel war die Theorie der Souveränität. Sie diente dazu, die eigenständige Gewalt der Stände, aber auch das Faustrecht aufzuheben. Die Staatsgewalt wurde einzig und einheitlich, und sie wurde die „höchste" Macht, suprema potestas. Sie befriedete das Innere des Staates, indem sie die Auseinandersetzungen in geordnete, geregelte Bahnen lenkte. Der Staat garantiert das Recht und verlangt dafür Gehorsam[26]. Nach außen werden die Kräfte ausgeschlossen, die in seine Eigenbestimmung eingreifen wollen, Kirche und Kaiser zunächst, dann auch andere staatliche Gewalten. Der Staat gewinnt das absolute Recht der Eigenbestimmung seiner gesellschaftlich-politischen Ordnung. Er vermag jeden Angriff auf diese seine Eigenbestimmung abzuwehren, „den Feind" i. S. von Carl Schmitt zu bestimmen. Der Staat wird nach innen und außen eine in sich geschlossene, in sich und aus sich bestehende Willens- und Wirkeinheit. Nach außen tritt die neue Entwicklung darin deutlich hervor, daß der Staat vom Personalverband zum Territorialstaat wird. Die geschlossene Fläche, die mit allem, was sich auf ihr befindet, seiner Herrschaft unterliegt, ist wesentlich für den Staat[27]. Das Territorium wird zum Anknüpfungspunkt der Rechtsunterworfenheit für die Personen, die darauf wohnen[28]. Aus der Personalhoheit wird die Territorialhoheit. Auch der Ausländer, der früher sein Heimatrecht mit sich trug, wird nunmehr dem Recht des Aufenthaltsstaates unterworfen. Auf das Territorium bezieht sich eine Staatsgewalt, die nicht mehr aus historischen regalia, Hoheitsrechten besteht, sondern zu einem einheitlichen ius territorii wird[29], und von dort zur allgemeinen einheitlichen und

---

[25] Übrigens ist diese Frage nicht zeitlos. Sie ist wahrscheinlich auch historisch. Das MA hat vielleicht doch anders gefragt. Bodin selbst stellte noch an die Spitze der Staatsaufgaben: „La fin principale de la République bien ordonnée gist aux vertus contemplatives." Es ist daher fraglich, ob der Staat, wie *Krüger* meint, „eine geschichtliche Antwort auf eine zeitlose Frage" ist, Staatslehre, S. 1. Er ist eher eine geschichtliche Antwort auf eine geschichtliche Frage.

[26] Das Problem des Gehorsams darf allerdings nicht isoliert von der Bindung der Staatsgewalt an das Recht gesehen werden. Es ist durchaus vorstellbar, ja im Grunde notwendig, daß der Gehorsam dort endet, wo diese Bindung verlassen wird. Hier liegt der Grund des Widerstandsrechts, das auch von Bodin nicht völlig verneint, wenn auch vielleicht zu sehr eingeschränkt wird.

[27] *Schmitt:* Nomos, S. 96 ff. u. 117; *Krüger*, Staatslehre, S. 162.

[28] Das war nicht immer so gewesen, siehe dazu *Brunner:* Land und Herrschaft, S. 11 ff.

[29] *Brunner:* Land und Herrschaft, S. 165 ff. mit weiteren Verweisen. Damit mag in diesem Zusammenhang dahingestellt bleiben, ob die Herrschaft das Territorium konstituiert oder umgekehrt das Territorium Grund der Herrschaft ist.

ausschließlichen Staatsgewalt[30]. Für das Territorium ist die feste Grenze wesentlich[31]. Sie grenzt es nach innen und nach außen ab. Was innerhalb der Grenzen ist, ist der Staatsgewalt unterworfen, was außerhalb ist, kann sie nicht erreichen. Die doppelte Funktion der Grenze bewirkt die Geschlossenheit des Staates. Sie umschließt aber auch zunächst die Gesellschaft, die sich im Staat politisch verfaßt[32]. Diese menschliche Gruppe ist also bereits eine geschlossene Gruppe, abgeschlossen nach außen, in sich selbst ruhend. Erst und nur dadurch wird es dem Staat überhaupt möglich, seine Aufgabe, die Gesamtexistenz der Gesellschaft und die Einzelexistenz aller einzelnen zu sichern. Gleichzeitig führt die Grenze, indem sie jede außerhalb des Territoriums herrschende Gewalt ausschließt, zur Geschlossenheit der Herrschaftsgewalt[33]. Die Grenze, wenn auch nur eine gedachte Linie im Boden, wird so zu einer Scheidewand, die einerseits die Einheit nach innen bewirkt, aber gleichzeitig die Trennung von außen, von den anderen ebenso geschlossenen politischen Einheiten. Das bedeutet zwar nicht, daß jeglicher Austausch abgebrochen wird, die Liberalität desselben aus der Zeit vor 1914 ist bei weitem noch nicht überall wieder hergestellt, aber dieser Austausch vollzieht sich unter den wachsamen Augen des Staates, der ihn jederzeit abbrechen kann. Friedrich Wilhelm I. verbot die Reisen ins Ausland. Die wirtschaftliche Austauschform des Staates vor der industriellen Revolution war der Merkantilismus mit seinen hohen Schutzzöllen. Der Freihandel wurde von den See-Staaten[34], insbesondere England, gefordert und konnte erst nach Beginn des technisch-industriellen Zeitalters gewisse Erfolge erzielen. Selbst heute aber ist er noch nicht durchgesetzt[35], die Abschließung nach außen, das Streben nach Autarkie ist vielen Staaten eigen[36]. Es entsteht oft der Eindruck, daß die Euro-

---

[30] Siehe zu dieser *Krüger*: Staatslehre, S. 820 ff., wenn ihm auch nicht in allem zuzustimmen ist.

[31] *Schmitt*: Nomos, S. 120.

[32] *Burdeau, Georges*: Traité de Science politique, Bd. 2. L'état, Paris 1949, S. 74, führt darauf das Entstehen der Nation zurück, womit er der französischen Lehre der Staatsnation im Unterschied von der Kulturnation folgt.

[33] *Burdeau*, ibid. Burdeau legt historisch dar, daß die Grenze im heutigen Sinn früher nicht vorhanden war, sondern typisches Merkmal des modernen Staates ist, eine Notwendigkeit, um die einheitliche Autorität zu sichern.

[34] Über das Verhältnis von Land- und Seemächten und ihre jeweilige Rolle hat wiederum Carl *Schmitt* besonders nachgedacht: Land und Meer. Eine weltgeschichtliche Betrachtung, Reclams Universalbibliothek Nr. 7536, Stuttgart 1954 (1. Aufl. 1941); Nomos der Erde.

[35] England ist mit der 15 % Zollerhöhung nach dem Laboursieg im November 1964 hinter seine eigenen Positionen des 19. Jahrhunderts zurückgekehrt. Sollte das das äußere Zeichen endgültiger Staatlichkeit Englands sein, die dem englischen Reich abgesprochen wurde, *Krüger*: Staatslehre, S. 86, nachdem das Reich sich aufgelöst hat?

[36] Welche Anstrengungen muß z. B. das GATT in der Kennedy-Runde unternehmen, um die Staaten aufzubrechen?

§ 1 Zur Theorie des Staates

päischen Gemeinschaften in den Augen mancher nur eine neue Autarkie auf größerem Raum ermöglichen sollen. Der Staat hat diese doppelte Ausgrenzung zu notwendigen Voraussetzungen seiner Souveränität[37]. Erst diese doppelte Geschlossenheit des sozialen Substrates und der Herrschaft erlaubt es ihm, nach innen wie nach außen ausschließliche Herrschaft inne zu haben und auszuüben[38]. Diese Geschlossenheit wird damit auch die Grundlage des neuen „Völkerrechts", eigentlich „Zwischenstaatenrechts"[39].

3. Die Monopolisierung der Herrschaftsgewalt beim Staat ist durch ihr zentrales Anliegen bestimmt. Zwar kann sie die Aufgaben an sich ziehen und regeln, die sie für notwendig hält, um Freiheit und Sicherheit der Bürger zu garantieren. Sie ist insoweit potentiell allumfassend. Aber in dieser „Rechtfertigung" findet die Staatsgewalt ihre Grenze. Die Staatsgewalt ist prinzipiell begrenzt[40]. Sie ist nur im Hinblick auf ihr Ziel eine Blankovollmacht[41]. Etwas anderes wäre unerträglich. Es würde das Wort Lockes zutreffen, daß der Mensch es aus Angst vor Katzen und Füchsen für Sicherheit halte, vom Löwen gefressen zu werden[42]. Auch im Ausnahmezustand kann nichts anderes gelten. Er ist nicht außerhalb des Rechtes, sondern nur außerhalb des „normalen" Rechtes. Auch die Entscheidungen über ihn und in ihm stehen unter der Frage nach dem, was recht sei. Denn die Bewältigung des Ausnahmezustandes ist die Regelung des ihm nachfolgenden Normalzustandes. Bodin versagte daher dem König das Besteuerungsrecht, weil er das Eigentum als Grundlage der freien und sicheren Existenz der Familie ansah[43]. Er betonte die Bindung des Souveräns an die „lois divines et naturelles" und an die „leges imperii"[44]. Thomas Hobbes „läßt eine Tür zur Transzendenz offen"[45] durch die Gewißheit, daß „Jesus is the Christ" und regelt zwar, wie vor ihm bereits Bodin, den öffentlichen

---

[37] *Heller*, Hermann: Staatslehre, Leiden 1961, Anhang S. 286.
[38] *Burdeau:* Traité II, S. 78 f.
[39] *Schmitt:* Nomos, S. 99 und an vielen anderen Stellen.
[40] *Schmitt*, Carl: Verfassungslehre, 3. Aufl., Berlin 1957, S. 164; eine staatliche zwangsweise Geburtenregelung würde diese Grenze m. E. überschreiten.
[41] Daher scheint mir *Krügers* Definition der Staatsgewalt als „General- und Blankovollmacht", die nur an die innere „Richtigkeit" gebunden ist, zu wenig konkret, Staatslehre, S. 827 ff.
[42] Zitiert nach *Schmitt*, Carl: Der Leviathan in der Staatslehre des Thomas Hobbes, Hamburg 1938, S. 112 f.
[43] République, S. 155; *Schnur*, Roman: Bodin, Staatslexikon, Bd. 2, Spalte 102.
[44] z. B. République, S. 133; *Burns*, J. H.: Sovereignty and Constitutional Law in Bodin, Political Studies 7 (1959), S. 174 ff.
[45] *Schmitt:* Begriff des Politischen, S. 121 f.

Kultus, läßt aber die innere Gesinnung frei[46]. Lassen sich Kriterien des Rechten aber bestimmen; denn was Freiheit und Sicherheit sei, und was dazu gehöre und was nicht, ist jedenfalls seit mehreren tausend Jahren umstritten. Eine gewisse Positivierung und detaillierte Ausfächerung haben die „Menschen- und Bürgerrechte" in ihren verschiedenen Erscheinungen gebracht. Aber nur wenn sie als im vorstaatlichen Raum beheimatet angesehen werden, also nicht von staatlicher Gewährung abhängig sind, vermögen sie wirklich bindende Maßstäbe darzustellen. Es ist aber bezeichnend, daß gerade der Ausnahmezustand im allgemeinen damit beginnt, daß sie suspendiert werden. Es bedarf also einer grundsätzlichen theoretischen Begründung des Rechten, die außerhalb geschriebener Rechtssätze steht. Kürzlich hat Martin Kriele einen erneuten Versuch einer solchen theoretischen Grundlegung unternommen, der sich nicht mit den üblichen Leerformeln begnügt, sondern Richtlinien des Handelns enthält, Mindesterfordernisse, deren Fehlen ein Handeln jedenfalls als Unrecht erscheinen lassen[47]. Darauf sei hier nur hingewiesen. Krieles Überlegungen geben methodische wie inhaltliche Kriterien zur Bestimmung des Rechten an die Hand.

4. Ist souveräne Staatsgewalt schon von ihrem Begriff her nicht rechtlose Herrschaft, so ist sie es nicht weniger von ihrer Verwirklichung her. Sie äußert sich vornehmlich in der Rechtsetzung. „Voila donc quant à la première marque de souveraineté, qui est le pouvoir de donner loy ou commander à tous en général, et à chacun en particulier[48]." Diese Befugnis ist die Essenz der Souveränität bei Bodin[49]. Herrschaft ist nach der Bestimmung Max Webers: „der Tatbestand, daß ein bekundeter Wille (Befehl) des oder der Herrschenden das Handeln anderer (des oder der Beherrschten) beeinflussen will und tatsächlich in der Form beeinflußt, daß dies Handeln in einem sozial relevanten Grade so abläuft, als ob die Beherrschten den Inhalt des Befehls um seiner selbst willen zur Maxime ihres Handelns gemacht hätten (Gehorsam)"[50]. Der Staat ist ein rationales Gebilde[51]. Das erklärt sich weitgehend aus seinem Sinn, Freiheit und Sicherheit seiner Bürger zu garantieren. Er antwortet daher immer auf die „Lagen" (Krüger), die dieses Ziel in

---

[46] *Schmitt:* Leviathan, S. 84 ff. Allerdings interpretiere ich diesen Vorgang positiv, denn dieses Offenlassen macht den Staat erst erträglich. Seine Neutralität ist Voraussetzung seines Bestehens, was Schmitt selbst an anderen Stellen seines Werkes hervorgehoben hat.

[47] *Kriele:* Kriterien, S. 61 ff.

[48] *Bodin:* République, S. 222, auch 223: „cette puissance de donner et casser la loy".

[49] *Mesnard,* Pierre: L'essor de la Philosophie Politique au XVIe siècle, Paris 1936 (Neuausgabe 1951), S. 493; *Scupin,* Begriff S. 22.

[50] Wirtschaft und Gesellschaft, 4. Aufl., Tübingen 1956, S. 544.

[51] *Krüger:* Staatslehre, S. 53—61.

§ 1 Zur Theorie des Staates

Frage stellen. Er antwortet mit der Vernunft, um die Existenz des Staates und damit der Gesellschaft der einzelnen zu sichern. Andere Möglichkeiten hat er wegen seiner strengen Diesseitigkeit nicht. Es ist nicht näher darauf einzugehen; Krüger hat den Sachverhalt ebenso wie die Sachzusammenhänge dargelegt. Als rationales Wesen plant der Staat vor, d. h. er ist Ordnung. Sein Ziel ist es, das Chaos der vielen Gewalten zu überwinden und durch seine zentrale Gewalt zu ersetzen. Dazu bedarf er der Ordnung und der Organisation[52]. Er schafft Rechtswege, öffentliche Verwaltung, Rechtssetzungsverfahren und dergleichen. Die Herrschaft des modernen Staates, jedenfalls wie er sich in seiner durchgängigen Form verwirklicht hat, ist organisierte, rationale Herrschaft[53]. Die rationale Herrschaft bedient sich aber nicht des Einzelbefehls, sondern des abstrakten Rechtssatzes, der Norm, zumal im großen Flächenstaat[54]. Hier stoßen die Bedürfnisse des rationalen Staates mit dem rechten Staat zusammen; denn rechtes Tun liegt dann vor, wenn man die Maxime der Entscheidung des konkreten Falles zum allgemeinen Gesetz machen kann[55]. Rechtsetzung ist damit wesentliches Mittel und Merkmal staatlicher souveräner Herrschaft. Sie wird beim Staat konzentriert und monopolisiert. So rückt die Rechtsetzung in das zentrale Blickfeld des Juristen, nicht nur, weil der Jurist es sowieso mit dem Recht zu tun hat, sondern weil in ihr sich die politische Macht manifestiert. Wer Recht setzt, übt Herrschaft aus. Wer das Monopol der Rechtsetzung hat, ist souverän. Denn er bestimmt die innere gesellschaftlich-staatliche Ordnung. Zwar steckt auch hinter der Rechtsordnung die Entscheidung[56], aber die Entscheidung ist, wie bereits dargelegt, keine beliebige, sondern eine praktisch vernünftige. Zwar darf der Souverän Bodins seine Gesetze aufheben „selon les exigences", aber der eigentliche Grund liegt darin, daß die „justice d'icelles cesse[57]. Es ist also nicht so, wie Schmitt meint, daß Recht und Ordnung sich gegenübertreten, daß der Staat das Recht zurückdränge[58], wenn es zum Ausnahmezustand kommt. Wäre dem so, so wäre das die Ordnung der Tyrannis im Sinne Bodins. Während der absoluten Diktatur des römi-

---

[52] Siehe dazu *Böckenförde*, Ernst-Wolfgang: Die Organisationsgewalt im Bereich der Regierung, Berlin 1964, S. 23: „Der Staat wurde ein sich letztlich auf die Individuen gründendes ‚corps social', das als Ganzes und in seinen Teilen einer planmäßigen und zweckhaften Organisation unterliegt und offensteht."
[53] *Heller*: Staatslehre, S. 228 ff.; *Weber*: Wirtschaft, S. 125 f.
[54] *Weber*: Wirtschaft, S. 544 ff.
[55] *Kriele*: Kriterien, S. 67.
[56] *Schmitt*: Politische Theologie, S. 11.
[57] Besonders deutlich: République, S. 134, wo gerade die auch von *Schmitt*, a.a.O. herangezogene Frage nach der Gebundenheit des Prinzen an sein Versprechen behandelt wird.
[58] Politische Theologie, S. 13.

schen Diktators, eine typische Reaktion auf einen Ausnahmezustand, herrschte keineswegs ein rechtloser Zustand. Allerdings gilt nicht die „normale" Rechtsordnung, es gilt die der Situation. Insofern ist Recht „Situationsrecht"[59]. Aber daraus kann nicht der Schluß auf eine Beliebigkeit gezogen werden. Keine Entscheidung besteht in diesem Sinne in „absoluter Reinheit", wenn sie rechtliche Entscheidung sein will. Sie tritt nur aus der Bindung einer historischen Rechtsordnung in eine andere über, wobei beide in ihrer Lage die von Kriele genannten Kriterien nicht verletzen dürfen. Man könnte dem Satz Rosenstiels, die Norm regiere nur in dem Intervall, den die Politik ihr lasse[60], den anderen entgegensetzen, das Recht gebe der Politik nur den Raum des Übergangs von einer Rechtsordnung zur anderen. Aber einander entgegengesetzt sind beide Sätze wegen ihrer Einseitigkeit falsch, aber zusammengenommen sind beide richtig. Das Verhältnis von Recht und Politik ist dialektisch. Es erreicht in der Souveränität und damit im Staat seine Synthese.

### c) Staatsgewalt und Gesellschaft

Mit dem Satz, daß, wer Recht setzt, souverän ist, kehren wir zu dem Verhältnis von Staat und Gesellschaft zurück. Die gesellschaftlichen Gruppen können ihre Ziele innerhalb des Staates am sichersten erreichen, wenn sie sich der Staatsgewalt bemächtigen, oder sie zu beeinflussen suchen. Sie können das Recht so setzen, wie es ihren Interessen am besten entgegenkommt. Sie haben es versucht[61] und versuchen es noch[62]. Es gibt aber noch einen anderen Weg: Das Durchbrechen der staatlichen Grenzen, die Bewegung nach außen und die Errichtung von Abhängigkeiten auch für die Staaten. Diese Bewegungen führen zur Gefährdung der Staatlichkeit selbst und damit zur Gefährdung der staatlichen Ziele. Ihnen ist in den folgenden Paragraphen nachzugehen.

## § 2 Bewegungen der Gesellschaft

### a) Allgemeine Trends der gesellschaftlichen Bewegungen

Sind die Bewegungen von Verfassung und Verwaltung des Staates von den Bewegungen der Gesellschaft abhängig, so sind diese zunächst

---

[59] *Schmitt*, ibid.
[60] Supranationalität, S. 50.
[61] Siehe die eindrucksvollen Schilderungen bei *Stein*: Soziale Bewegung I, S. 46 ff.; dazu *Böckenförde*: L. v. Stein, S. 261 ff.
[62] Der Lobbyismus in seinen verschiedenen Formen ist nur eine Erscheinung dieser Versuche.

## § 2 Bewegungen der Gesellschaft

abzutasten, wenn eine Antwort auf die Frage nach der heutigen Lage des Staates gefunden werden soll. Es gibt zwei Möglichkeiten: Eine eingehende, das Detail ausschöpfende Analyse, wie sie etwa Stein seinerzeit vorgelegt hat, oder eine grundsätzliche Beschränkung, die allgemeinen Trends aufzuzeigen. Der zweite Weg birgt die Gefahr in sich, Details zu übersehen, in denen, wie überall, auch hier der Teufel stecken mag. Wenn trotz dieser Gefahr im folgenden der zweite Weg beschritten wird, so mag dieses Verfahren dadurch gerechtfertigt sein, daß der erste Weg die Untersuchung zu sehr belasten würde, ohne doch das Ergebnis ohne weiteres plausibler zu machen. Der Aufwand würde nicht im rechten Verhältnis zum Erfolg stehen. Denn nicht das ein oder andere Detail, das u. U. von dem allgemeinen Trend abweicht, ist entscheidend, sondern die grundsätzliche Richtung der gesellschaftlichen Bewegungen. Diese aber läuft auf eine Neukonstituierung im übernationalen Bereich hin. Zwei terminologische Klarstellungen seien angemerkt: Die Ausdrücke „international" und „übernational" werden für gesellschaftliche, die Ausdrücke „zwischenstaatlich" und „überstaatlich" für staatliche Sachverhalte gebraucht. „International" ist eine Gesellschaft dann, wenn die Nation die vorherrschende Gesellschaftsstruktur ist und die Kontakte zwischen den Nationen als mehr oder weniger geschlossenen Sozialkörpern stattfinden, z. B. die Gesellschaftsstruktur des 19. Jahrhunderts war in diesem Sinne international. „Übernational" ist eine Gesellschaft, wenn sie die Nation als maßgebende Gesellschaftsstruktur aufgibt und den geschlossenen Sozialkörper sprengt, um sich oberhalb der Nation neu zu konstituieren. Ein vollendetes Beispiel dafür gibt es bisher nicht. Aber in einigen Teilen der Welt ist die Gesellschaft auf dem Wege dahin. Ansätze fanden sich früher in einem Teil der Gesellschaft, dem Hochadel, dem die Nation nie viel bedeutete.

In drei Einzelbewegungen tritt die allgemeine Richtung der gesellschaftlichen Bewegung zur Übernationalität vor allem deutlich in die Erscheinung: In der Ausbildung übernationaler Großraumwirtschaften, in der Hervorbringung eines diesen dienenden übernationalen Wirtschaftsrechts und in der Entwicklung eines die staatlichen Grenzen immer stärker überschreitenden Bewußtseins nationaler Gesellschaften voneinander. Diese drei Einzelbewegungen stehen im engen Zusammenhang und bedingen einander. Allerdings haben sie nicht gleichen Rang. Vielmehr ist die Ausbildung der Großraumwirtschaften die vorherrschende Bewegung. Sie ist der unmittelbarste Ausdruck des Konstitutionsprinzips der Gesellschaft, als welches das „Güterleben" bezeichnet wurde. Dieses kann letztlich kein Genügen im nationalen Rahmen finden, sondern muß über diesen hinauszureichen trachten, wie es das ja bereits in der ersten Epoche seines Entstehens als bewegendes Gesellschaftsprinzip sofort getan hat[1]. Diese Ausdehnung des Güterlebens zu regionalen Systemen und einem universalen System setzt eine entsprechende Rechtsordnung voraus[2]. Da die Staaten aber nur nationales Recht setzen können, auch das „internationale Privatrecht" ist in Wahrheit nur nationales Recht, greifen die wirtschaftlichen Kräfte zur „Selbsthilfe" und bilden sich das „notwendige" Recht aus, wobei ihnen eine große Liberalität der Staaten hinsichtlich der Anerkennung der privaten Schiedsgerichtsbarkeit — des wichtigsten Gliedes dieser übernationalen Rechtsordnung — entgegenkommt. Gleichzeitig verfestigt diese Ausbildung eines übernationalen Wirtschaftsrechts die Überregionalität der Wirtschaft. Auch die verstärkte grenzüberschreitende Bewußtseinsbildung ist einerseits Bedingung, andererseits Folge der übernationalen Wirtschaftsverflechtung.

Alle drei Einzelbewegungen bedingen eine verstärkte Loslösung der Gesellschaft vom territorial begrenzten Staat. Sie versucht, ihn, wenn irgend möglich, auszuschalten und zurückzudrängen. Ihr Mittel ist die Trennung des Ökonomischen vom Politischen[3]. Daß diese Trennung letzlich auf einem Trugschluß beruht, wird allerdings schon darin sichtbar, daß ihre Verfechter den Anspruch erheben, das staatliche — und somit politische — Handeln solle sich nach der ökonomischen Vernunft richten[4].

### b) *Bewegungen des Güterlebens*

Die Ausbildung einer übernationalen Wirtschaftsstruktur, einer Wirtschaftsintegration, vollzieht sich vor allem durch zwei Faktoren: Den Handel und den Geldverkehr unter Einschluß der Investitionen. Hinzu tritt die Entstehung der Verkehrswege.

1. Der Warenaustausch erstreckt sich auf alle Güter: industrielle Rohstoffe, Industrieerzeugnisse, Agrarerzeugnisse. Zugrunde liegen einmal die ungleiche Verteilung der Rohstoffe, zum anderen das Prinzip der Arbeitsteilung. Kaum ein Land weist alle Rohstoffe in genügender Menge für seine wirtschaftliche Tätigkeit auf. Es ist daher auf entsprechende Einfuhren angewiesen, deren Ausbleiben u. U. katastrophale Fol-

---

[1] Siehe dazu *Röpke*, Wilhelm: Internationale Ordnung — heute, 2. Aufl., Erbenbach-Zürich-Stuttgart 1954, S. 105 ff.

[2] *Röpke*: Internationale Ordnung, S. 105 f.

[3] Besonders nachdrücklich dazu: *Röpke*: Internationale Ordnung, S. 109, der das Zeitalter des Liberalismus vor 1914 als „strahlenden Sonnentag der abendländischen Welt" bezeichnet, S. 13. Die Sonnenflecken wurden ja auch erst entdeckt!

[4] *Röpke* bestimmt geradezu als sein Anliegen, „die Wiederkehr dieser Katastrophe (des 1. Weltkrieges) zu verhindern", Internationale Ordnung, S. 13. Das Verhindern ist aber wie das Hervorrufen eines Krieges ein politisches Handeln.

## § 2 Bewegungen der Gesellschaft

gen haben kann. Zum Beispiel muß die Bundesrepublik fast alle Erze oder das Erdöl zur Aufrechterhaltung ihrer wirtschaftlichen Lage vom Ausland einführen. Das Prinzip der Arbeitsteilung[5] läßt es — ökonomisch — nur dann als sinnvoll und vernünftig erscheinen, etwas zu produzieren, wenn das Produkt konkurrenzfähig ist. Dabei wird die Konkurrenzfähigkeit von den verschiedensten Faktoren, vor allem auch vom Preis bestimmt. Beide Erscheinungen führen zu Abhängigkeiten der einzelnen Volkswirtschaft, zu engen Verflechtungen mit anderen Volkswirtschaften, die nicht oder doch nur unter großen Verlusten abgebrochen werden können. Die großen Industrienationen sind daher heute notwendig auch große Handelsnationen[6]. Die Rohstoffländer sind aber ebenso vom Handel abhängig. Ihre Entwicklungsmöglichkeiten stehen in unmittelbarem Verhältnis zu ihrem Zugang zum Weltmarkt und den dort erzielten Preisen[7], wenn sie nicht Entwicklungsgeschenke erhalten.

2. Ergänzt wird diese Verflechtung durch den internationalen Geldverkehr. Zunächst ist es notwendig, daß jeder Staat versucht, liquide zu sein, um überhaupt am Warenaustausch teilnehmen zu können[8]. Das verlangt bereits gewisse Maßnahmen ohne Rücksicht auf „nationale" Gefühle[9]. Nach der Abkehr von der Goldwährung ist der Devisenbestand, d. h. also der Bestand an fremden Währungen, von grundsätzlicher Bedeutung für diese Liquidität und damit für die wirtschaftliche Lage eines Landes geworden. Fremde Währungen hängen aber von der Hoheitsgewalt anderer Staatsgewalten ab. Besonders bei Leitwährungen wie Dollar und Pfund können Veränderungen der Parität katastrophale Rückwirkungen auf Dritte haben. Das gilt allgemein, besonders aber für Länder, die bestimmten Währungsblocks angehören, ohne auf die Währung Einfluß zu haben. Das betrifft vor allem die neuen Staaten. Der Kapitalverkehr in Form von Anleihen aller Art und Investitionen im Ausland verstärkt die Bedeutung der Geldwirtschaft für die Verflechtung. Mag der „Dollar-Imperialismus" auch erheblich zurückgetreten sein, so ist doch nicht zu übersehen, daß sich durch den

---

[5] Siehe dazu *Röpke:* Internationale Ordnung, S. 105.

[6] z. B. ist der Export für die Bundesrepublik nicht nur am Anfang der wirtschaftlichen Gesundung notwendig gewesen, sondern er ist es weiterhin. Sonst kann der Lebensstandard nicht gehalten werden, da die Kapazität der Produktion durch den Inlandskonsum allein nicht ausgelastet ist. Auch die USA brauchen den Handel, wie ihr Bemühen um die Kennedy-Runde zeigt. Auf die Bedeutung des Außenhandels für die USA weist z. B. auch der Jahresbericht 1964 des Internationalen Währungsfonds, deutsche Fassung, S. 4, hin.

[7] Siehe dazu den genannten Bericht des Währungsfonds, S. 3 u. 7.

[8] Zur Liquidität siehe den genannten Bericht S. 33—56.

[9] Selbst eine so bedeutende Handelsnation wie die englische ist nicht ohne äußere Hilfe in der Lage, ihre Liquidität und damit ihre Währung, die eine internationale Leitwährung ist, zu sichern, wie die Vorgänge im Herbst 1964 zeigten.

Geldverkehr eine Art Superstruktur bildet. Denn die Hingabe von Kapital führt i. a. zu einer Form der Institutionalisierung in Konzernen, Absprachen etc. Da aber das Güterleben vom eigenen, individuellen Interesse ausgeht, wird dieses allemal der Maßstab der Entscheidungen des Kapitalgebers sein. Die Übernationalisierung des Kapitals wird sich verstärken, je größer der Kapitalbedarf wird und je weniger nationale Volkswirtschaften in der Lage sind, diese Kapitalien allein aufzubringen. Die Öl-, Automobil-, die Elektronik- und die chemischen Industrien sind besonders eindringliche Beispiele. Aber gerade sie sind Schlüsselindustrien der wirtschaftlichen Entwicklung. Die internationale Konzentrierung der Unternehmen ist der Punkt, wo die bloße Internationalität der Wirtschaft zur Übernationalität wird. Denn die regionalen oder gar universalen Firmen mögen zwar in einem Land ihren Sitz haben, diese Anknüpfung ist aber formal. Das Feld ihrer Tätigkeit ist der Großraum oder gar die Welt. An ihm richten sie ihre Organisation, ihre Interessenbefriedigung aus. Sie widmen sich nicht mehr nur der Erzeugung, sondern auch dem Handel. Zu diesem im strengen Sinn übernationalen Unternehmen treten die mehr oder weniger lockeren Zusammenschlüsse, Absprachen, Lizenzverträge etc. der verschiedenen nationalen Unternehmen miteinander. Auch sie führen zu übernationalen Strukturen, zumal wenn sie sich Institutionen wie Handelskammern mit Sekretariaten etc. schaffen, die eine gewisse Leitungsbefugnis haben. Denn diese Institutionen sind ebenfalls von nationalen Rücksichten und Bindungen fast frei.

Der Ausbau der internationalen Verkehrswege zu Land, zu Wasser und in der Luft fördert den Zusammenschluß und die Integration. Er führt sogar zu Verkehrsverlagerungen und, wie an den Endpunkten der Pipelines für Öl und Gas, zum Entstehen neuer Industrien, die von eben diesen Verkehrswegen abhängig sind. Sie bilden eine Art übernationaler Infrastruktur.

### c) Die Hervorbringung eines übernationalen Wirtschaftsrechts

1. Dieser vorstehend in ihren Umrissen beschriebenen wirtschaftlichen Verflechtung auf privater, gesellschaftlicher Ebene entspricht die Bildung eines übernationalen Wirtschaftsrechts. Das sogenannte Internationale Privatrecht, das in Wahrheit ein nationales Privatrecht für internationale Beziehungen ist, ist eben wegen seiner Nationalität und der daraus sich ergebenden heillosen Zerklüftung nicht in der Lage, den Interessen der übernationalen Wirtschaft sachgemäß zu dienen[10]. Die

---

[10] *Luithlen*, Wolfgang: Einheitliches Kaufrecht und autonomes Handelsrecht, Freiburg/Schweiz, 1956, S. 17 mit weiteren Verweisen; *Langen*, Eugen: Studien zum Internationalen Wirtschaftrecht, München-Berlin 1963, S. 12.

Wirtschaft schafft sich daher ihr eigenes Recht in Handelsbräuchen, Usancen, Allgemeinen Geschäftsbedingungen[11]. Es hat sich ein eingehendes Formularwesen ausgebildet[12]. Es ist besonders bemerkenswert, daß diese Rechtsmasse weitgehend von eigenen Organen der Wirtschaft, wie der Internationalen Handelskammer in Paris, der American Arbitration Association und anderen entwickelt worden ist. Verschiedene Autoren kommen daher zu dem Schluß, daß die Entwicklung eines übernationalen Wirtschaftsrechts in vollem Gange sei[13]. Diese Rechtsmasse entzieht sich weitgehend dem einzelstaatlichen Einfluß. Ja, es kommt, wie Luithlen nachweist, zu dem „neuen Phänomen: Das autonome Recht der Wirtschaft ergänzt nicht mehr die staatlichen Gesetze in einigen speziellen Materien, sondern das staatliche und überstaatliche Recht ergänzt die selbstgeschaffene Rechtsordnung dort, wo sie noch Lücken oder Unzulänglichkeiten aufweist[14]." Es ist nicht die Aufgabe dieses Abschnitts, diese Entwicklungen in ihren Einzelheiten zu verfolgen. Es kommt im vorliegenden Zusammenhang nur darauf an, darauf hinzuweisen, daß der einzelne Staat in diesem Bereich zunehmend ausgeschaltet wird. Das wird durch seine Grundstruktur bedingt, daß nur ein bestimmtes Territorium seiner Staatsgewalt unterworfen ist, ihm aber nicht gestattet ist, über diesen Raum hinausgreifende Beziehungen zu regeln. Was ursprünglich ein Vorteil war, wird in einem allerdings sehr bedeutenden Teilbereich zu einem wachsenden Nachteil. Was für Erwerbsgeschäfte gilt, ist in mancher Hinsicht noch in stärkerer Form im internationalen Konzern-, Wettbewerbs-[15] und Kapitalrecht der Fall[16].

2. Die übernationale Wirtschaft begnügt sich nicht mit der Ausbildung einer eigenen Rechtsmasse. Eng damit verbunden ist die Errich-

---

[11] Siehe die vorerwähnte Schrift *Luithlens* für die internationalen Erwerbsgeschäfte.
[12] Siehe z. B. *Langen:* Studien, S. 9 mit weiteren Nachweisen; *Luithlen:* Kaufrecht, S. 53.
[13] *Langen:* Studien, S. 16; *Mann,* F. A.: Reflections on a Commercial Law of Nations, BYIL vol. 33, 1957, S. 20—51, S. 20.
[14] Kaufrecht, S. 57.
[15] Siehe dazu die Studie von *Lieberknecht,* Otfried: Patente, Lizenzverträge und Verbot von Wettbewerbsbeschränkungen, Frankfurt 1953, S. 125 ff. Inzwischen dürfte auf diesen Gebieten die Entwicklung noch weiter fortgeschritten sein.
[16] Selbst Staaten können nicht mehr die Bedingungen ihrer auf dem privaten ausländischen Kapitalmarkt aufgenommenen Anleihen bestimmen. So haben die ausländischen Gläubiger z. B. hinsichtlich bestimmter deutscher Anleihen die Zahlung der Kapitalertragssteuer auf den Schuldner abgewälzt. Einen anderen Fall zitiert Lord *McNair:* The General Principles of Law Recognized by Civilized Nations, BYIL vol. 33, 1957, S. 1—19, S. 5. England hatte in New York eine Anleihe aufgenommen, ohne daß über das anwendbare Recht eine Vereinbarung getroffen worden war. Das House of Lords verwarf das Argument der Krone, eine Regierung könne nur nach ihrem Recht Verträge schließen und hielt das New Yorker Recht für das „proper law".

tung einer eigenen Schiedsgerichtsbarkeit[17]. Da die Schiedsgerichtsurteile weitgehend durch die staatlichen Gerichte hinsichtlich der Tatsachenfeststellung wie des angewandten Rechts anerkannt werden, wie insbesondere Kronstein an Hand der amerikanischen Rechtsprechung in den beiden genannten Aufsätzen nachgewiesen hat, wird die Tätigkeit der Schiedsgerichte der staatlichen Autorität in großem Umfange entzogen. Die lückenlose Schiedsgerichtsbarkeit unter voller Anerkennung durch die staatliche Gewalt ist das angestrebte Ziel der Wirtschaftskreise. Es mag genügen, einige Punkte anzuführen. Die Schiedsgerichte wurden ursprünglich von den Parteien ad hoc ernannt, aber nunmehr werden sie mehr und mehr institutionalisiert, indem bei der Internationalen Handelskammer oder anderen ständigen Organisationen sog. „panels" gebildet werden[18]. Diese Schiedsgerichte sind darüber hinaus fast völlig frei in der Wahl des anzuwendenden Rechts[19]. Sie sind fast ungebunden, wenn in den Kontrakten keine ausdrückliche Bestimmung darüber vorliegt, festzustellen, welches Recht maßgebend sein soll[20]. Sie gehen aber noch erheblich weiter. Wo ausdrückliche Anknüpfungspunkte nicht gegeben sind, entscheiden sie, wenn möglich, nach billigem Ermessen, wo das nicht geht[21], nach allgemeinen Rechtsgrundsätzen, den „General Principles of Law recognized by Civilized Nations"[22]. Im Wege der „amiable composition"[23] wird die Freiheit des Schiedsgerichts in jeder Hinsicht endgültig festgelegt. Dem Gericht steht damit vor allem auch häufig die Möglichkeit des Vergleichs offen. Mit Recht weist aber Langen darauf hin[24], daß diese Vergleiche im Grunde auch Entscheidungen sind, da sie unter erheblichem Druck zustande kommen.

---

[17] Siehe dazu u. a.: *Kronstein*, Heinrich: Business Arbitration-Instrument of Private Government, Yale Law Journal vol. 54 (1944/45), S. 36—69; ders. Arbitration is Power, New York University Law Journal, vol. 38 (1963), S. 661—700; *Langen*: Studien, S. 9—16 mit weiteren Verweisen; die zitierte Abhandlung von *McNair*; *Schottelius*, D. J.: Die internationale Schiedsgerichtsbarkeit, Köln-Berlin 1957; *Landolt*, Hansjörg: Rechtsanwendung oder Billigkeitsentscheid durch den Schiedsrichter in der privaten internationalen Handelsgerichtsbarkeit, Bern 1955.

[18] Siehe *Kronstein*: Business Arbitration, S. 39 ff. und Arbitration, S. 663 ff.

[19] Insbesondere die Darstellung von *Kronstein*: Business Arbitration, S. 46 ff. Neben amerikanischen Fällen *Gilbert v. Burnstine*, und *The Silverbrook*, zitiert Kronstein auch eine Entscheidung des Reichsgerichts, RGZ 116,193, die es gestatten, daß selbst ausländische Schiedsgerichtsentscheidungen nationaler Kontrolle entzogen werden. In Arbitration, S. 666 ff. hat der Autor diesen Trend weiter an neuen Fällen verfolgt.

[20] *Kronstein*: Arbitration, S. 679 ff.

[21] *Schottelius*: Schiedsgerichtsbarkeit, S. 59 ff.; *Landolt*: Rechtsanwendung.

[22] Dazu *McNair*: General Principles; *Langen*: Studien, S. 12 ff.

[23] *Landolt*: Rechtsanwendung, S. 31.

[24] Studien, S. 13.

Die Grenzen der Schiedsgerichtsbarkeit hat Kronstein versucht abzutasten. Im 19. Jahrhundert wurde die Schiedsgerichtsbarkeit von den Staaten, wenn irgend möglich, ausgeschaltet. Heute erleben wir nach Kronstein einen „breakdown of legal restraints"[25]. Die „Zuständigkeit" der Schiedsgerichte reicht heute sogar so weit, über staatliche Rechtssätze autoritativ zu entscheiden. Insbesondere im Patent-, Warenzeichen- und Gesellschaftsrecht „the arbitration tribunals have usurped judicial control"[26]. Dieser Zusammenbruch rechtlicher Schranken macht selbst vor der ordre public-Klausel nicht halt. Auch für sie weist Kronstein nach, daß sie fast völlig entleert sei[27]. Dem Staat ist schließlich kaum eine Möglichkeit gegeben, über die Vollstreckung einzugreifen. Denn Druck aller Art steht meist hinreichend zur Verfügung, um die Erfüllung oder Befolgung der Schiedssprüche sicherzustellen[28]. Die Kennzeichnung der wirtschaftlichen Schiedsgerichtsbarkeit als „Instrument of Private Government" und „Power" ist nicht übertrieben. Es ist der Gesellschaft gelungen, sich weitgehend vom Staat freizumachen, ja, sie ist der Möglichkeit nahe, ihn zu überspielen und sich seiner von außen her zu bemächtigen, indem sie sich als eine übernationale Gesellschaft organisiert.

### d) Die Entwicklung eines übernationalen Bewußtseins

Die Entwicklung eines übernationalen Bewußtseins ist gleichzeitig Voraussetzung und Folge der in diesem Paragraphen skizzierten gesellschaftlichen Bewegung[29]. Sie stützt sich auf mehrere Faktoren, deren wichtigste die folgenden sind: grenzüberschreitende Mobilität, umfassende und schnelle Information, wachsender Austausch geistiger Güter aller Art.

1. Die grenzüberschreitende Mobilität ist das Ergebnis der endgültigen Freisetzung des Bürgers als Menschen. Zwar ist noch umstritten, ob

---

[25] Business Arbitration, S. 52 ff.
[26] *Kronstein:* Business Arbitration, S. 56 und Arbitration, S. 662. Der Autor, dessen Aufsätze sich durch eine glänzende Durcharbeitung einer großen Fülle von Material der Rechtsprechung besonders gut zum Nachweis für unsere Thesen eignen, zitiert in dem erstgenannten, S. 59, den Fall, daß das RG dem Wort „Naehrbier" den Wert eines Warenzeichens aberkannt hat, das Schiedsgericht des Brauereiverbandes ihn aber anerkannte und sich durchsetzte. Das Mittel zur Durchsetzung des Schiedsspruches war der Ausschluß jener Mitglieder, die ihn nicht befolgten.
[27] Business Arbitration, S. 51 und Arbitration, S. 671.
[28] *Kronstein:* Business Arbitration, S. 37, insbes. der in Fußnote 5 zitierte Report des Schiedsrichters Owen D. Young; in Arbitration, S. 677 hat *Kronstein* diesen Aspekt weitergeführt.
[29] Die Bedeutung des Bewußtseins hat kürzlich gerade für unser Problem *Landheer* hervorgehoben: Die Struktur der Weltgesellschaft und ihre rechtliche Formgebung, AdV Bd. 12 (1964/65) S. 1—13, S. 1.

Freizügigkeit auch Auswanderungsfreiheit und vor allem Einwanderungsfreiheit umfaßt. Aber grundsätzlich ist die grenzüberschreitende Mobilität heute eine immer stärker werdende gesellschaftliche Bewegung. Sie macht sich vor allem im Massentourismus und in der Arbeitermobilität bemerkbar. Möglich geworden ist die regionale Mobilität durch die modernen Verkehrsmittel, die den zu überwindenden Raum verkleinern. Die staatlichen Grenzen sind keine Hürden mehr, die zu überspringen schwierig ist, sondern weitgehend nur noch gedachte Linien, an die man oft sogar gar nicht mehr denkt. Eine solche starre Grenze, wie die zwischen den Teilen Deutschlands, erscheint heute als ein Ärgernis ohnegleichen, nicht nur, weil sie mit Mauer und Stacheldraht schon eine nie dagewesene maßlose Übertreibung der klassischen Grenze ist, sondern weil sie nach der Intention derer, die sie errichteten, überhaupt noch als Grenze gelebt werden soll, als Abgrenzung, als Scheide zwischen hüben und drüben. Die Mobilität wird durch zwei Phänomene gekennzeichnet, wie wir sagten. Die Auslandsreisen hat es auch vor 1914 gegeben. Aber sie waren nicht nur finanziell, sondern auch vom geistigen Standpunkt her einer privilegierten Schicht vorbehalten. Internationalismus jedweder Art galt nicht unbedingt als Empfehlung. Heute aber gibt es einen Massentourismus in das Ausland, der soweit geht, daß es schon eine Prestigefrage geworden ist, ins Ausland und möglichst noch in einen anderen Erdteil zu reisen. Nun ist nicht ohne weiteres gesagt, daß dieser Tourismus wirklich eine Verschränkung der verschiedenen staatlichen Gesellschaften herbeiführt; ja, dies mag füglich bezweifelt werden. Aber dieser Impetus der regionalen Mobilität wird verstärkt durch den gewollten und gezielten Austausch. Dieser erbringt Begegnungen, Bekanntschaften, Eindringen in „Land und Leute", wodurch eine engere Verbindung zwischen den sich Begegnenden hervorgerufen wird. Das Phänomen des Auftauchens der Gastarbeiter findet sich in allen großen Industriestaaten. In Deutschland arbeiten z. Z. 1 Mill. Menschen aus anderen Ländern. In den anderen Industriestaaten bilden Gastarbeiter ebenfalls ein erhebliches und vor allem notwendiges Kontingent der Arbeiterschaft. Die Industriestaaten sind, um die Produktion und damit ihren wirtschaftlichen und politischen Status aufrechterhalten zu können, weitgehend auf Mitwirkung Staatsfremder angewiesen. Das bedeutet Abhängigkeit. Außerdem führt diese Mobilität sowohl bei den Sende- wie bei den Empfängerstaaten zu einem Aufbrechen der Geschlossenheit der nationalen Gesellschaft, zumal wenn es in Massen geschieht, wie es gegenwärtig der Fall ist und wohl weiterhin der Fall sein wird.

2. Die Wirkungen der Informationserweiterung sind hinreichend bekannt. Die fast unmittelbare Teilnahme an dem Geschehen in jedem Winkel der Erde — der damit aufhört, Winkel zu sein — bringt notwendigerweise auch eine Anteilnahme mit sich. Es bestehen sogar Möglich-

keiten der Identifikation. Das bedeutet aber einerseits eine Herauslösung aus dem geschlossenen Kreis der nationalen Gesellschaft und eine Neuorientierung an übernationalen Zusammenhängen. Sie führt im Verein mit den anderen Elementen der modernen industriellen Gesellschaft[30] zu einer Gleichartigkeit der Strukturen, hinter denen die unterscheidenden Elemente wie Nationalität, Rasse und unter Umständen auch Ideologie zurücktreten.

3. Aber nicht nur die Information über Tatsachen, mehr noch die wissenschaftlichen, ideologischen, die die Erkenntnis der Wahrheit fördern wollenden Informationen lösen den einzelnen aus dem Kreis seiner engeren Umgebung und stellen ihn in Korrespondenz mit der Allgemeinheit. Auch der Geist selbst treibt aus sich die notwendige Öffnung hervor. Nun ist die Tätigkeit des Geistes nie in den engen Rahmen der Nation eingesperrt gewesen. Wo das der Fall war, wie zum Beispiel zwischen 1933 und 1945 in Deutschland, wurde er mehr oder weniger unfruchtbar. Europa ist geistig immer eine Einheit gewesen, ja erst durch seine Geistesgeschichte von einer geographischen Halbinsel Asiens zu einem eigenen „Erdteil" geworden[31]. Aber es war nur eine kleine Schicht, die an dieser übernationalen Einheit in ihren verschiedensten Zweigen teilhatte. Heute gehen Ideen, Philosophien, Ideologien und die Ergebnisse der Wissenschaft jeden an und erreichen, wenn auch oft vulgarisiert, einen weit größeren Teil der Bevölkerung der Staaten. Besonders die Ideologien und die Wissenschaftsergebnisse wirken über die Grenzen hinaus. Die Ideologien sind in all ihren Spielarten expressis verbis darauf gerichtet, übernational zu sein. Sie alle wollen übernationale Gemeinschaften herstellen. Sie alle sind, anders als die christliche Religion, darüber hinaus darauf aus, politische Gemeinschaften überstaatlicher Art zu errichten, also den Rahmen der souveränen Staaten zu sprengen. Sie durchdringen die Grenzen, führen in den Staaten, in denen sie zur Herrschaft gelangen, zu gegenseitigen gesellschaftlichen Abhängigkeiten, die auch die politische Unabhängigkeit in Frage stellen. Wo sie noch nicht zur Herrschaft gelangt sind, versuchen sie, die Loyalität der Bürger, ihren Gehorsam gegenüber der Staatsgewalt im Namen der gesellschaftlichen Ideologie aufzuheben. Beides gilt für die Ideologien in unterschiedlich starkem Maße[32]. So erfolgen übernatio-

---

[30] Siehe zu ihrer Tendenz, weltweit zu werden und entsprechende Strukturen zu bilden, den oben, Fußn. 29, angeführten Aufsatz von *Landheer*.
[31] Siehe dazu: *Heer*, Friedrich: Europäische Geistesgeschichte, Stuttgart 1953; ders. Das Experiment Europa, 2. Aufl., Einsiedeln 1952; ders. Europa — Mutter der Revolution, Stuttgart 1964; *Freyer*, Hans: Weltgeschichte Europas, 2. Aufl., Stuttgart 1954.
[32] Für den Kommunismus ist das offensichtlich — für unsere Seite jedenfalls. Aber auch die liberaldemokratische Idee strebt dieses an, jedenfalls dort, wo sie zur Revolution auffordert. Die Obrigkeitsthesen von Dibelius sind

nale Systembildungen, die zwar in mehr oder weniger weitem Umfange die eingeschlossenen Staaten bestehen lassen, die aber gerade die Unabhängigkeit der Eigenbestimmung der sozialgesellschaftlichen Verfassung mehr oder weniger aufheben.

4. In anderer Weise wirkt die moderne Wissenschaft. Als rationale Erkenntnismethode ist sie bereits aus sich heraus nicht an eine geschlossene Gesellschaft gebunden, sondern verlangt den allgemeinen Austausch. Ihr Fortschreiten beruht auf jedem einzelnen Ergebnis, das irgendwo in der Welt gefunden wird. Der unübersehbare Stoff ist auch gar nicht von einzelnen zu bewältigen, vielmehr bedarf es des ständigen Zusammenwirkens der gesamten Wissenschaft. Insbesondere bei den Naturwissenschaften hat sich daher ein übernationaler „brain-trust" gebildet, eine übernationale Schicht von Wissenschaftlern, die durch Veröffentlichungen, Kongresse, Meetings und dergleichen in ständiger Verbindung stehen. Allerdings führt die militärische Verwendung der Forschungsergebnisse oft zu Einschränkungen der Information und des Austausches, die aber von den beteiligten Wissenschaftlern als Hindernisse empfunden werden und oft geeignet sind, das Fortschreiten der Erkenntnis zu drosseln. Auch in den Geisteswissenschaften macht sich allmählich eine immer stärkere Gemeinsamkeit geltend. Die Sozialwissenschaften führen, die Rechtswissenschaft holt erst langsam auf. So bildet sich nach und nach ein Gesamtwissen aus, das nicht mehr an einzelne nationale Gesellschaften, sondern an die Menschheit[33] oder die Weltgesellschaft[34] gebunden ist[35]. Die innere Notwendigkeit der Übernationalität der Wissenschaft bestätigt sich in der praktischen Notwendigkeit, da ohne dieselbe der technisch-wirtschaftliche Fortschritt nicht möglich wäre. Wenn auch die Wissenschaftler selbst eine relativ kleine Schicht bilden, so ist doch eine mehr oder weniger wissenschaftliche Ausbildung heute allgemein notwendig. Jeder Arzt, jeder Ingenieur aller Sparten, jeder Chemiker oder Physiker ist heute darauf angewiesen, möglichst viele Erkenntnisse der Wissenschaft zur Verfü-

---

eine christlich motivierte Begründung des Ungehorsams. Die Lehre vom Widerstandsrecht, die ja weitgehend nicht so sehr für den Westen, sondern für den Osten heute wieder hervorgehoben wird, ist ebenfalls eine Motivierung des Ungehorsams, wobei nur das Faktum hervorgehoben werden soll, ohne die Berechtigung solcher Lehren zu prüfen.

[33] Das Wort ist etwas in Mißkredit geraten, weil es zu oft für vage Utopien mißbraucht wurde, die in ihren Verwirklichungsbemühungen grausame Folgen hatten. Im Namen der „Menschheit" sind viele Verbrechen begangen. Trotzdem sollte man nicht übersehen, daß es eine Gesamtheit der auf den Planeten wohnenden Menschen gibt und auch immer stärker empfunden wird.

[34] *Landheer:* Struktur der Weltgesellschaft.

[35] Auch diese Zusammenhänge führten u. a. zu den Thesen von der Einheit der Erde, wie sie von Pierre *Teilhard de Chardin* entwickelt wurden. Hier vor allem: Le phénomène Humain, Paris 1957 (deutsch: Der Mensch im Kosmos, München-Berlin 1959).

gung zu haben, gleichgültig woher sie kommen, um seine Arbeit sachgemäß zu tun. Nicht selten fahren gerade die Angehörigen dieser Berufe selbst ins Ausland, um ihre Kenntnisse dort zu holen, wo sie ihnen am besten geboten werden. So ist eine große Schicht von Berufen heute mit dem Ausland verbunden, offen gegenüber dem, was dort gesagt und erforscht wird. Es gibt nach wie vor eine deutsche, englische, russische etc. Wissenschaft. Aber sie sind keine in sich geschlossenen Einheiten, sondern Zweige eines allgemeinen Systems.

5. Die Änderungen der Gesellschaft sind nur in ihren Grundzügen skizziert worden. Sie näher auszuführen, wie es vielleicht erwünscht wäre, war in diesem Rahmen nicht möglich, aber auch nicht notwendig, um die These darzutun. Das soziale Substrat des Staates hat sich verändert oder ist jedenfalls auf dem Wege der Wandlung begriffen. Zwar haben sich die einzelnen Tendenzen noch nicht endgültig durchgesetzt und befinden sich im Widerstreit mit entgegengesetzten Bestrebungen. Aber es ist unmöglich so zu tun, als ob die Gesellschaft sich noch heute in demselben Zustande befände wie zur Zeit des Höhepunktes des Nationalstaates. Der Staat und seine Souveränität können von den Wandlungen nicht unberührt bleiben.

## § 3 Folgerungen für den Staat

Die Bewegung der Gesellschaft führt aus dem Staat heraus. Handelt es sich dabei zweifellos bisher nur um Tendenzen, die noch keineswegs zum Abschluß gekommen sind, denen auch gewisse Gegenwirkungen gegenüberstehen, so sind sie doch keineswegs zufällig und vorübergehend, sondern durch das Prinzip der Gesellschaft bedingt. Der Staat aber ist gezwungen, auf dieses Prinzip, das Güterleben oder die Wirtschaft einzugehen, sich um sie zu kümmern. Dabei kann der Streit über das Ausmaß des Interesses, das der Staat nehmen, und der Maßnahmen, die er ergreifen muß, dahingestellt bleiben. Denn in vorliegendem Zusammenhang geht es um das grundsätzliche Verhältnis des Staates zur Wirtschaft. Auch diejenigen, die heute „die Freiheit der Wirtschaft" betonen und fordern, sind sich darüber im klaren, daß der Staat jedenfalls bestimmte Voraussetzungen schaffen muß[1]. Zu Recht weist Krüger auf verschiedene Gründe hin, die das Interesse des Staates an der Wirtschaft notwendig machen[2]: die Existenz des Staates selbst[3], die Forderung der Völker nach einem höheren Lebensstandard,

---

[1] Siehe z. B. *Eucken,* Walther: Das ordnungspolitische Problem, in: Ordo-Jahrbuch, Bd. 1, o. O. 1948, S. 56—90.
[2] *Krüger:* Staatslehre, S. 572 ff.
[3] Vor der Ministerratstagung der NATO im Dez. 1964 betonte der britische

die Auseinandersetzung zwischen Ost und West gerade auf dem ökonomischen Gebiet. Diese drei Gründe sind jedoch nur konkrete Erscheinungen des eigentlichen Grundes: der Sicherung der Freiheit des einzelnen als seiner „vollsten Selbstbestimmung" (Stein), die dem Staat als Ziel aufgegeben ist und wiederum seine eigene Freiheit voraussetzt[4]. Die volle Selbstbestimmung verlangt, daß der einzelne aus eigener Kraft mit seiner Arbeit seine Bedürfnisse befriedigen kann, nicht nur die augenblicklichen, sondern auch die zukünftigen, auch die „höheren" Bedürfnisse. Er muß zur umfassenden Existenzsicherung imstande sein. Zwar wird er grundsätzlich in Abhängigkeiten stehen, weil das Prinzip der Arbeitsteilung herrscht, aber diese Abhängigkeiten dürfen nicht in das Belieben anderer Menschen gestellt sein. Das Problem der Freiheit ist zu vielschichtig, um hier beantwortet zu werden. Im vorliegenden Zusammenhang genügt es, auf die Beziehungen zur Existenzsicherung hinzuweisen. Der einzelne kann nur frei sein, wenn er jedenfalls potenziell nach seinem Willen durch seine Arbeit in der Lage ist, materiell unabhängig zu werden, auch für die Zeit, wo seine Arbeit ihn im Stich läßt, im Alter. Er muß die Möglichkeit haben aufzusteigen, sich etwas zu erwerben. Nun lehrt aber die Geschichte, entgegen den Auffassungen des Liberalismus, daß der Mechanismus der Gesellschaft allein dies nicht zuwege bringt. Das Eingreifen des Staates hat sich als notwendig erwiesen und ist, wie gerade das Beispiel Bundesrepublik zeigt[5], noch immer selbst in hochindustrialisierten Staaten notwendig. „Das Soziale ist heute mehr denn je die inhaltliche Bestimmung des Politischen[6]." Mag auch etwas von dem eingetreten sein, was Stein seinerzeit forderte, nämlich die Einsicht bei der „herrschenden Klasse", daß auch sie auf die „beherrschte Klasse" angewiesen sei[7], so ist der ebenfalls von Stein beschriebene Grundzug des eigenen Interesses, das andere von sich abhängig machen möchte[8], nicht verschwunden. Die übernationale Wirtschaftsbildung droht nun aber, neue Abhängigkeiten zu schaffen, die im Interesse ihrer Träger gehandhabt werden. Es besteht die Gefahr, daß sich eine neue, diesmal übernationale, allerdings anonyme Herrschaftsschicht bildet, die daher als solche auch nicht oder nur schwer zu erkennen ist und Produktion und Handel

---

Verteidigungsminister, daß sein Land nur solche militärischen Verpflichtungen übernehmen könne, wie sie die Wirtschaft seines Landes zulasse, vgl. Süddeutsche Zeitung v. 30. 11. 1964, S. 1.

[4] *Stein:* Soziale Bewegung I, S. 66.

[5] Es sei an die vielfältigen Bemühungen zur „Vermögensbildung in Arbeitnehmerhand" erinnert, die ohne ausdrückliche staatliche Förderung aus sich heraus nicht möglich erscheint, obwohl ihre Notwendigkeit erkannt wird.

[6] *Böckenförde:* Lorenz v. Stein, S. 249.

[7] Soziale Bewegung I, S. 187.

[8] Soziale Bewegung I, S. 67.

§ 3 Folgerungen für den Staat 39

nach ihrem Interesse zu lenken versucht. Die Kartellierungen, Konzernbildungen und vor allem die Schiedsgerichtsbarkeit mit der ihr zugehörigen Rechtsmasse sind Ausdruck dieser eigenen Interessen. Wenn der einzelne Staat diese Erscheinungen nicht mehr zu kontrollieren vermag, sie nicht mehr leiten und unter Umständen verhindern kann, weil sein territorialer, die Zuständigkeit bestimmender Rahmen gesprengt wird, indem die wirtschaftlichen Zusammenhänge ihn übergreifen und von außen gesteuert werden, ist die Sicherung der Freiheit des einzelnen durch den Staat in Frage gestellt[9]. Zwar hat sich die Auffassung durchgesetzt, daß ein hoher Konsum möglichst Vieler wesentliche Voraussetzung für die wirtschaftliche Prosperität ist. Aber Konsum allein ist noch keine Freiheitssicherung: Dazu muß die Möglichkeit kommen, sich unabhängig zu machen, d. h. aber sich im Notfall gegen das System entscheiden zu können, ohne daß die Existenz als Voraussetzung der Freiheit ungesichert wird. Der einzelne wird durch die Öffnung der Gesellschaft in ihrer wirtschaftlichen Tätigkeit des staatlichen Schutzes mehr und mehr beraubt. Zwar kann der Staat durch Subventionen und andere Maßnahmen eine gewisse lokale Gegenwirkung entwickeln. Das geschieht zum Beispiel auf den Gebieten der Landwirtschaft, des Bergbaues in der Bundesrepublik. Aber diese Maßnahmen sind nicht nur begrenzt, sondern kurieren nur an Symptomen, weil sie die Wurzel nicht zu erreichen vermögen. Sie sind daher in den meisten Fällen nur Übergangsmaßnahmen. Da der Staat in Verfassung und Verwaltung an die Bewegungen der Gesellschaft gebunden ist, muß er, will er die Freiheit des einzelnen wieder umfassend sichern, die Bewegung der Gesellschaft zur Übernationalität auf seiner Ebene in der Form der Überstaatlichkeit nachvollziehen[10].

Das bedeutet für den Staat, daß er seine ausschließliche Eigenbestimmung aufgeben muß[11]. Aber er ist bereits weitgehend in tatsächliche Abhängigkeit geraten. Seine Souveränität ist in Gefahr, zu einer nur formalen Unabhängigkeit zu werden[12]. Es ist kein Zufall, daß der Begriff der Souveränität in der Völkerrechtslehre weitgehend nur noch als bloße Unabhängigkeit von anderer staatlicher Gewalt oder bloße

---

[9] Siehe dazu *Buchanan*, James M.: Staatliche Souveränität, nationale Planung und wirtschaftliche Freiheit, Ordo-Jahrbuch, Bd. 14 (1963), S. 249—258, S. 253.
[10] *Buchanan*: Staatliche Souveränität, S. 253.
[11] *Landheer*: Weltgesellschaft, S. 4, 6.
[12] Ein deutliches Kennzeichen der Lage waren die Ereignisse um das englische Pfund im Herbst 1964. Nachdem die britische Regierung bestimmte wirtschaftliche Maßnahmen ergriffen hatte, setzten private Spekulationen gegen das Pfund ein, auf internationaler Ebene, die zu einem Zusammenbruch dieser Währung führen mußten. Nur eine vereinte Hilfe des Weltwährungsfonds und verschiedener Staaten konnten diesen Angriff abwehren. Großbritannien war nicht allein in der Lage, seine eigene Währung zu stützen.

Selbständigkeit definiert wird[13]. Vor allem Erler hat bei der Definition der Souveränität auf die funktionelle Entscheidungsfülle abgestellt[14]. Die von uns in § 2 aufgezeigten Abhängigkeiten aber werden bei ihm zu bloßen, für die „funktionelle Entscheidungsfülle" unmaßgeblichen Motiven. Rein rechtlich mag das zutreffen. Aber was ist damit gewonnen? Kann ein Staat wie die Bundesrepublik wirklich souverän entscheiden, die Öleinfuhren zu sperren, um den deutschen Bergbau ohne weitere Schrumpfung zu erhalten? Sie konnte letzten Endes nicht einmal den Getreidepreis innerhalb der EWG halten, obwohl sie vertraglich drei Jahre länger Zeit zu seiner Angleichung hatte. Gerade das letzte Beispiel führt aus dem „rein Ökonomischen" heraus in den politischen Bereich und zeigt, wie aus ökonomischen Abhängigkeiten solche politischer Art werden. Das wird noch deutlicher, wenn man die Abhängigkeit militärischer Kraft von wirtschaftlicher Kraft sich vor Augen führt. Es sind u. a. wirtschaftliche Argumente, die die britische Regierung zu der These der „militärischen Verdünnung" in Mitteleuropa veranlassen[15]. An diesen eigenen Abhängigkeiten des einzelnen Staates scheitert letztlich auch der Versuch, die Gefahr vom einzelnen Bürger abzuwenden. Denn um die Freiheit des Bürgers zu sichern, muß der Staat selbst frei sein[16]. Die Souveränität war daher, worauf bereits hingewiesen wurde, notwendiges Mittel des Staates für die Erfüllung seines Zieles, Schutz der Freiheit und Sicherheit des Bürgers zu sein. Er kann aber aus sich heraus diese Souveränität nicht wieder herstellen. Denn sie ist mehr als bloß „funktionelle Entscheidungsfülle"; sie ist die effektive Fähigkeit zur ausschließlichen Eigenbestimmung. Dazu gehört es, in bestimmten historischen Lagen, bestimmte Funktionen wirklich zu haben und bestimmte Entscheidungen wirklich treffen zu können, das heißt aber vernünftig von seinem Ziel her entscheiden zu können. Es wäre aber, worauf schon Max Huber 1910 hinwies[17], unvernünftig, sich für die absolute Autarkie zu entscheiden, weil eben damit das Ziel der Freiheit des Bürgers verfehlt würde, da die notwendige Existenzsicherung zumindest höchst gefährdet wäre. Wenn Erler die geschilderten wirtschaftlichen Abhängigkeiten des Staates in die Motivation des souveränen Handelns verlegt, verschleiert er das Problem des Souveränitätsschwundes, das z. B. Rosenstiel nicht leugnet[18], obwohl

---

[13] z. B. *Verdross*, Alfred: Völkerrecht, 5. Aufl., Wien 1964, S. 9.
[14] *Erler*, Georg: Staatssouveränität und internationale Wirtschaftsverflechtung, Berichte der Deutschen Gesellschaft für Völkerrecht, Heft 1, Karlsruhe 1957, S. 29—58, S. 51 ff.
[15] Siehe das Beispiel oben Fußn. 3.
[16] *Stein:* Soziale Bewegung I, S. 66.
[17] *Huber*, Max: Beiträge zur Kenntnis der soziologischen Grundlagen des Völkerrechts und der Staatengesellschaft, Jahrbuch des Öffentlichen Rechts der Gegenwart, Bd. 4 (1910), S. 56—134, S. 83.
[18] *Rosenstiel:* Supranationalität, S. 28 f.

§ 3 Folgerungen für den Staat   41

gerade dieser Autor sich zum Apologeten der Souveränität macht. Erlers Theorie führt also zu einer Fiktion. Nun sind Fiktionen dem Juristen nichts Ungeläufiges. Sie haben ihren bestimmten guten Sinn im juristischen Bereich, da sie der Rechtsklarheit und der Rechtssicherheit dienen sollen. Aber sie finden dort ihre Grenze, wo sie gerade diesen Sinn nicht mehr erfüllen, d. h. wo die Wirklichkeit in einer Weise verfehlt wird, daß sie unbeherrschbar wird und damit das ganze System vom Kern her gefährdet. Dieser Zustand scheint hinsichtlich des geschilderten Sachverhaltes erreicht zu sein. Hinter seiner formalen Souveränität versteckt, gerät der Staat in Gefahr, der Entwicklung nicht zu achten, bis sie ihn eines Tages ganz überwältigt. Er gerät in die Gefahr, nicht mehr selbst zu entscheiden, sondern nur noch Entscheidungen nachzuvollziehen.

Diese Tendenz wird noch verschärft durch die Entwicklung der Technik von der traditionellen „Realtechnik" zur universalen Technik, die nicht mehr die Natur als Vorgegebenes behandelt, sondern das Vorhandene analytisch zerlegt, um seine Elemente „nach dem abstrakten Prinzip der höchsten Wirksamkeit, also nach keinem vorfindbaren Naturbild" synthetisch wieder zusammenzufügen[19]. Dadurch gerät der Staat in die Gefahr, „technischer Staat" zu werden, in dem die Politiker nur noch eine „fiktive Entscheidungstätigkeit" ausüben[20]. „Eine realistische Definition der Souveränität dieses Staates wäre dann die, daß souverän ist, wer über die höchste Wirksamkeit der in einer Gesellschaft angewandten wissenschaftlich-technischen Mittel verfügt. Die Abhängigkeit von Staaten anderen Staaten gegenüber wird heute schon vor allem in einer Abhängigkeit von den technischen Mitteln und Möglichkeiten deutlich[21]."

Nun wird das derjenige begrüßen, der in der wirtschaftlichen Vernunft die ultima ratio erblickt und die politischen Entscheidungsrationalität als sachfremd, irrational und willkürlich ansieht. Es ist sein Ziel, die herrschaftslose Gesellschaft zu schaffen, deren funktionale Abläufe sich nur nach Sachgegebenheiten richten. Der alte Traum des Liberalismus wird in der Technokratie wieder lebendig. Aber es ist Utopie. Übereinstimmung besteht insoweit, als alle Entscheidung vernünftig zu sein hat. Das wurde bereits bei der Darlegung des Souveränitätsbegriffes hervorgehoben. Aber gerade darin liegt der erste Einwand. Gegen die Hoffnung der Technokraten spricht zunächst die bereits erwähnte Erfahrung, daß die Wirtschaft aus sich heraus, aus ihren

---

[19] *Schelsky*, Helmut: Der Mensch in der wissenschaftlichen Zivilisation, Köln-Opladen 1961, Neuabdruck in: Auf der Suche nach Wirklichkeit, Düsseldorf-Köln 1965, S. 439—480 (hiernach wird zitiert), S. 444 ff. (Zitat S. 446).
[20] *Schelsky*: Der Mensch, S. 457.
[21] *Schelsky*: Der Mensch, S. 455 f.

„Sachzwängen", nicht zur Freisetzung aller, sondern gerade zur Abhängigkeit des überwiegenden Teiles führt. Es ist aber vor allem ein Irrtum zu glauben, daß die Sachen von sich aus ihr Gesetz in sich tragen. Auch, ja gerade die Sachen sind machbar. Der Mensch verwendet sie zu seinen Zwecken und gibt ihnen damit sein Gesetz[22]. Zwar kann das Korn nicht lesen, aber der Mensch kann die Chromosomen nach seinen Zwecken ändern. Der Wille des Menschen und damit seine Entscheidung wird also nicht etwa durch den Sachzwang ersetzt. Er wird nur bereits früher wirksam als bisher. Die Herrschaft der Sachen ist insofern eine verschleierte Herrschaft von Menschen. Diese aber sind im eigentlichen Sinne „unverantwortlich", weil nicht kontrollierbar. Werden sie aber kontrollierbar und damit verantwortlich, werden sie auch politisch. Diese Zusammenhänge haben jene Wissenschaftler sehr wohl gefühlt, die in der Bundesrepublik verschiedentlich mit echt politischen Forderungen, etwa in Bezug auf die Atomrüstung, hervorgetreten sind. Nicht die Technokratie ist gefährlich, sondern die unkontrollierbare sog. „Sachbezogenheit", die in Wirklichkeit nur verschleiert. Auch die Wirtschaft versucht, ihre Voraussetzungen als Sachbezogenheiten zu neutralisieren. Aber zu Recht bemerkt Hermann Lübbe, daß die Technokratie die Ideologien nicht funktionslos machen wird, sondern ihnen eher eine „bedenkliche Chance" einräumt, weil diese sich jener als Instrument bedienen, ohne daß jene es bemerkt[23]. Ja, die Technokratie entwickelt ihre eigene Ideologie, „dergemäß sich, um den Gegner apriori zum Schweigen zu bringen, als Logik der Tatsachen tarnt, was doch in Wirklichkeit wie eh und je Politik ist"[24]. Wegen dieser Anonymität sind die neuen Abhängigkeiten ungleich schwieriger von dem einzelnen zu durchbrechen. Nicht der einzelne Fabrikherr oder der Manager ist der Gegner, der sich unter Umständen sehr sozial gibt und es in den meisten Fällen auch wirklich ist, sondern das von vielen gesponnene Gewebe „objektiver Gegebenheiten", in das der einzelne Fabrikherr oder Manager allermeist sogar selbst eingespannt ist. Wie aber soll dieses Gewebe zerrissen werden? Dem einzelnen mag es wirtschaftlich gut gehen. Aber er ist eingesponnen und eingefangen in das Sachsystem

---

[22] Siehe dazu z. B. *Freyer*, Hans: Theorie des gegenwärtigen Zeitalters, Stuttgart 1955, S. 15—31.
[23] *Lübbe*, Hermann: Zur politischen Theorie der Technokratie, Der Staat, Bd. 1, 1962, S. 19—38, S. 37. Diese „Verschleierung" scheint *Schelsky* zu übersehen, wenn er meint: „Das technische Argument setzt sich unideologisch durch, wirkt daher unterhalb jeder Ideologie und eliminiert damit die Entscheidungsebene, die früher von den Ideologien getragen wurde", Der Mensch, S. 460.
[24] *Lübbe:* Theorie, S. 38. Mit größtem Zweifel ist daher auch der Theorie von der „Entideologisierung" zu begegnen, wie sie auch in gewisser Weise in dem vorstehenden Zitat von *Schelsky* ausgesprochen wird. Zwar mögen die Hochideologen sich ihrem Ende zuneigen, für kleine, aber ebenso wirksame Ideologien bleibt Raum genug.

§ 3 Folgerungen für den Staat

und wird von diesem in seinem Handeln und Verhalten bestimmt und verortet. Nur in der Konformität mit diesem, das er nicht zu bestimmen vermag, ist seine Existenz gesichert. Die konkrete Freiheit und damit seine Selbstverwirklichung sind gefährdet, nicht von konkreten Menschen, sondern von abstrakten, angeblich objektiven Sachnotwendigkeiten, die es ihm nicht gestatten, sich gegen sie zu entscheiden. Diese neuen Gefährdungen sind hinreichend bekannt. Soweit sie übernational sind, verschärfen sie sich aber erheblich.

Die Verantwortungslosigkeit und Unkontrollierbarkeit kann nur aufgehoben werden, wenn die politische Gewalt wieder hergestellt wird. Der einzelne Staat ist dazu nicht in der Lage. Es bedarf der überstaatlichen Organisationsform. Der Staat ist nicht tot, und er stirbt auch nicht. Aber es wäre ein folgenschwerer Irrtum, wenn deswegen, weil der Nationalstaat ein gewisses Comeback erlebt, er nach wie vor als hinreichend angesehen würde[25]. Denn bei näherem Zusehen erweisen sich diese neuen Staaten als höchst unvollendet, da sie nur durch erhebliche auswärtige Unterstützung überhaupt existieren können. Sie beweisen daher nicht viel. Mehr beweisen aber die alten Staaten, die gerade trotz ihrer scheinbaren Stärke eine wesentlich stärkere Zusammenarbeit anstreben und verschiedene neue politische Strukturen zu entwickeln suchen[26].

---

[25] So anscheinend *Aron*, Raymond: Frieden und Krieg, Frankfurt 1963, S. 464.
[26] So schreibt *Landheer*: Weltgesellschaft, S. 6: „Ein Kompensationsmechanismus könnte in der regionalen Integration liegen, die ein interessantes Beispiel dafür bietet, wie die politische Gesellschaft (der Staat, der Verf.) versucht, sich der Industriegesellschaft anzupassen...". Allerdings sieht *Landheer* in diesem Versuch einen Primat der Industriegesellschaft über die politische Gesellschaft.

Zweiter Teil

# Die Überstaatlichkeit als politisches Formprinzip

Die Staaten haben in verschiedener Weise versucht, den geschilderten Entwicklungen und ihren Rückwirkungen auf den Staat Rechnung zu tragen. Sie haben dazu zunächst nur die klassischen Mittel des Völkerrechts, insbesondere die Vereinbarung zur Verfügung gehabt. Mit ihrer Hilfe schufen sie internationales Recht, das die Verselbständigung der Wirtschaft und ihres autonomen übernationalen Rechts auffangen sollte. Sie setzten paralleles Landesrecht in Kraft, wie Wechsel- und Scheckrecht, Urheberschutz etc., die die übernationalen wirtschaftlichen Abläufe einerseits erleichtern, andererseits aber auch unter Kontrolle bringen sollten[1]. Jedoch müssen alle diese Bestrebungen letztlich unvollkommen bleiben, da es im zwischenstaatlichen Bereich gerade an dem fehlt, was die wirksame Freiheitssicherung erst möglich macht: die Autorität. Es gibt im zwischenstaatlichen Bereich kein Analogon zur Staatsgewalt.

Die nächste Stufe, wenn auch nicht chronologisch, so doch sachlich, ist die Schaffung zwischenstaatlicher Organisationen. Sie vollzieht sich auch durch Vereinbarung, begnügt sich aber nicht dabei, sondern schafft eine feste Form der Beziehungen zwischen den Staaten bezüglich der Kooperation. Auch ihnen mangelt noch die Autorität, aus eigener Zuständigkeit bindende Entscheidungen zu erlassen. Aber sie führt doch unter den verbundenen Staaten zu einer Abstimmung des Handelns und damit zu einer größeren Wirksamkeit desselben. Sie kann Ansätze zu einer minimalen Autorität entwickeln.

Die dritte sachliche Stufe ist die Bildung überstaatlicher Organisationen[2]. Der Begriff „überstaatlich" ist nicht sehr glücklich. Denn er verleitet zu dem Mißverständnis, daß mit diesen Organisationen der Staat ersetzt werden solle. Das ist nicht der Fall und auch nicht vor-

---

[1] Siehe dazu neuestens: *Ficker*, Hans G.: Zur internationalen Gesetzgebung, in: Festschrift für Hans Dölle, Tübingen 1963, Bd. 2, S. 35—63.

[2] Es werden für diese Organisationen auch „übernational" und „supranational" verwandt. Diese beiden Begriffe werden aber besser, wie „international", für gesellschaftliche Zusammenhänge vorbehalten, wie das in dieser Untersuchung geschieht.

gesehen gewesen. Vielmehr setzen auch diese Organisationen den Staat als politische Grundeinheit voraus. Sie wollen ihn nicht ersetzen, sondern ergänzen. Sie beruhen auf staatlichen Vereinbarungen, die allerdings der Zuständigkeit der Staaten nach ihrem Inkrafttreten und In-Vollzug-Setzen nicht mehr ohne weiteres verfügbar sind. Die überstaatlichen Organisationen belassen den Staaten die grundsätzliche Zuständigkeit, üben aber, und dadurch unterscheiden sie sich von den zwischenstaatlichen Organisationen, eine gewisse Autorität oberhalb der in ihnen verbundenen Staaten auch über diese selbst aus. Daher rührt die Verwendung des Wortes „überstaatlich". Es hat sich eingebürgert und wird deswegen trotz seiner mangelnden Bestimmtheit auch in dieser Untersuchung verwendet, wobei der Versuch unternommen wird, ihm eine präzise Bedeutung beizulegen. Falsch ist es, überstaatlich mit bundesstaatlich oder föderal gleichzusetzen[3]. Das eben meint dieser Begriff nicht und hat er auch nie meinen wollen. Er wurde gerade geprägt, um eine Unterscheidung zu schaffen[4].

Die bundesstaatliche Lösung selbst ist noch nicht versucht worden, wird aber gefordert[5] und von manchem angestrebt.

Die dritte Stufe, die „Überstaatlichkeit", soll nach allgemeiner Auffassung in den Europäischen Gemeinschaften jedenfalls erreicht worden, wenn auch nicht unbedingt zur vollen Entfaltung gekommen sein[6]. Sie sind in gewisser Weise Prototypen. Ihr Gegenstand, ihre Funktionsweise und ihre Wirksamkeit bilden somit den Kern der Untersuchung der neuen politischen Strukturen. Es erscheint notwendig, eine kurze

---

[3] So vor allem *Rosenstiel:* Supranationalität, der den Begriff in der allgemein verwendeten Form verwirft und immer in Anführungsstrichen gebraucht.

[4] Siehe z. B. *Schuman,* Robert: Einleitung zu *Reuter,* Paul: La Communauté Européenne de Charbon et d'Acier, Paris 1953, S. 7.

[5] z. B. *Rosenstiel* in dem genannten Werk.

[6] Es handelt sich bei der vorliegenden Untersuchung um eine Analyse des Wirklichen. Das bedeutet aber nicht, daß diese als unabdingbar, als absolut vorgegeben vorgestellt wird. Vielmehr stehen bestimmte Postulate und Maßstäbe zur Verfügung, die sich aus dem obersten Prinzip, der Sicherung der Existenz der einzelnen als Voraussetzung seiner konkreten Freiheit ergeben. Jedoch sollen sie vom Sein nicht in der Weise getrennt werden, daß es zu einer Unterbewertung des Wirklichen führt. Odo *Marquard* hat in seiner bemerkenswerten Studie „Hegel und das Sollen", Philosophisches Jahrbuch der Görres-Gesellschaft 1964, S. 103—119, dieses als „den Verleugnungszwang und Regressionseffekt des Sollensdenkens" bezeichnet, S. 115. Wir meinen mit Hegel: „In der Wirklichkeit selbst steht es nicht so traurig um Vernünftigkeit und Gesetz, daß sie nur sein sollten." Das scheint auch der Hauptfehler der Rosenstiel'schen Kritik an den Europäischen Gemeinschaften zu sein; denn indem sie Überstaatlichkeit mit Bundesstaatlichkeit gleichsetzt, errichtet sie einen abstrakten, sein-sollenden Wert, der je weniger verwirklichbar, desto abstrakter wird. Dieses „hohe Ideal" verstellt ihm aber den Blick für die Vernünftigkeit des Wirklichen, das heißt der Europäischen Gemeinschaften selbst dort, wo diese die Vernünftigkeit für sich haben.

Darstellung der Funktionsweise der zwischenstaatlichen Organisationen voraufzuschicken; denn Elemente von diesen sind auch in den überstaatlichen Organisationen wirksam. Die zwischenstaatlichen Organisationen bilden daher, wenn auch mit einem selbständigen Wert retrospektiv gesehen in mancher Hinsicht eine Art Vorstufe zu den überstaatlichen Organisationen.

Die Untersuchung konzentriert sich auf die Rechtssetzung; denn, wie oben dargelegt, ist sie der entscheidende Ausdruck der Herrschaft. Durch sie äußert der Inhaber derselben seinen Willen, indem er Befehle erteilt. Rechtsprechung und Vollziehung hängen von ihr ab.

Kapitel I

## Die klassischen zwischenstaatlichen Organisationen

### § 4 Allgemeine Bauprinzipien der zwischenstaatlichen Organisationen

Unter zwischenstaatlichen Organisationen werden im folgenden Vereinigungen von Staaten[1] verstanden, die folgende Merkmale aufweisen:

Sie beruhen auf einer zwischenstaatlichen Vereinbarung[2], die ihr Statut enthält; sie weisen — anders als eine Konferenz — eine ständige Organisation mit eigenen Organen auf, d. h. „durch organisatorische Rechtssätze gebildete eigenständige, institutionelle Subjekte von Zuständigkeiten zur transitorischen Wahrnehmung der Eigenzuständigkeiten"[3], sowie eine ständige, von den Staaten unabhängige Verwaltung; sie haben bestimmte funktionell festgelegte und dadurch begrenzte Zuständigkeiten zwischenstaatlichen Verkehrs; sie sind unter Umständen mit einer eigenen, aber funktionell beschränkten Völkerrechtspersönlichkeit[4], aber nicht mit Souveränität ausgestattet; die Völkerrechtspersönlichkeit der Staaten wird — anders als im Bundesstaat — nicht aufgehoben[5].

---

[1] Sie werden deshalb „zwischenstaatliche Organisationen" genannt, um sie deutlich von solchen internationalen Organisationen abzuheben, deren Mitglieder nicht nur Staaten sind.

[2] Der Begriff wird hier und im folgenden in dem Sinne gebraucht, wie ihn *Triepel*, Heinrich: Völkerrecht und Landesrecht, Leipzig 1899, Neudruck Aalen 1958, S. 49 ff. entwickelt hat.

[3] *Wolff*, Hans Julius: Verwaltungsrecht II, München-Berlin 1962, S. 35. Zum Organbegriff bei zwischenstaatlichen Organisationen siehe *Meyer*, Gert: Das Recht internationaler Organisationen zur Schaffung und Bevollmächtigung eigener Organe, AdV, Bd. 12 (1964/65) S. 14—33, S. 16 ff. mit weit. Verweisen.

[4] Siehe dazu mit weiterer Literatur *Mosler*, Hermann: Die Erweiterung des Kreises der Völkerrechtssubjekte, Heft 4, Berichte der Deutschen Gesellschaft für Völkerrecht, Karlsruhe 1961, S. 31—79. Es ist heute allgemein anerkannt, daß die zwischenstaatlichen Organisationen eine derartig beschränkte Völkerrechtspersönlichkeit besitzen können; siehe dazu im einzelnen unten § 17 a.

[5] Ähnlich wie hier *Dahm*, Georg: Völkerrecht II, Stuttgart 1961, S. 3 f.; *Bindschedler*, Rudolf: Internationale Organisation (Grundlagen), Wörterbuch des Völkerrechts, Bd. 2, Berlin 1961, S. 70.

Entsprechend der Lage, auf die sie eine Antwort darstellen, wurden die zwischenstaatlichen Organisationen zunächst für die Lösung technischer Probleme gebildet, zum Beispiel auf dem Gebiet des internationalen Post- und Telegraphenverkehrs. Diese Probleme waren mit bloßen periodischen Konferenzen nicht mehr zu ordnen, sondern bedurften einer selbständigen Pflege[6]. Waren es zunächst wirtschaftliche und technische Organisationen mit sachlich eng begrenztem Wirkungsbereich, so wurden mit dem Völkerbund die organisierte Zusammenarbeit in einer ständigen Organisation auf das Gebiet übertragen, das man gemeinhin das politische nennt, nämlich das von Krieg und Frieden zwischen den Staaten. Damit wurde unter Umständen das Leben der Staaten, ihr Kern, nämlich die Souveränität getroffen, wenn der Völkerbund wirklich Regelungsbefugnisse, also Rechtssetzungs- „gewalt" auf diesem Gebiet erhielt. Noch gewichtiger erhob sich die Frage nach 1945 mit der Gründung der Vereinten Nationen und dem dichten Netz der Sonderorganisationen, die fast den gesamten Bereich staatlicher Tätigkeit erfassen, von der Regelung von Krieg und Frieden bis zum Wetterdienst.

Staatliche Rechtssetzung ist Ausübung von Herrschaft, d. h. autoritativ. Sie ist im eigentlichen Wortsinn „Anordnung". Da aber jedes Mitglied der Staatengesellschaft, jeder Staat souverän, d. h. jedenfalls unabhängig von anderen Staaten und deren Herrschaft ist, ist autoritative Rechtssetzung im zwischenstaatlichen Bereich nicht möglich. Zwischenstaatliche Rechtsbildung herkömmlicher Form ist daher die der Ratifikation und Transformation bedürftige Vereinbarung. Daher wird der Begriff „Rechtssetzung" insoweit besser durch den der „Rechtsbildung" ersetzt. Jede Vereinbarung schafft Recht[7]. Aber es beruht nicht auf Anordnung, sondern auf Übereinkunft, auf parallelen Willensakten der Beteiligten[8]. Nur, wer sich dieser anschließt, ist gebunden. Somit wird die Souveränität der Staaten gewahrt. Eine überstaatliche Herrschaft kann sich nicht entwickeln. Die Bestimmung über die gesellschaftlich-staatliche Existenz und ihre innere und äußere Ordnung verbleibt dem Staat. Die Staaten sind einander nebengeordnet[9]. Grundprinzip irgendwelcher Beziehungen ist die Gegenseitigkeit.

Diese Struktur der Staatengesellschaft wird durch die zwischenstaatlichen Organisationen zunächst nicht aufgehoben, wenn auch modi-

---

[6] Eingehend bereits 1910 *Huber:* Beiträge, S. 84 f.

[7] *Kelsen,* Hans: Principles of International Law, 3rd pr. New York 1959, S. 319.

[8] *Huber:* Beiträge, S. 71 ff., S. 85.

[9] *Reuter,* Paul: Principes de Droit International Public, RdC 103, Leyden 1962, S. 438 ff.; *Huber:* Beiträge, S. 74.

fiziert[10]. Weder hatte der Völkerbund noch haben die Vereinten Nationen oder eine ihrer Sonderorganisationen autoritative Rechtssetzungsbefugnisse gegenüber ihren Mitgliedern oder gar deren Staatsangehörigen inne. Der Völkerbund kannte noch nicht einmal den Mehrheitsentscheid. Die Basis der Rechtsbildung auch in den zwischenstaatlichen Organisationen ist weiterhin die Vereinbarung, die parallele Willensbildung[11], also die Übereinkunft. Allerdings beginnt eine Lockerung der strengen Regeln des Vertragsschlusses.

## § 5 Rechtsbildung in den zwischenstaatlichen Organisationen

Die Darstellung des Systems der Rechtsbildung der zwischenstaatlichen Organisationen muß ausgehen von der Unterscheidung des innerorganisatorischen und des äußeren funktionell sachlichen Bereiches. Daneben treten die Änderungen der Gründungsverträge selbst.

Der organisatorische Bereich, also die innere Organisationsgewalt[1], umfaßt die innere Ordnung der Organisation, ihre Organe, Nebenorgane[2], Verwaltungen etc. Die entsprechenden Normen sind zunächst in den Gründungsverträgen selbst enthalten, so die Anzahl der Organe, ihre Zusammensetzung, Funktionsweise, ihr Verhältnis zueinander etc. Ein Großteil wird aber den Organen noch selbst überlassen. Unter Umständen können neue Organe geschaffen werden[3]. Jedenfalls können die Hauptorgane aber Nebenorgane einsetzen[4]. Die Hauptorgane können ihre eigenen Geschäfts-[5] bzw. Verfahrensordnungen[6] erlassen. Sie haben die Organisationsgewalt hinsichtlich der Verwaltungen — Sekretariate, Büros oder dergleichen — und Truppen samt eventueller Straf- und sonstiger Normen[7]. Diese Normen werden gesetzt. Es handelt sich insoweit um echte Rechtssetzungsbefugnisse[8]. Die zuständigen Organe

---

[10] *Reuter:* Principes, S. 473 ff.
[11] *Huber:* Beiträge, S. 85, für die Zeit vor 1914.
[1] Zur Organisationsgewalt im allgemeinen *Böckenförde:* Organisationsgewalt, S. 21 ff.; bei den zwischenstaatlichen Organisationen *Meyer:* Recht.
[2] So die Bezeichnung in Artikel 22, 29, 68 SVN; *Meyer:* Recht, S. 17 u. 25 ff. nennt sie Organorgane.
[3] Art. 7 SVN; *Meyer:* Recht, S. 18—25; Gutachten des IGH, Reports 1954, S. 60 f.
[4] z. B. Art. 22, 29, 68 SVN, Art. 6 FAO-Vertrag, *Meyer:* Recht, S. 25—27.
[5] z. B. Art. 21, 30, 72 SVN; Art. 16 IMCO-Vertrag; Art. 4, 5 FAO-Vertrag.
[6] Art. 30 Statut IGH.
[7] Art. 101 SVN. So wurden z. B. eingehende „Staff-Regulations" erlassen.
[8] So richtig *Dahm:* Völkerrecht III, Stuttgart 1961, S. 176. Diesen gesamten Komplex möchte ich als „internes Staatengemeinschaftsrecht" verstehen. *Verdross:* Völkerrecht, 5. Aufl., S. 4 faßt nur die dritte Gruppe darunter. Ähnlich wie hier *Scheuner,* Ulrich: Die Rechtssetzungsbefugnis internationaler Gemeinschaften, Festschrift für Alfred Verdross, Wien 1960, S. 229 bis 242, S. 230, Fußn. 7, allerdings nicht ganz eindeutig.

erlassen sie mit Mehrheit, und es bedarf keiner Ratifikation. Für die Geschäfts- und Verfahrensordnung ist das deswegen von Bedeutung, weil sie die Mitgliedsschaftsrechte der Staaten berühren. Zwar werden diese in ihrer politischen Eigenbestimmung nicht unmittelbar betroffen. Aber ihre Stellung innerhalb der Organisationen bekommt ein gewisses Element des Unterworfenseins[9].

Im funktionell sachlichen Bereich der zwischenstaatlichen Organisationen gibt es solche Anordnungen nicht. Dieser Bereich, das eigentliche Tätigkeitsgebiet der zwischenstaatlichen Organisationen, ist vielmehr durch grundsätzliche Unverbindlichkeit der Akte der Organisation gekennzeichnet. Weder konnte der Völkerbund oder können die Vereinten Nationen Abrüstungspläne verbindlich anordnen, noch können die ILO verbindliche Arbeitsrechtssätze, die UPU verbindliche Postbeförderungsrichtlinien, noch die ICAO verbindliche Luftfahrtreglements erlassen. Wer sich in diesen Bereichen nicht binden will, kann nicht gebunden werden. Jedoch sind die Voraussetzungen für den Eintritt der gewollten Bindung sehr unterschiedlich. Sie reichen vom herkömmlichen Vertragsschluß mit Unterzeichnung, Ratifikation und Transformation bis zum einfachen als Zustimmung aufgefaßten Schweigen. Man kann der Form nach zwei Arten von Akten der zwischenstaatlichen Organisation unterscheiden: Verträge, die in ihrem Rahmen abgeschlossen werden, z. B. die Genfer Konventionen von 1949 oder die Seerechtskonventionen von 1959. Sie sind im Grunde keine Akte der zwischenstaatlichen Organisation selbst, sondern lediglich unter ihrer Förderung entstanden. Ihnen gegenüber stehen die Beschlüsse der Organe, der zwischenstaatlichen Organisation, z. B. die Deklaration der Menschenrechte vom 10. 12. 1948, die „conventions" der ILO[10], die „conventions, agreements and regulations" der WHO[11], die „International Standards and Recommended Practices", der ICAO[12] etc.

Die letztgenannten Organakte werden von den Versammlungen oder Räten mit bestimmten Mehrheiten verabschiedet. Sie sind daher den zwischenstaatlichen Organisationen selbst zuzurechnen. Denn nicht die Mitgliedstaaten als Staaten, sondern als Organwalter haben gehandelt. Sie haben nicht ihre Zuständigkeiten, sondern Zuständigkeiten der zwischenstaatlichen Organisation wahrgenommen[13]. Aber der Beschluß der zwischenstaatlichen Organisation genügt nicht für die Verbindlichkeit.

---

[9] Dazu *Reuter*, Paul: Cours d'Organisations Européennes, Paris 1959/60, S. 79.
[10] Art. 19 ILO-Vertrag 20. 5. 1954.
[11] Art. 19 WHO-Vertrag v. 7. 4. 1948.
[12] Art. 37 ICAO-Vertrag.
[13] *Dahm:* Völkerrecht III, S. 173 f.; *Reuter:* Cours, S. 77.

## § 5 Rechtsbildung in den zwischenstaatlichen Organisationen

Es bedarf der irgendwie geäußerten Zustimmung der Staaten[14]. Diese kann in der üblichen Form der Ratifikation erfolgen[15], sie kann aber auch vermutet werden, wenn der Staat sich nicht innerhalb einer bestimmten Frist gegenteilig äußert[16]. Dieses letztgenannte Verfahren kann kaum noch als konventionelle Rechtsbildung bezeichnet werden. Es hat schon stark autoritative Züge[17].

Endgültig autoritativ wird die Rechtsbildung in einem Fall. Der Internationale Währungsfonds setzt gemäß Artikel 4 Sektion 2 seines Statuts die Goldparitäten der einzelnen Währungen fest, an die sich die Mitglieder unter Ausschlußdrohung halten müssen. Der Wechsel der Paritäten, also Auf- und Abwertung, bedarf der Zustimmung des Fonds. Es handelt sich hier um Rechtssetzung; denn die Parität gilt für alle Devisen und Goldgeschäfte der Staaten. Das sind keine rein technokratischen Entscheidungen. Vielmehr ist damit auch ein politischer Sachverhalt einer überstaatlichen Regelung unterstellt worden. Denn die Goldparität einer Währung bestimmt mit über den wirtschaftlichen Standard eines Staates und damit seine gesellschaftliche Ordnung selbst[18]. Allerdings bleibt dem Staat, der sich nicht fügen will, auch hier noch theoretisch der Austritt offen[19]. Aber gerade an diesem Fall zeigt sich, wie wenig das nutzt. Denn der austretende Staat würde sich dann auch des Handels mit anderen Staaten weitgehend enthalten müssen, das aber könnte unter Umständen katastrophale Folgen für ihn haben.

Änderungen der Gründungsverträge bedürfen grundsätzlich der Ratifikation durch die Mitglieder. Jedoch brauchen in einigen Fällen nicht alle Mitglieder zuzustimmen, um die Änderung rechtswirksam auch für sie werden zu lassen. Der bereits erwähnte Fonds und seine Schwesterorganisation, die Internationale Bank für Wiederaufbau und Entwicklung, unterscheidet zwei Sachbereiche für die Vertragsänderung. Im ersten genügt die Ratifikation durch drei Fünftel der Mitglieder mit vier

---

[14] *Friauf*, Karl Heinrich: Zur Problematik rechtsstaatlicher und demokratischer Strukturelemente in zwischenstaatlichen Gemeinschaften, DVBl. 1964, S. 781—789, S. 782.

[15] Das gilt z. B. für die allgemeine Deklaration der Menschenrechte, die durch zu ratifizierende Verträge erst eigentlich Rechtswirkung erlangt. Siehe Entwurf vom 16. 4. 1954, ESCOR XVIII Supp. 7, E/2573, S. 62—72, Art. 51.

[16] Art. 21, 22 WHO-Vertrag, Art. 37, 38 ICAO-Vertrag; noch weitergehend der Art. 90 i.V.m. Art. 54 (1), wonach die Mehrheit der Mitglieder widersprechen muß, um das Inkrafttreten einer Luftfahrtregelung zu verhindern.

[17] *Dahm*: Völkerrecht III, S. 174; *Reuter*: Cours, S. 78: „Il n'est pas douteux que l'on y voit poindre le procédé législatif"; *Binschedler*: Wörterbuch II, S. 83, sieht in diesen Beschlüssen sogar verbindliche Rechtssetzungsakte.

[18] Siehe zum Verhältnis von Wirtschaft und Politik oben § 3 und unten § 20 a 2.

[19] Art. 15 Sec. 1 IMF-Vertrag.

Fünftel der Stimmen[20] zur allgemeinen Verbindlichkeit für alle Mitglieder; im zweiten Bereich, der von der Sache her bedeutungsvoller ist, müssen alle Mitglieder zustimmen[21]. Andere Organisationen gehen sogar noch weiter. Im allgemeinen genügt eine Zustimmung durch zwei Drittel der Mitglieder, um eine für alle verbindliche Satzungsänderung herbeizuführen. Bei der IMCO bedarf es, um einer Bindung zu entgehen, der ausdrücklichen Ablehnung der Vertragsänderung innerhalb einer Frist[22]. Die IAEA läßt sogar nur den Austritt für Mitglieder zu, die einer Satzungsänderung nicht zustimmen wollen[23]. Die VN und die WHO gewähren selbst diesen nicht ausdrücklich[24]. Ihre Satzungen sehen den Austritt überhaupt nicht vor. Man muß aber das Recht dazu annehmen[25]. In allen Fällen bedarf die Satzungsänderung die Zustimmung der Versammlung. Sie sind also eigene Beschlüsse der Organisation. Sie behalten konventionellen Charakter und sind nicht autoritativ, da sie letzten Endes allemal der irgendwie gearteten oder vermuteten Zustimmung jedes einzelnen Staates bedürfen.

Von Rechtssetzung im strengen staatlich verstandenen Wortsinn kann man noch nicht sprechen, wenn man die Akte der zwischenstaatlichen Organisationen untersucht. Es handelt sich, wie gesagt, um Rechtsbildung. Es ist daher besser, nicht von legislativen Befugnissen zu sprechen. Das verwirrt nur. Auch solche Präfixe wie „para" oder „quasi" tragen nichts zur Klarheit bei. Der Vorgang zwischenstaatlicher Rechtsbildung ist durch die zwischenstaatlichen Organisationen nicht grundsätzlich verändert worden. Die Ausnahmen sind zu minimal. Die Zustimmung bleibt die Regel. Aber die ausdrückliche Zustimmung kann ersetzt werden, nicht mehr nur durch konkludentes Handeln, sondern selbst durch eine durch Zeitablauf unwiderleglich werdende Vermutung, durch Verschweigung. Bedeutsam ist, daß selbst die SVN eine Bindung überstimmter Mitglieder bei der Satzungsänderung zuläßt. In den reinen konventionellen Rechtsbildungsprozeß sind autoritative Elemente eingeflossen. Die Staatengesellschaft beruht nicht mehr nur auf Nebenordnung, sondern macht einer solchen der Kooperation und Interdependenz Platz. Die Eigenbestimmung des Staates bleibt dem Anspruch nach erhalten, deutlicher Ausdruck ist Art. 2 Abs. 7 SVN, kann aber tatsächlich nicht mehr ohne weiteres ausgeübt werden. Ein

---

[20] Die einzelnen Länder haben eine verschiedene Anzahl von Stimmen gemäß ihren Anteilen, Art. 5 Sect. 3 Bank-Vertrag.
[21] Art. 8 Bank-Vertrag, Art. 7 WMF-Vertrag.
[22] Art. 52 IMCO-Vertrag.
[23] Art. 18 IAEA-Vertrag.
[24] Art. 108 SVN, Art. 73 WHO-Vertrag; *Dahm:* Völkerrecht III, S. 173, ist daher der Auffassung, daß es in diesen Fällen überhaupt kein Veto gäbe.
[25] *Dahm:* Völkerrecht II, S. 119; a. A. *Kelsen,* Hans: The Law of the United Nations, Komm., London 1951, S. 122 ff,

Austritt aus den VN kann erhebliche nachteilige Folgen haben. Von Herrschaft, von politischer Macht der zwischenstaatlichen Organisationen über die Staaten kann zwar noch nicht gesprochen werden[26], aber das „klassische" Völkerrecht ist auch insoweit zu Ende, daß die einzelnen Staaten sich in ein System eingebunden sehen, aus dem sie aus eigenem Entschluß nur unter erheblichen Opfern und unter Umständen unter Einbuße ihrer Weltgeltung entweichen können[27]. Insoweit ist die politische Entscheidung gebunden. Was einem Hitler 1934 noch möglich schien, war es einem Chruschtschow 1964 nicht mehr. Zustimmungen, die nur um den Preis erheblicher Selbstschädigungen, ja des Ausschlusses aus dem Kreis der Staaten verweigert werden können, sind nur noch formal Zustimmung, materiell sind sie Unterwerfung. So kündigt sich bereits im System der klassischen zwischenstaatlichen Organisationen ein autorativer Zug in der Rechtsbildung an, der in wenigen Fällen schon zu echter Rechtssetzung führte[28]. Die einfache Struktur der Staatengesellschaft von nebengeordneten, sich gegenseitig anziehenden und wieder abstoßenden Monaden macht auch im politisch rechtlichen, nicht nur im technisch industriellen Bereich einer komplizierteren Struktur gegenseitiger Bindungen und Überlagerungen Platz. Zwar sind die Grundlagen der Staatengesellschaft selbst noch nicht erschüttert. Die Souveränität des Einzelstaates ist nicht angetastet. Aber doch sind die zwischenstaatlichen Organisationen nicht nur den Staaten nebengeordnet, sondern gewinnen auf manchen, keineswegs nebensächlichen Gebieten ein zumindest tatsächliches Übergewicht. Die Politik der Mitgliedstaaten ist nicht mehr ganz frei. Das ius ad bellum ist nicht nur durch die Verbote des Angriffskrieges beschränkt, sondern mehr noch und wirksamer durch die neuen Abhängigkeiten, die in den zwischenstaatlichen Organisationen und ihren Befugnissen ihren rechtlichen Ausdruck zu gewinnen beginnen[29]. Wir befinden uns keineswegs auf dem Wege zum Weltsaat, der auch nicht wünschenswert ist. Aber es deutet sich das Phänomen der „Überstaatlichkeit" zaghaft als Möglichkeit an, eine Herrschaftsform, deren Sinn es ist, im Zwischenbereich zwischen Staat und Weltstaat eine Form gesellschaftlich politischer Existenz zu ermöglichen.

---

[26] *Scheuner:* Rechtssetzungsbefugnis, S. 235.
[27] *Reuter:* Principes, S. 446 ff.
[28] *Reuter:* Cours, S. 77 f.; ähnlich: Principes, S. 457 „degrés divers des fonctions d'autorité", „un début de fonction législative assurée internationalement".
[29] *Landheer:* Weltgesellschaft, S. 6, weist mit Recht darauf hin, daß die politische Expansion in der „Industrial Society" durch Krieg „unfunktionell" werde.

Kapitel II

## Gegenstand und Grundlagen der Europäischen Gemeinschaften

Nach allgemeiner Auffassung stellen überstaatliche Organisationen bisher, wenn überhaupt, nur die drei Europäischen Gemeinschaften dar: Europäische Gemeinschaft für Kohle und Stahl (EGKS)[1], Europäische Wirtschaftsgemeinschaft (EWG)[2] und die Europäische Atomgemeinschaft (EAG)[3]. Die nachfolgende Untersuchung beschränkt sich daher auf diese. Reiches Material ließe sich auch in den Entwürfen zu einer Politischen Gemeinschaft[4] und einer Europäischen Verteidigungsgemeinschaft (EVG)[5] finden. Jedoch sollen nur solche Organisationen Gegenstand dieser Darstellung sein, die politische und rechtliche Wirklichkeit erlangt und auf die Staatlichkeit eingewirkt haben. Außerdem könnte man der Auffassung sein, daß diese beiden geplanten Gemeinschaften schon wieder eine neue Stufe darstellten, da sie nicht mehr rein funktional-politisch[6], sondern mehr allgemein-politisch bestimmt waren.

Die gegenwärtig bestehenden Europäischen Gemeinschaften scheinen eine neue Antwort auf die Schwierigkeiten, in denen sich der moderne Staat befindet, zu sein. Sind sie es wirklich? Rosenstiel hat es mit Nachdruck bestritten[7]. Sie seien keine politische Antwort. Ihnen fehle die Gegen-Macht, die eigene Souveränität, die allein wirklich in der Lage sei, die Macht der Staaten zu brechen. Eine „neue" Lösung sei nur der Europäische Bundesstaat. Es ist aber bereits zweifelhaft, ob diese Lösung wirklich die wirksamste wäre, da sie im Grunde nur auf anderer

---

[1] Vertrag vom 18. 4. 1951 BGBl II S. 447; verbindliche Fassung: französisch, Art. 100 EGKSV.

[2] Vertrag vom 25. 3. 1957, BGBl II S. 766; verbindliche Fassungen: deutsch, französisch, italienisch, niederländisch, Art. 248 EWGV.

[3] Vertrag vom 25. 3. 1957, BGBl II S. 1014; verbindliche Fassungen wie beim EWG-Vertrag, Art. 285 EAGV.

[4] Entwurf der ad-hoc Versammlung der Gemeinsamen Versammlung der EGKS, abgedruckt: Dokumente, Heft X, hrsg. von der Forschungsstelle für Völkerrecht und ausländisches öffentliches Recht der Universität Hamburg, Frankfurt-Berlin 1953.

[5] Vertrag vom 27. Mai 1952, BGBl 1954 II S. 343; verbindliche Fassung: Sprache des Urtextes, wohl französisch, Art. 130 EVGV.

[6] Zu den Zusammenhängen von Funktion und Politik unten S. 145 ff.

[7] In seiner Schrift: Supranationalität.

Ebene, letztlich nur in anderer Größe, die staatliche Lösung wiederholt, indem sie an die Stelle von mehreren Einzelstaaten einen Gesamtstaat setzt. Es ist angesichts der Lage der USA und der UdSSR sehr die Frage, ob Größe allein ein Heilmittel ist. Denn nach der hier vertretenen Auffassung ist der Staat strukturell in seiner ursprünglichen, in § 1 näher erläuterten Konzeption nicht in der Lage, die auftauchenden Schwierigkeiten zu meistern. Aber selbst unterstellt, ein europäischer Bundesstaat, wie immer er konzipiert würde[8], wäre eine gültige Antwort, so besteht die Hauptschwierigkeit doch immer noch darin, ihn zu schaffen. Das scheint aber zur Zeit nicht möglich zu sein. Unabhängig davon soll daher untersucht werden, ob die vorhandenen Europäischen Gemeinschaften wirklich keine Lösung darstellen.

## § 6 Aufgaben und Ziele der Gemeinschaften

### a) Gegenstand der EGKS

1. Die Aufgaben und Ziele der EGKS sind in den Art. 2 bis 4 EGKSV niedergelegt. Gemäß Art. 2 Abs. 1 ist die Gemeinschaft „dazu berufen, im Einklang mit der Gesamtwirtschaft der Mitgliedstaaten und auf der Grundlage eines gemeinsamen Marktes, wie er in Artikel 4 näher bestimmt ist, zur Ausweitung der Wirtschaft, zur Steigerung der Beschäftigung unter Hebung der Lebenshaltung in den Mitgliedstaaten beizutragen"[1].

Auf der Grundlage des „gemeinsamen Marktes für Kohle und Stahl" erfüllt die Gemeinschaft die Aufgaben gemäß Art. 3. Dieser bestimmt in sieben Absätzen die speziellen Aufgaben der Gemeinschaftsorgane. Sie enthalten eine nähere Ausgestaltung der allgemeinen Aufgabe, wie

---

[8] Was unter Bundesstaat, état fédéral, von *Rosenstiel* verstanden wird, ist unklar. Er beschränkt sich darauf, ihm die Souveränität zuzusprechen. Auch sonst ist der Begriff des Bundesstaates und mit ihm der des Föderalismus in den letzten Jahren wieder derartig verschwommen geworden, daß er fast ebenso unfaßbar geworden ist wie der der Supranationalität. *Ophüls* sprach hinsichtlich der EGKS von „partiellem Bundesstaat"; *Quaroni* bezeichnet das Reich von 1871 plötzlich als „Konföderation", „Die Zeit" vom 6. 11. 1964, S. 10; *Bülck* sprach von einem Föderalismus im Europa des 18. Jahrhunderts, *Bülck*, Hartwig: Föderalismus als nationales und internationales Ordnungsproblem, in: VVdtStRL Heft 21, S. 1—65, Berlin 1965, S. 3. Daß so verschiedene Staatsformen wie das Deutsche Reich von 1871, von 1919 und die BRD von 1949 als Bundesstaat bezeichnet werden, ist gerade kein Beitrag zur Klärung.

[1] Für die Einzelheiten siehe *Jerusalem*, Franz W.: Das Recht der Montanunion, Berlin 1954, S. 107; *Reuter*: La CECA, S. 173 ff.; *Carstens*, Karl: Die Errichtung des gemeinsamen Marktes in der Europäischen Wirtschaftsgemeinschaft, Atomgemeinschaft und Europäischen Gemeinschaft für Kohle und Stahl, ZaöRV Bd. 18, S. 459—525, S. 469 ff. *Catalano*, Nicola: Manuel de Droit des Communautés Européennes, Paris 1963, S. 149—164.

sie in Art. 2 Abs. 2 formuliert ist, bei „fortschreitender Entwicklung, die Voraussetzungen zu schaffen, die von sich aus die rationellste Verteilung der Erzeugung auf dem höchsten Leistungsstande sichert; sie (die Gemeinschaft) hat hierbei dafür zu sorgen, daß keine Unterbrechung in der Beschäftigung eintritt, und zu vermeiden, daß im Wirtschaftsleben der Mitgliedstaaten tiefgreifende und andauernde Störungen hervorgerufen werden". Art. 3 enthält dementsprechend wirtschaftlich-sozial bestimmte Aufgaben.

2. Die Grundsatzartikel enthalten „la philosophie économique du marché commun"[2]. Juristisch stellen sie bindende Grundsatzentscheidungen dar. Sie besitzen normative Kraft. Man kann sie den „verfassunggestaltenden Grundentscheidungen"[3] einer staatlichen Verfassung vergleichen. Sie sind, wie diese, „Fundamentalnormen allgemeinen Charakters". Sie enthalten wirtschaftspolitische Grundwertungen und sind für die konkrete Gestaltung der Rechtsordnung der Gemeinschaft ziel- und richtungweisend. Als solche sind sie Gestaltungsprinzipien dieser Rechts- und Lebensordnung. Der Gerichtshof hat ihre bindende Kraft immer wieder hervorgehoben[4]. Der Standpunkt des Gerichtshofes ist in der Literatur allgemein anerkannt. So bezeichnet Mosler die Grundsatzartikel als Normen, „die von den Organen der Gemeinschaft in jedem von ihnen zugewiesenen Tätigkeitsbereich und in den vom Vertrag vorgesehenen Formen gehandhabt werden"[5]. Steindorff erklärt ebenfalls, daß die Marktgrundsätze und Ziele die Organe der EGKS binden[6]. Steindorff stellt dabei die These auf, daß eine Abstufung zwischen den Marktgrundsätzen des Art. 2 Abs. 1 und Art. 4 und den Marktzielen des Art. 3 bestehe. Dabei stellt er vor allem darauf ab, daß es die Marktgrundsätze sind, die die EKGS von anderen internationalen Organisationen unterscheiden[7]. Im außerdeutschen Schrifttum hat vor allem Reuter den bindenden Charakter der „articles liminaires" betont. Ihre Verletzung stelle entweder ein „détournement

---

[2] *Reuter:* Actes Officiels II S. 13.
[3] Siehe dazu *Wolff*, Hans J.: Verwaltungsrecht I, 6. Aufl., München-Berlin 1965, S. 103 f.
[4] Rechtssache 1/1954 SRGH I S. 23; 8/1957 SRGH IV S. 252 u. a.
[5] *Mosler*, Hermann: Zur Anwendung der Grundsatzartikel des Vertrages über die Europäische Gemeinschaft für Kohle und Stahl, ZaöRV Bd. 17 S. 407 bis 427, S. 408.
[6] *Steindorff*, Ernst: Die Vertragsziele der Europäischen Gemeinschaft für Kohle und Stahl als Rechtsvorschriften und Richtlinien, Berichte der Deutschen Gesellschaft für Völkerrecht, Heft 2, Karlsruhe 1958, S. 94—115, S. 110.
[7] *Steindorff* will auch für die Rechtskontrolle Unterschiede bei Marktgrundsätzen und Zielen sehen. Eine Verletzung der Ziele könne nur selten zur Aufhebung der Maßnahmen der Hohen Behörde führen, da die Ziele des Art. 3 sich teilweise widersprächen und nach freiem Ermessen der Hohen Behörde auszugleichen seien. Eine Verletzung der Marktgrundsätze sei stets eine „violation patente".

§ 6 Aufgaben und Ziele der Gemeinschaften

de pouvoir" oder eine „violation de la loi" dar[8]. Catalano rechnet Art. 4 zu den verfassungsrechtlichen Rechtssätzen der Gemeinschaft[9].

Diese besondere Bedeutung der Grundsatzartikel ergibt sich aus dem Vertrag sehr deutlich. Die autonome Vertragsänderung gemäß Art. 95 Abs. 3 und 4 darf Art. 2 und 4 nicht berühren. Verschiedene Artikel beziehen sich auf die Grundsatzartikel und stellen die in den Spezialartikeln begründeten Zuständigkeiten in den Rahmen der Grundsätze und Ziele[10]. Sie alle enthalten weitgehende Befugnisse der Gemeinschaft. Aber auch der Wortlaut der Grundsatzartikel selbst drückt die verpflichtende Kraft aus, so in Art. 2 Abs. 1: „La Communauté *a* pour mission...", Art. 2 Abs. 2: „La Communauté *doit* realisier...''; Art. 3: „Les institutions de la Communauté *doivent*...''; Art. 4: „... *sont* abolis et interdits". Alle diese Begriffe drücken ein Gebot oder Verbot aus und stellen damit bindende und verpflichtende Rechtsregeln auf[11].

### b) *Aufgaben und Ziele der EWG*

1. Bestimmungen, die den Grundsatzartikeln des EGKS-Vertrages entsprechen, finden sich im EWG-Vertrag nicht[12]. Lediglich Art. 2 definiert die allgemeine Aufgabe der Gemeinschaft wie folgt:

„Aufgabe der Gemeinschaft ist es, durch die Errichtung eines Gemeinsamen Marktes und die schrittweise Annäherung der Wirtschaftspolitik der Mitgliedstaaten eine harmonische Entwicklung des Wirtschaftslebens innerhalb der Gemeinschaft, eine beständige und ausgewogene Wirtschaftsausweitung, eine größere Stabilität, eine beschleunigte Hebung der Lebenshaltung und engere Beziehungen zwischen den Staaten zu fördern, die in dieser Gemeinschaft zusammengeschlossen sind."

Konnte von der EGKS mit Recht gesagt werden, daß die gemeinsamen Ziele und der gemeinsame Markt neben den gemeinsamen Organen zu den Grundelementen des Vertrages gehören[13], so gilt für die EWG, daß im wesentlichen die gemeinsamen Organe die Gemeinschaft tragen. Zwar gibt es einen gemeinsamen Markt, verbunden mit den allgemeinen Zielen des Art. 2 und eine Zollunion, auch finden sich Bestimmungen über den Wettbewerb, aber ihre Tragweite ist geringer, ihr Netz nicht so eng[14]. Ja, ein wesentlicher Teil der Tätigkeit der

---

[8] *Reuter:* La CECA, S. 91 und Actes Officiels II, S. 39.
[9] *Catalano:* Manuel, S. 104, 158 ff.
[10] z. B. Art. 53, 58 § 2, 60, 61, 62 EGKSV.
[11] Siehe dazu eingehend *Steiger,* Heinhard: Die Unabhängigkeit der Rechtssetzung der Europäischen Gemeinschaften, Diss. jur. Münster 1964, S. 101—103 mit weiteren Nachweisen in Rechtsprechung und Literatur.
[12] *Reuter,* Paul: Aspects de la Communauté Economique Européenne, Revue du Marché Commun Bd. I S. 8; *Catalano:* Manuel, S. 253—262.
[13] *Steindorff:* Vertragsziele, S. 94.
[14] *Reuter:* Aspects, S. 8: „formules descriptives sans grandes conséquences" und S. 162: „simples directives pour une action future".

Organe besteht in der Koordinierung nationaler wirtschaftlicher Vorgänge, wobei den Organen allerdings auch eine gewisse Lenkungsbefugnis in der Richtlinienkompetenz[15] zusteht. Der Gemeinsame Markt wie die Zollunion stellen außerdem nur den formellen Rahmen auf, in dem sich die Wirtschaftsabläufe vollziehen sollen. Es fehlen die materiellen Grundlagen, die diesen Rahmen ausfüllen können, wie Art. 3 EGKSV sie für die EGKS aufstellt. Mit Recht hat Reuter daher den Vertrag über die EWG als „traité-cadre" bezeichnet[16]. Es sind die Verfahrensweisen, „les procédures" festgelegt. Am Ende der Übergangszeit finden sich der Gemeinsame Markt und die Zollunion vor. Diese sind Ausgangspunkt, nicht Ziel[17] der Gemeinschaft, die erst am Ende der Übergangszeit in vollem Umfang errichtet ist. In diesen Rahmen hinein haben die Organe zu wirken. Es ist daher nur in einer gewissen Hinsicht richtig zu sagen, daß die Grundsätze für das Handeln der EWG-Organe vornormiert sind und in ihren wesentlichen Teilen nur noch des Vollzuges bedürfen[18]. Das gilt nur, soweit der Vertrag die Übergangszeit und die während derselben zu errichtenden formellen Institutionen des Gemeinsamen Marktes und der Zollunion regelt. Was dann kommt, bleibt völlig offen[19]. Dafür gibt es keine Grundsätze, sondern nur diesen institutionellen Rahmen. Eine gewisse materielle Schranke für die Gestaltung des Marktes stellt aber die Entscheidung für die Wettbewerbswirtschaft in Art. 85 ff. EWGV dar.

2. Für die Landwirtschaft gilt im Rahmen der EWG wiederum etwas Besonderes. Für sie finden sich in Art. 39 EWGV eingehende materielle Ziele, für deren Verwirklichung gem. Art. 40 eine gemeinsame Organisation der Agrar-Märkte geschaffen werden soll. Dazu sind gem. Art. 43 die Organe der Gemeinschaft berufen. Es ist dabei von besonderem Interesse, daß der Vertrag ausdrücklich bestimmt, daß „dem inneren Zusammenhang der in diesem Titel aufgeführten landwirtschaftlichen Fragen Rechnung" zu tragen ist. Was der Gerichtshof für die EGKS erarbeitet hat, ist hier also positive Vorschrift des Vertrages geworden. Wenn daher die Vorschriften bezüglich der Agrar-Organisation als „Programm" bezeichnet werden[20], so kann das nur heißen, daß die Markt-Organisation erst noch zu schaffen ist, nicht aber, daß die Vorschriften unverbindlich seien. Sie sind für die Organe der Gemein-

---

[15] Siehe unten § 8 c.
[16] *Reuter:* Cours, S. 223.
[17] *Catalano:* Manuel, S. 257 ff.
[18] *Bülck*, Hartwig: Zur Systematik der Europäischen Wirtschaftsgemeinschaften, Berichte der Deutschen Gesellschaft für Völkerrecht, Heft 3, S. 66 bis 119, Karlsruhe 1959, S. 95.
[19] *Reuter:* Aspects, S. 14: „Il (der Vertrag) sera dépassé par sa propre réussite."
[20] *Bülck:* Systematik, S. 101.

§ 6 Aufgaben und Ziele der Gemeinschaften 59

schaft absolut verbindlich; denn auch sie ähneln den „verfassunggestaltenden Grundentscheidungen", wie sie oben für die EGKS skizziert wurden.

### c) Aufgaben und Ziele der EAG

Die Grundaufgabe der Gemeinschaft ist in Art. 1 Abs. 2 EAGV folgendermaßen definiert:

> „Aufgabe der Atomgemeinschaft ist es, durch die Schaffung der für die schnelle Bildung und Entwicklung von Kernindustrien erforderlichen Voraussetzungen zur Hebung der Lebenshaltung in den Mitgliedstaaten und zur Entwicklung der Beziehungen mit den anderen Ländern beizutragen."

Das allgemeine Ziel ist also dem der beiden anderen Gemeinschaften sehr ähnlich, nur ist es bezogen auf die Kernindustrie. Die Organe sind daran gebunden[21]. In Art. 2 EAGV werden nun bestimmte Aufgaben der Gemeinschaft genannt, die diese zur Erfüllung der in Art. 1 genannten allgemeinen Aufgabe durchzuführen hat. Es sind im ganzen acht Abschnitte, die teilweise mehrere Aufgaben enthalten. Sie haben entweder wirtschaftlichen oder technischen Charakter. Jeder dieser Aufgaben ist ein eigenes Kapitel innerhalb des Zweiten Teiles des Vertrages gewidmet.

Es handelt sich bei diesen Aufgaben nicht eigentlich um Ziele, die zu verwirklichen sind, wie das für die EGKS der Fall ist; es werden in Art. 2 nicht Zustände beschrieben, die durch die Arbeit der Gemeinschaft zu schaffen sind. Es werden den Organen vielmehr Lenkungs- und Entwicklungsaufgaben gegeben, die sie auf dem Gebiet der Kernindustrie wahrzunehmen haben. Sie sollen die Kernindustrie bilden und aufbauen; denn zu Beginn der Tätigkeit der EAG war eine solche kaum vorhanden. Menschen und Geld fehlten den einzelnen Ländern. Das Potential der Länder sollte zusammengefaßt werden, um erst eine Kernindustrie zu schaffen[22]. Die in sich völlig heterogenen Aufgaben, die sich dabei stellen, können nur unabhängig voneinander und nebeneinander gefördert werden, wenn ein Erfolg eintreten soll. Soweit allerdings, vor allem bei den wissenschaftlichen Aufgaben, ein inhaltlicher Zusammenhang besteht, wird es auch zumindest praktisch notwendig und angebracht sein, sie gemeinsam zu verfolgen und zusammen ins Auge zu fassen. Bezeichnenderweise spricht Catalano daher bei der EAG nicht von „principes fondamentaux" wie bei der EGKS und EWG, sondern lediglich von : „L'objet de la Communauté"[23].

---

[21] *Hahn*, Hugo J.: Euratom: The conception of an International Personality, Harvard Law Review, Bd. 71, S. 1001—1055, S. 1005, Euratom, Analyse et Commentaires du Traité, Brüssel 1958, S. 27.
[22] Vgl. dazu: *Armand*, Louis, *Etzel*, Franz, *Giordani*, Francesco: Ziele und Aufgaben für Euratom, Mai 1957; Euratom, S. 19 ff.
[23] *Catalano*: Manuel, S. 149 ff., 253 f., 381 f.

## § 7 Rechtscharakter der Gründungsverträge der Europäischen Gemeinschaften

Maßgebend für die rechtliche Beurteilung der Europäischen Gemeinschaften sind ausschließlich die Gründungsverträge mit ihren Anlagen, Protokollen, Ergänzungsverträgen etc., mit denen sie eine Einheit bilden[1]. Diese Verträge haben einen dreifältigen rechtlichen Inhalt. Sie begründen zunächst gegenseitige Vertragspflichten der Staaten, die über die Teilnahme an der Gründung der Gemeinschaften hinaus wirken. Sodann werden durch die Verträge die Gemeinschaften gegründet[2]. Diese entstehen als völkerrechtsfähige Gesamtrechtseinheiten in dem Augenblick des Inkrafttretens des jeweiligen Gründungsvertrages, nicht erst durch Errichtung der Organe. Mit der Errichtung der Organe werden die Gemeinschaften aber erst handlungsfähig und damit wirksam[3]. Zu der Gründung gehört auch die Festlegung der Aufgaben, des Aufbaues und der Befugnisse der jeweiligen Gemeinschaft[4]. Zum dritten werden die Mitgliedstaaten gewisser Befugnisse entkleidet, die nunmehr die Gemeinschaften innerhalb der Staaten wahrnehmen, wodurch die „Undurchdringbarkeit" aufgehoben wird.

Dieser dreifältige Rechtsinhalt bildet eine notwendige Einheit. Die verschiedenen Aspekte können nicht selbständig — etwa als Vereinbarung und Satzung — einander gegenübergestellt werden. Sondern die Gründungsverträge sind Vereinbarungen und Satzungen zugleich. Sie sind in Anlehnung an Schmitts „Verfassungsvertrag", „Satzungsvereinbarungen"[5]. Sie sind insoweit auch „Statusvereinbarungen"[6].

*a) Der Vereinbarungscharakter der Gründungsverträge*

1. Die Europäischen Gemeinschaften beruhen, wie jede Staatenverbindung, auf einem Vertrag der beteiligten Staaten[7], die somit zu Vertragspartnern werden. Dieser Vertrags-Typ kann als Vereinbarung bezeichnet werden. Ihr besonderes Kennzeichen ist, daß sie institutionellen Charakter haben. Verdross[8] und andere[9] sehen ihren besonderen

---

[1] Siehe oben Kapitel II, S. 54.
[2] Art. 1 EGKSV, Art. 1 EWGV, Art. 1 EAGV. Zum Geltungsgrund siehe *Steiger:* Unabhängigkeit S. 32 ff.
[3] *Kraus,* Herbert: Betrachtungen über die rechtliche Struktur der Europäischen Gemeinschaft für Kohle und Stahl, Internationale Gegenwartsfragen, S. 356—374, S. 371, Würzburg 1963.
[4] Errichtung und Einrichtung i. S. von H. J. *Wolff.*
[5] *Schmitt:* Verfassungslehre, S. 62 ff.
[6] *Schmitt:* Verfassungslehre, S. 366 f.
[7] *Dahm:* Völkerrecht II, S. 3 f.
[8] *Verdross:* Völkerrecht, S. 143.
[9] Siehe die Zitate bei *Dahm:* Völkerrecht III, S. 9.

Charakter darin, daß ihr Akzent auf der Rechtsbildung im Gegensatz zum Rechtsgeschäft liege. Das meint im Grunde das gleiche. Jedoch erheben sich mit Recht Einwände rechtslogischer Art gegen die letztgenannte Unterscheidung[10], da in beiden Fällen staatliches Verhalten geregelt wird und die Verpflichtung der Partner in beiden Fällen auf Gegenseitigkeit beruht. Aber gerade Dahm hebt hervor, daß multilaterale Verträge, und um solche handelt es sich bei fast allen Verträgen zur Gründung von zwischenstaatlichen oder überstaatlichen Organisationen, eine objektiv geltende Ordnung hervorbringen[11]. Es ist dann ganz einfach praktisch, wenn rechtslogisch auch nicht begründbar, diese Art von Verträgen besonders zu bezeichnen[12]. Dabei kann der Begriff der Institution sehr weit gefaßt werden, wenn nur gesichert bleibt, daß sie eine objektive Ordnung, wenn man will eine konkrete Ordnung errichten und nicht auf Austausch von Leistungen beruhen[13]. Es besteht auch keineswegs ein Widerspruch zwischen der Errichtung einer objektiven Ordnung einerseits und der Fortdauer des vertragsmäßigen Charakters eines gegenseitigen Verhältnisses der Partner andererseits. Beide schließen einander nicht aus; denn ein Vertrag kann Entstehungsgrund verschiedener rechtlicher Verhältnisse sein[14]. Das ist deshalb bedeutsam, weil aus der völkerrechtlich vertraglichen Grundlage der Europäischen Gemeinschaften auch falsche Schlüsse auf die rechtliche Stellung der Gemeinschaften, insbesondere auch hinsichtlich der Auflösbarkeit gezogen werden[15].

---

[10] Siehe *Dahm:* Völkerrecht III S. 9 f. mit weiteren Nachweisen.
[11] *Dahm:* Völkerrecht III, S. 9.
[12] Es handelt sich also lediglich um eine inhaltliche, nicht eine formelle Unterscheidung. Daher gelten auch weitgehend die gleichen Regeln, aber gewisse Änderungen greifen ein, z. B. hinsichtlich der Interpretation, der Vorbehalte der Änderung, der Aufhebung, der Kündigung, des Rücktritts, siehe dazu unten § 19.
[13] Gebietsänderungsverträge schaffen zwar auch objektive Ordnungen, beruhen letztlich aber doch auf Austausch.
[14] Siehe dazu eingehend *Haenel*, Albert: Studien zum Deutschen Staatsrecht, 1. Studie: Die vertragsmäßigen Elemente der Deutschen Reichsverfassung, Leipzig 1873, S. 31—39. Die Bundeslehre des ausgehenden 18. und des 19. Jahrhunderts befaßte sich eingehender mit dem Verhältnis vom Gründungsvertrag und Bundesverfassung, als das in der neuen Bundesstaatslehre der Fall ist. Der vertragsmäßige Charakter diente insbesondere den Südstaaten der USA, so z. B. dem Senator Calhoun aus Süd-Carolina zur Begründung des Sezessionsrechtes. In Deutschland vertrat Seydel eine sehr extreme Theorie, siehe z. B. *Seydel*, Max v.: Zur Lehre von den Staatenverbindungen, in: Staatsrechtliche und politische Abhandlungen, Bd. I, Freiburg/Leipzig 1893, S. 1—120, S. 27 ff., wo er sich ausdrücklich auf Calhoun beruft. Aber auch er leugnet nicht, daß Vertrag und Verfassung nebeneinander bestehen, sondern daß der Vertrag gänzlich verschwinden könnte. Wenn auch die Lehren von Seydel übertrieben einseitig zu Gunsten der einzelnen Gliedstaaten waren, so war es ebenso einseitig, den Vertragscharakter allmählich ganz aufzugeben; denn damit erreichte der Bund eine absolute Herrschaft über die Verfassung, die dem Bund allmählich zum Einheitsstaat werden läßt.
[15] Siehe unten § 19 b 1.

## § 7 Rechtscharakter der Gründungsverträge

2. Vereinbarungen enthalten, da sie Verträge sind, gegenseitige Pflichten und Rechte. Bei Vereinbarungen zur Gründung einer überstaatlichen Organisation könnte man nun der Auffassung sein, daß diese Pflichten und Rechte mit dem Vollzug der Gründung selbst erschöpft seien, die Vereinbarung also in eine Verfassung umschlage[16]. Das ist aber nicht richtig. Die Gründungsvereinbarungen der drei Europäischen Gemeinschaften enthalten gegenseitige Rechte und Pflichten der Mitgliedstaaten, die über die Gründung der Gemeinschaften hinaus weiterbestehen[17]. In den Art. 86 EGKSV, 5 EWGV und 192 EAGV verpflichten sich die Mitgliedstaaten in ganz allgemeiner Form zur Mitwirkung an der Erreichung der Ziele der Gemeinschaften. Diese Verpflichtungen können zwar einerseits als Ausdruck einer Art „Gemeinschaftstreue"[18] angesehen werden, die der „Bundestreue" verwandt ist. Sie sind aber andererseits auch und gerade vertragliche gegenseitige Verpflichtungen der Partner[19]. Denn die Staaten sind die Träger der Gemeinschaften. Jeder hat seine Verpflichtungen nur übernommen, weil das auch die anderen getan haben. Anders als in einem Bundesstaat ist die gleiche Mitwirkung aller Glieder nicht nur tatsächliche Voraussetzung des Funktionierens, sondern rechtliche Voraussetzung des Bestehens der Gemeinschaften. Verläßt ein Staat seine Verpflichtungen aus der Vereinbarung, begeht er daher nicht nur „Verfassungsbruch"[20], sondern auch Vereinbarungsbruch. Das kann auch daraus geschlossen werden, daß Art. 170 EWGV und Art. 142 EAGV auch Klagen von Mitgliedstaaten gegen einen den Vertrag verletzenden Mitgliedstaat vorsehen. Der Gerichtshof übt insoweit internationale Gerichtsbarkeit aus[21]. Anderer Meinung ist Kraus hinsichtlich der EGKS[22]. Nach seiner Auffassung bestehen auf Grund der solidaren Grundkonzeption Rechte und Pflichten nur gegenüber den Gemeinschaften. Aber Kraus übersieht das Element der Gegenseitigkeit, das auch in dem Zusammenschluß der

---

[16] So für die EGKS anscheinend *Kraus:* Betrachtungen, S. 371.
[17] Siehe auch *Much,* Walter: Die Amtshaftung im Recht der Europäischen Gemeinschaft für Kohle und Stahl, Frankfurt/Main 1952, S. 18.
[18] Die damit bezeichneten Fragen müssen einer späteren Untersuchung vorbehalten bleiben.
[19] *Mosler,* Hermann: Der Vertrag über die Europäische Gemeinschaft für Kohle und Stahl, ZaöRV, Bd. 14, S. 1—45, S. 34 f. u. 39; *Münch,* Fritz: Die Abgrenzung des Rechtsbereiches der supranationalen Gemeinschaft gegenüber dem innerstaatlichen Recht, Berichte der Deutschen Gesellschaft für Völkerrecht, Heft 2, Karlsruhe 1958, S. 79. Allerdings liegen entgegen seiner Ansicht doch Kompetenzbegründungen vor, siehe dazu unten § 10.
[20] So *Kraus:* Betrachtungen, S. 371.
[21] *Mosler:* EGKS, S. 39. Für die anderen Gemeinschaften gilt das ebenso, da sie auf den gleichen Grundsätzen aufbauen.
[22] Betrachtungen, S. 369. Die Auseinandersetzung um den Agrarmarkt in der EWG zeigte eindeutig, daß auch die Vertragspartner selbst das Element der Gegenseitigkeit als wesentlich betrachten.

§ 7 Rechtscharakter der Gründungsverträge

Europäischen Gemeinschaften wirksam geblieben ist. Ein solches Element setzt aber voraus, daß Verpflichtungen der Mitgliedstaaten gegeneinander bestehen. Man kann also nicht etwa von einem Umschlag des „Vertrages" in eine „Verfassung" reden. Vielmehr besteht beides nebeneinander. Damit soll nicht der alte Streit zwischen Seydel und seinen Kontrahenten wieder aufgegriffen werden. Denn dieser bezog sich auf den Bundesstaat. Die überstaatlichen Gemeinschaften sind aber nach überwiegender Auffassung zu Recht nicht als Bundesstaaten anzusehen[23]. Für sie gilt das Fortbestehen beider nebeneinander. Das erhält seine endgültige Bestätigung darin, daß die Vereinbarungen nur im Wege neuer völkerrechtlicher Verträge geändert werden können[24]. Damit haben sich die Mitgliedstaaten gegenseitig „den Schutz und die Einhaltung" ihrer „iura singulorum" garantiert[25].

*b) Der Satzungscharakter der Gründungsverträge*

Durch die Gründungsverträge werden die Europäischen Gemeinschaften errichtet. Die Organe werden geschaffen, ihre Kompetenzen und ihr Verhältnis zueinander bestimmt, die Aufgaben festgelegt. Die Gründungsverträge enthalten damit Normen, die nicht das Verhältnis der Partner untereinander regeln, sondern die Grundlagen von ihnen verschiedener, eigenständiger Willens- und Wirkeinheiten, die, wie zu zeigen sein wird[26], selbst Rechtspersönlichkeiten sind[27].

1. Derartige Vereinbarungen, durch die zwischenstaatliche wie überstaatliche Organisationen begründet werden, werden häufig in der Literatur als „Verfassungen" dieser Organisationen bezeichnet[28]. Der Begriff „Verfassung" ist aber vielschichtig und dient zur Bezeichnung verschiedener Erscheinungen[29], so daß mit gewissem Recht vor seiner unbesehenen Verwendung für die Grundordnungen der Organisationen gewarnt wurde[30]. Es ist daher eine Differenzierung notwendig. Schmitt

---

[23] Siehe unten § 20 a 1.
[24] Art. 96 EGKSV; Art. 236 EWGV; Art. 204 EAGV; und unten § 19 b 2.
[25] *Haenel:* Die vertragsmäßigen Elemente, S. 37 u. 48/49.
[26] Siehe unten § 17.
[27] Dazu wiederum *Haenel:* Die vertragsmäßigen Elemente, S. 36 ff.
[28] Ganz allgemein für das Recht der zwischenstaatlichen Organisationen, z. B. *Kelsen:* Principles, S. 173; *Dahm:* Völkerrecht II, S. 5 f.; *Reuter:* Cours, S. 72 u. S. 116 ff.; *Zemanek,* Karl: Das Vertragsrecht internationaler Organisationen, Wien 1957, S. 11. Für die Gemeinschaften: *Mosler:* EGKS, S. 32; *Kraus:* Betrachtungen, S. 371; *Scheuner:* Rechtssetzungsbefugnis, S. 231; *Catalano:* Manuel, S. 104 ff.; *Schlochauer,* Hans Jürgen: Zur Frage der Rechtsnatur der Europäischen Gemeinschaft für Kohle und Stahl, Festschrift für Hans Wehberg, S. 361—373, S. 361 u. 373, Frankfurt 1956.
[29] *Schmitt:* Verfassungslehre, 1. Abschnitt insbes. S. 3—44.
[30] *Carstens,* Karl: Die kleine Revision des Vertrages über die Europäische Gemeinschaft für Kohle und Stahl, ZaöRV, Bd. 21, 1—37, S. 7.

hat zwischen „absoluter" und „relativer" Verfassung, zwischen „Verfassung" und „Verfassungsgesetzen" unterschieden. Folgt man dieser Unterscheidung, so ist in diesem Abschnitt von den Verfassungsgesetzen, d. h. von der normativen Ordnung der Europäischen Gemeinschaften allein die Rede. Ob die Europäischen Gemeinschaften auch eine „absolute" Verfassung haben, d. h. ob sie eine politische Einheit darstellen oder doch auf dem Wege dahin sind, ist an anderer Stelle zu untersuchen[31]. Um der klareren Unterscheidung von der „absoluten" Verfassung willen, wird daher in diesem Abschnitt nicht der Begriff Verfassung, sondern der Begriff Satzung gebraucht[32].

2. Der Satzungscharakter der Gründungsverträge ruht auf zwei Säulen. Inhaltlich regeln sie Organisation, Aufgaben und Zuständigkeiten der Gemeinschaften, formell werden die Europäischen Gemeinschaften an ihrer Änderung beteiligt. Durch die inhaltlichen Regelungen werden die Gründungsverträge zur Grundlage der gesamten Tätigkeit der Organe der Gemeinschaften. Sie sind, wenn man so will, die „Grundnorm" des Gemeinschaftsrechts. An ihnen ist das Gemeinschaftsrecht, das die Organe erlassen, formell wie materiell zu messen. Die Gründungsverträge regeln die Herrschaftsbefugnisse der Gemeinschaften. Sie sind ausschließliche Grundlage der Tätigkeit der Gemeinschaften. Nur nach ihnen haben sich sowohl die Direktorien und Ministerräte bei Erlaß von Rechtsakten aller Art, als auch der Gerichtshof bei Überprüfung desselben zu richten.

Der Satzungscharakter der Gründungsverträge wird auch durch die Beteiligung der Gemeinschaftsorgane an den Änderungen der Gründungsverträge selbst bestätigt. In beschränkten Fällen bedarf es nicht einmal der Ratifikation der Änderungen, so z. B. gemäß Art. 95 EGKSV und hinsichtlich weiter Teile des EAG-Vertrages, die von den Organen allein beschlossen werden. Die Änderungen werden in diesen Fällen von rein konventionellen zu gemischt autoritativen Vorgängen[33]. Zwar ist die Änderung der Verträge grundsätzlich den Partnern verblieben und nicht in die Zuständigkeit der Gemeinschaften übergegangen, aber

---

[31] Siehe unten § 22.
[32] Ähnlich auch *Dahm:* Völkerrecht II, S. 6. Allerdings ist zu bedenken, daß für diejenigen, die „Verfassung" rein normlogisch verstehen wollen, so für *Kelsen* und seine Schüler, diese Unterscheidung nicht notwendig, ja nicht möglich, da normlogisch nicht begründbar ist. Nur ist auch hier wieder zu fragen, ob, so berechtigt die These vom normlogischen Standpunkt her ist, dieser Mangel an Unterscheidung nicht zur Folge hat, daß andere Unterscheidungen übersehen werden. Denn es fällt auf, daß zwischen den Verfassungen der Staaten und den „Verfassungen" der Gemeinschaften, wenn auch nicht normlogisch, so doch in der Wirklichkeit erhebliche Unterschiede bestehen, die auch der Jurist deutlich machen muß, z. B. das Fehlen der Grundrechte.
[33] Eingehend *Reuter:* Cours, S. 74 u. 116.

§ 7 Rechtscharakter der Gründungsverträge

das widerspricht dem Satzungscharakter nicht, sondern betont, wie hervorgehoben, nur den daneben fortbestehenden Vertragscharakter[34].

Die „objektive Ordnung", die die Gründungsverträge als Vereinbarungen aufrichten, besteht also nicht nur in einem System von die Staaten verpflichtenden Normen, sondern sie stellt das rechtliche Grundgesetz einer eigenständigen Willens- und Wirkeinheit dar, es wird durch sie eine neue Erscheinung in die Welt der rechtlich politischen Verbände eingeführt[35].

### c) Der verfassungsändernde Charakter der Gründungsverträge

Den Satzungscharakter teilen die Gründungsverträge der Europäischen Gemeinschaften mit den Gründungsverträgen der zwischenstaatlichen Organisationen. Sie gehen aber über diese dadurch hinaus, daß sie den Gemeinschaften Kompetenzen zur Rechtssetzung, Verwaltung und Rechtsprechung auf dem Gebiet der Mitgliedstaaten und sogar gegenüber diesen selbst einräumen. Sie enthalten nicht nur kein Einmischungsverbot, sondern sie haben darüber hinaus Befugnisse zur „Einmischung" erhalten. Welche Auswirkungen das auf die Souveränität hat, ist später zu untersuchen. Jedenfalls wird die Ausschließlichkeit der jeweiligen staatlichen Zuständigkeit aufgehoben. Es tritt eine Verfassungsänderung ein. Das ist unbestritten[36]. Dabei werden auch insofern nur die Verfassungsgesetze, also die „relative" Verfassung in Betracht gezogen[37]. Die Zuständigkeitsverteilung in den Mitgliedstaaten ist geändert worden, wobei unerheblich ist, ob die Europäischen Gemeinschaften konkurrierende oder ausschließliche Zuständigkeiten inne

---

[34] *Haenel:* Die vertragsmäßigen Elemente, S. 37 f. Gerade dieses Recht verhindert, daß die zentrale Einheit sich zum Herren der Satzung macht, womit der Bundescharakter des Europas der Sechs, siehe unten §§ 20, 21, aufhören würde.

[35] Welchen rechtlichen und politischen Charakter diese Verbände, diese Willens- und Wirkeinheiten haben, ist unten in Kapitel IV erörtert.

[36] Der verfassungsändernde Charakter wurde eingehend im Kampf um den Wehrbeitrag debattiert, siehe die Gutachten von z. B.: *Kraus,* Herbert: Wehrbeitrag I, S. 139 ff.; *Smend,* Rudolf: Wehrbeitrag I, S. 151; *Menzel:* Wehrbeitrag I, S. 292; *Schätzel:* Wehrbeitrag I, S. 346; *Thoma:* Wehrbeitrag II, S. 157; *Klein:* Wehrbeitrag II, S. 470; *Catalano:* Manuel, S. 120 und 132 ff.; *v. Mangoldt-Klein:* Kommentar, Art. 24 Anm. III 4 b, S. 662. Dabei wird nur auf die Rechtsverfassung abgestellt; erst recht gilt dies natürlich für die „absolute Verfassung", also den „Gesamtzustand politischer Einheit und Ordnung"; im einzelnen unten S. 182 ff.

[37] *Schmitt:* Verfassungslehre, S. 99 bezieht den Begriff der „Verfassungsänderung" nur auf die Änderung der Verfassungsgesetze im Gegensatz zur Verfassungsvernichtung oder -beseitigung als „Änderung" der Verfassung. Aber auch die „absolute" Verfassung kann geändert werden, ohne ganz vernichtet oder beseitigt zu werden. Verfassungs„änderung" ist ebenso vielschichtig wie „Verfassung" selbst.

haben[38]. Es werden von den Gemeinschaften Rechtssätze erlassen, die die Staaten nicht ändern können[39]. Es werden die Staaten selbst zum Erlaß bestimmter Rechtssätze mit einem vorgeschriebenen Inhalt verpflichtet[40]. Das dem Gemeinschaftsrecht widersprechende staatliche Recht muß auf — bis zu einem gewissen Grade durchsetzbaren — Befehl der Gemeinschaftsorgane, insbesondere des Gerichtshofes, aufgehoben und darf nicht angewandt werden[41]. Um ein vollständiges Bild der rechtlichen Verfassung der Mitgliedstaaten zu bekommen, müssen die Gründungsverträge der Gemeinschaften mit herangezogen werden.

In den letztgenannten Merkmalen scheint bereits auf, daß auch die absolute Verfassung, d. h. die politisch-soziale Erscheinungsform der Mitgliedstaaten betroffen und geändert[42] ist.

---

[38] Siehe dazu unten § 21 a.
[39] z. B. auf dem Gebiet des Kartellrechts Art. 87 EWGV.
[40] Das ist der Sinn der Richtlinienkompetenz, siehe unten § 8 c.
[41] Siehe z. B. SRGH VII S. 9 ff., insbes. S. 41 ff., wo über die deutsche Bergarbeiterprämie entschieden wurde. Eine eigene Aufhebungskompetenz steht dem GH wohl nicht zu. Aber — gemeinschaftstreues Verhalten der Mitgliedstaaten vorausgesetzt — die Unvereinbarkeitserklärung durch den GH ist der entscheidende Punkt für die Aufhebung unvereinbaren Rechts durch die Staaten, welche selbst nur noch als formaler Vorgang erscheint.
[42] Nach der Schmitt'schen Begriffsbestimmung wäre es eine Teilvernichtung oder -beseitigung. Aber gerade daran wird offenbar, daß die Schmitt'schen Unterscheidungen zu rigide sind, wenn man „Änderung" zu eng festlegen will.

Kapitel III

## Der Rechtssetzungsprozeß in den Europäischen Gemeinschaften

Die Rechtssetzungsbefugnis war als ein entscheidendes und notwendiges Kriterium der Herrschaftsausübung angenommen worden[1]. Bereits in einigen klassischen zwischenstaatlichen Organisationen kündigte sich eine gewisse Veränderung des Rechtsbildungsprozesses von der rein konventionellen zur gemischt konventionell-autoritativen Rechtserzeugung an. In den Europäischen Gemeinschaften ist der Übergang von der konventionellen Rechtsbildung zur autoritativen Rechtssetzung mit Ausnahme der Vertragsänderungen vollzogen worden. Bevor die Wirkungen dieser neuen außerstaatlichen Herrschaft, durch die, wie zu zeigen sein wird, die Überstaatlichkeit begründet wird, auf die staatliche Herrschaftsstruktur nach innen und außen erörtert werden, ist der Rechtssetzungsprozeß als Ausdruck der Herrschaftsausübung seitens der Gemeinschaften darzustellen. Allerdings genügt es, sich auf die Grundzüge und typischen Merkmale desselben zu beschränken, zumal jedenfalls für die EWG eine eingehende Studie der Rechtssetzung derselben vorliegt[2]. Es sei noch einmal die juristische Bestimmung der Rechtssetzung wiederholt. Durch die Rechtssetzung wird das äußere Verhalten der Menschen geregelt, indem abstrakte Rechtssätze erlassen werden. Diese Rechtssätze sind Sollenssätze, durch die den Rechtsunterworfenen ein äußeres Verhalten vorgeschrieben wird. Durch den Willen des Rechtssetzenden wird festgesetzt, daß unter bestimmten Voraussetzungen alle diejenigen, die diese Voraussetzungen erfüllen, ein bestimmtes Verhalten zu beobachten haben. Diese abstrakten Anordnungen sind rechtlich verbindlich und verpflichten den Adressaten zu dem vorgeschriebenen Tun. Diese Verpflichtung beruht formell auf der Rechtsmacht des Anordnenden. Sie beruht materiell auf der Übereinstimmung des Angeordneten mit dem Rechtsprinzip[3].

---

[1] Siehe oben § 1 b 5.
[2] *Rabe*, Hans Jürgen: Das Verordnungsrecht der Europäischen Wirtschaftsgemeinschaft, Hamburg 1963; ausführlicher bin ich auf diese Fragen auch in meiner Dissertation eingegangen.
[3] *Wolff*: Verwaltungsrecht I, S. 98. Im Verhältnis zu einer auf die Herrschaft abstellenden Bestimmung der Rechtssetzung ist die hier gegebene zunächst formal. Aber sie ist als Grundlage für die erstgenannte notwendig. Denn erst dadurch, daß das Element des „Vorschreibens", der „Anordnung" klar hervorgehoben ist, wird der Ansatz gefunden, um zu einer Bestimmung der Rechtssetzung als Ausübung von Herrschaft zu gelangen.

*Abschnitt 1*

# Grundlagen der Rechtssetzungsbefugnis der Europäischen Gemeinschaften

## § 8 Die Formen der Rechtssetzung

*a) In der EGKS*

Art. 14 EGKSV zählt folgende Rechtsformen der Rechtsakte auf und definiert sie wie folgt:

„(1) Zur Erfüllung der ihr übertragenen Aufgaben erläßt die Hohe Behörde im Rahmen der Bedingungen dieses Vertrages Entscheidungen, spricht Empfehlungen aus oder gibt Stellungnahmen ab.

(2) Die Entscheidungen sind in allen ihren Teilen verbindlich.

(3) Die Empfehlungen sind hinsichtlich der von ihnen bestimmten Ziele verbindlich, lassen jedoch denen, an die sie gerichtet sind, die Wahl der für die Erreichung dieser Ziele geeigneten Mittel.

(4) Die Stellungnahmen sind unverbindlich."

Daneben erwähnt der Vertrag noch in Art. 65 § 3 und Art. 66 § 4 EGKSV Verordnungen.

Die „Entscheidungen" nach EGKS-Recht können im Anschluß an mehrere Bestimmungen des Vertrages insbesondere im Anschluß an den Rechtsschutzartikel 33 EGKSV in allgemeine und individuelle Entscheidungen unterteilt werden. Damit ergeben sich im Recht der EGKS dieselben Schwierigkeiten der Abgrenzung wie im Staatsrecht zwischen allgemein-individuell und abstrakt-konkret.

Der Gerichtshof hat, unterstützt von den Generalanwälten, den Begriff der allgemeinen Entscheidung als Akt der Rechtssetzung definiert[1]. In der letztzitierten Entscheidung definierte der Gerichtshof die allgemeine Entscheidung wie folgt:

„Der allgemeine Charakter ... ergibt sich unmittelbar aus dem Inhalt. Sie (die allgemeine Entscheidung) stellt eine Reihe normativer Grundsätze auf, legt in abstrakter Form die Voraussetzungen für deren Anwendung fest und bestimmt die sich aus ihnen ergebenden Rechtsfolgen. Sie enthält allgemeine organisatorische Vorschriften, die, ebenso wie die früheren allgemeinen Entscheidungen über die Preisausgleichseinrichtung, zu deren Änderung sie bestimmt sind, für eine unbestimmte Zahl von Fällen in gleicher Weise von Bedeutung sein können und gegenwärtig wie künftig auf alle

---

[1] Rechtssachen 8/1955, SRGH II, S. 201, Leitsatz 1 und S. 225; Nr. 13/1957, SRGH V, S. 275, Leitsatz 5 und S. 297; Nr. 18/1957, SRGH V, S. 91, Leitsatz 1 und S. 112; verbundene Rechtssachen Nr. 36—38/1958 u. a. SRGH V, S. 368 f.

§ 8 Die Formen der Rechtssetzung

Personen anwendbar sind, welche die dort genannten Voraussetzungen erfüllen."

Hiermit sind als allgemeine Entscheidungen diejenigen Entscheidungen bestimmt, die einen normativen Charakter haben. Die überwiegende Meinung der Literatur stimmt mit dem Gerichtshof überein[2].

Abgelehnt wurde der normative Charakter der allgemeinen Entscheidungen der EGKS von Jerusalem, der in ihnen „Allgemeinverfügungen" sah[3]. Diese Charakterisierung liegt nahe, da der EGKS-Vertrag nur von Entscheidungen (décisions) spricht, unter denen im deutschen Verwaltungsrecht Einzelfallregelungen verstanden werden, so daß „allgemeine Entscheidungen" im deutschen Verwaltungsrecht „Allgemeinverfügungen" sind[4]. Es dürfen aber die Begriffe eines nationalen Verwaltungsrechts nicht auf das Verwaltungsrecht der zwischenstaatlichen Organisationen übertragen werden. Dieses hat seine eigenen Begriffe. Eine Allgemeinverfügung im Sinne des deutschen Verwaltungsrechts ist eine externe konkrete generelle Anordnung[5]. Sie ist extern, weil sie ein allgemeines oder besonderes Gewaltverhältnis regelt. Das trifft auch für die allgemeinen Entscheidungen der EGKS zu. Sie regeln das

---

[2] z. B. *Grassetti*, Cesare: Actes Officiels IV, S. 17; *Ophüls*, C. F.: Juristische Grundgedanken des Schuman-Planes, NJW 1951, S. 289—292, S. 290; *Reuter*: La CECA, S. 99; *Bindschedler*, Rudolf L.: Rechtsfragen der Europäischen Einigung, Basel 1954, S. 214; *Dahm*: Völkerrecht II, S. 568 ff.; *Glaesner*, Hans-J.: Übertragung rechtsetzender Gewalt auf internationale Organisationen in der völkerrechtlichen Praxis, DöV 1959, S. 653—658, S. 655; *Jaenicke*, Günther: Die Europäische Gemeinschaft für Kohle und Stahl (Montan-Union), Struktur und Funktionen der Organe, ZaöRV Bd. 14, S. 727—788, S. 731; *Much*, Amtshaftung, S. 21; *Münch*, Fritz: Actes Officiels II S. 296 f.; *Rosenstiel*: Supranationalität, S. 137 f.; *Catalano*, Manuel, S. 96; insbes. S. 108 ff.; *Fuss*, Ernst-Werner: Rechtssatz und Einzelakt im Europäischen Gemeinschaftsrecht, NJW 1964, S. 327—331, 945—951, 1600—1604, S. 328.

[3] *Jerusalem*: Montanunion, S. 29. Eine ähnliche Ansicht vertrat der Generalanwalt Maurice *Lagrange*: Le caractère supranational des pouvoirs et leur articulation dans le cadre de la CECA, o.O. 1957, S. 11, der „décisions générales" und „décisions réglementaires" unterschied. Er hat diese Unterscheidung aber später anscheinend aufgegeben, Schlußanträge zur Rechtssache 8/1955, SRGH II, S. 252, wo er von „Rechtsverordnungen" und „allgemeinen Entscheidungen normativer Art" spricht. Beides ist aber im Recht der EGKS das gleiche. Zweifelhaft ist, ob diejenigen, die eine „vorweggenommene Transformation" oder dergleichen annehmen, z. B. *Balladore Pallieri, Schlochauer* u. a., siehe dazu unten § 14, und damit die unmittelbare Rechtswirkung der Rechtssetzungsakte der Gemeinschaften in den Mitgliedstaaten bestreiten, eine Rechtssetzung der Europäischen Gemeinschaften nicht auch abstreiten. Denn die Transformation ist ja in Wirklichkeit Setzung einer staatlichen Parallelnorm; erst und nur dieser ist der Bürger unterworfen.

[4] *Jerusalem* beruft sich auch auf das französische Verwaltungsrecht. Ähnlich wie er *Mathijsen*, Pierre: Le Droit de la Communauté Européenne du Charbon et de l'Acier, Den Haag 1958, S. 32 f.; allerdings haben nach seiner Ansicht allgemeine Entscheidungen materiell Verordnungen zum Inhalt.

[5] *Wolff*: Verwaltungsrecht I, S. 268.

§ 8 Die Formen der Rechtssetzung

Gewaltverhältnis, in dem sich die durch den Vertrag erfaßten Rechtsunterworfenen befinden[6]. Eine Allgemeinverfügung ist konkret, weil sie nur individuell bestimmte Sachverhalte regelt[7]. Das ist aber bei den allgemeinen Entscheidungen der EGKS nicht der Fall. Sie sind abstrakt, d. h. sie betreffen unbestimmt viele Sachverhalte. Ergeht z. B. eine allgemeine Entscheidung gemäß Art. 60 § 2 EGKSV über die Veröffentlichung der Preistafeln und Verkaufsbedingungen, so bedeutet das, daß jedesmal, wenn neue Preise und Verkaufsbedingungen in Kraft treten, die Unternehmen diese gemäß den Bestimmungen zu veröffentlichen haben. Trifft die Hohe Behörde eine Regelung gemäß Art. 62 Abs. 2 in Verbindung mit Art. 53 Abs. 1 b EGKSV über Ausgleichszahlungen, etwa für Einfuhrschrott, so heißt das, daß jedesmal, wenn Schrott eingeführt wird, das einführende Unternehmen die Ausgleichszahlung zu leisten hat. Die typische Struktur eines Rechtssatzes lautet aber: „Jedesmal, wenn (von einem Subjekt) ein gewisser Tatbestand erfüllt ist, so soll (von jenem oder einem anderen Subjekt) eine gewisse Rechtsfolge gesetzt oder hingenommen werden[8]." Die allgemeinen Entscheidungen sind also nicht Allgemeinverfügungen, sondern sind Rechtssetzungsakte[9].

Daneben kommen die Verordnungen gem. Art. 65 und 66 EGKSV in Betracht. Diese sind in Art. 14 EGKSV nicht erwähnt. Aber auch sie haben Rechtssetzungscharakter. Sie sind als allgemeine Entscheidungen aufzufassen[10].

Auch können durch Verträge der Gemeinschaft mit Dritten unmittelbare Rechtspflichten für die Staaten oder die Unternehmen geschaffen werden[11].

Schließlich ist noch die Sonderform des Art. 95 Abs. 3 und 4 EGKSV zu erwähnen, die zur Vertragsänderung angewandt wird. Alle vier Organe wirken entscheidend bei der Beschlußfassung mit.

---

[6] Siehe unten § 14.

[7] Als Beispiel einer Allgemeinverfügung führt *Wolff* an: „Alle Grundstücksbesitzer einer Gemeinde sollen den in letzter Nacht gefallenen Schnee vor ihrem Grundstück wegräumen." Der individuell bestimmte Sachverhalt ist der „in letzter Nacht gefallene Schnee". Es ist ein einmaliger Sachverhalt.

[8] *Wolff:* Verwaltungsrecht I, S. 98.

[9] Die HB hat gem. Art. 15 EGKSV die Entscheidung 22/60 ABl 1960 S. 1250/60 erlassen, in der sie bestimmte äußere Kriterien festlegt. Der GH hat entschieden, daß derartige Regelungen zwar erwünscht seien, hat sich selbst aber unmittelbar an Art. 14 EGKSV orientiert, Urteile in 23, 24 u. 52/63 SRGH IX, 469; 28/63 SRGH IX, 499; 53 u. 54/63 SRGH IX, 519.

[10] *Reuter:* La CECA, S. 49.

[11] *Catalano:* Manuel, S. 96.

## § 8 Die Formen der Rechtssetzung

### b) Bei der EWG und der EAG

1. Art. 189 EWGV und Art. 161 EAGV unterscheiden und definieren übereinstimmend folgende Rechtsformen der Rechtsakte:

„(1) Zur Erfüllung ihrer Aufgaben nach Maßgabe dieses Vertrages erlassen der Rat und die Kommission Verordnungen, Richtlinien und Entscheidungen, sprechen Empfehlungen aus oder geben Stellungnahmen ab.

(2) Die Verordnung hat allgemeine Geltung. Sie ist in allen ihren Teilen verbindlich und gilt unmittelbar in jedem Mitgliedstaat.

(3) Die Richtlinie ist für jeden Mitgliedstaat, an den sie gerichtet wird, hinsichtlich des zu erreichenden Zieles verbindlich, überläßt jedoch den innerstaatlichen Stellen die Wahl der Form und der Mittel.

(4) Die Entscheidung ist in allen ihren Teilen für diejenigen verbindlich, die sie bezeichnet.

(5) Die Empfehlungen und Stellungnahmen sind nicht verbindlich."

Die beiden Artikel nennen drei Formen verbindlicher Willensäußerung. Jedoch ist trotz der Bemühungen eine eindeutige durchgehende Nomenklatur nicht ganz erreicht. So sei nur die „Feststellung" gem. Art. 8 EWGV erwähnt, daß die erste Phase der Übergangszeit beendet ist, zweifellos ein rechtlich erheblicher Akt, aber in welcher Form ist er zu erlassen und welche Rechtswirkung hat er im einzelnen[12]?

2. Die Verordnungen sollen an die Stelle der allgemeinen Entscheidungen der EGKS treten, haben aber einen notwendigerweise weiteren Anwendungsbereich, weil sie in allen Staaten gelten. Sie enthalten Rechtssätze, die im gesamten Gebiet der Gemeinschaften unmittelbar gelten sollen. Sie sind die vorzügliche Form der Rechtssetzung der beiden Gemeinschaften. Daig definiert sie folgendermaßen in Anlehnung an den Gerichtshof:

„Die Verordnung ist eine Verlautbarung normativen, allgemeinen Charakters, die nicht in Ansehung eines konkreten Einzelfalles oder einer konkreten Gruppe von Fällen, sondern im Hinblick auf eine unbestimmte Vielheit von Sachverhalten erlassen wurde, welche in sämtlichen Mitgliedstaaten entweder bestehen oder eintreten können[13]."

3. Die Entscheidungen nach EWG- und EAG-Recht sind regelmäßig individuell. Es lassen sich jedoch auch Fälle denken, in denen eine „unbestimmte Vielzahl" von Unternehmen oder Personen etwa die „deutschen Autofabrikanten" oder die „französischen Webereien", angespro-

---

[12] *Everling*, Ulrich: Die ersten Rechtssetzungsakte der Organe der Europäischen Gemeinschaften, BB 1959, S. 52—55, S. 53 will zum Beispiel auch die autonomen vertragsergänzenden oder -ändernden Beschlüsse nicht zu den Verordnungen zählen.

[13] *Daig*, Hans-Wolfram: Kommentar zu Art. 189 EWGV, Handbuch der Europäischen Wirtschaft, Baden-Baden, Loseblattsammlung, I A 64 S. 12; *Rabe*: Verordnungsrecht, S. 29.

chen werden[14]. Eine Verordnung im technischen Sinne der Verträge liegt nicht vor, da eine solche Maßnahme nur in einem Mitgliedstaat oder einigen Mitgliedstaaten, nicht aber „in jedem Mitgliedstaat" gilt[15]. Eine individuelle Entscheidung ist auch nicht gegeben, da eine unbestimmte Vielzahl bereits bestehender und zukünftig zu errichtender Unternehmen betroffen ist. Die Allgemeinheit wird durch eine territoriale Beschränkung nicht aufgehoben[16]. Der Autofabrikant oder der Webereibesitzer wird nicht individuell, sondern als Angehöriger einer Gruppe betroffen. Es muß daher auch für die EWG und für die EAG die Möglichkeit allgemeiner Entscheidungen neben der Verordnung als Formen der Rechtssetzung bejaht werden[17]. Die Abgrenzung zur individuellen Entscheidung, insbesondere zur Allgemeinverfügung wird nicht immer sehr leicht sein[18].

Auch EWG und EAG können durch völkerrechtliche Verträge unmittelbar Recht für die Staaten setzen, wie sich aus Art. 228 Abs. 2 EWGV zumindest für die EWG ergibt.

4. Im EWG-Vertrag wird verschiedentlich von „Regelungen" bzw. „regeln"[19], „Feststellung"[20], „Vorschriften"[21], „Ermächtigungen" bzw.

---

[14] *Daig:* Kommentar, Handbuch I A 64 S. 30 f.
[15] *Rabe:* Verordnungsrecht, S. 32.
[16] Es gibt auch staatliche Gesetze, die nur für bestimmte Landesteile gelten. Siehe auch SRGH II S. 233, Rechtssache 8/55.
[17] Es ist daher nicht ganz richtig, nur die Verordnungen als Formen der Rechtssetzung anzusehen, wie es z. B. geschieht bei *Glaesner:* Übertragung, S. 656; *Jaenicke,* Günther: Der übernationale Charakter der Europäischen Wirtschaftsgemeinschaft, ZaöRV Bd. 19, S. 153—196, S. 173 f.; *Everling:* Rechtssetzungsakte, S. 52; wohl auch *Rabe:* Verordnungsrecht, S. 32 u. 45 aber widersprüchlich. Wenn der Adressatenkreis wirklich abstrakt ist, liegt ein Rechtssatz vor. *Rabe* hat m. E. die von ihm zitierte Entscheidung 8/55 mißverstanden. Die Verordnung ist nur eine, durch Art. 189 EWGV fixierte Form der Rechtssetzung, aber nicht die einzige. *Fuss:* Rechtssatz, S. 1601 will auch diese Regelungen als Verordnungen gem. Art. 189 EWGV ansehen, da „die direkten und indirekten Wirkungen eines Gemeinschaftsrechtssatzes sich aber keineswegs auf den gesamten örtlichen Geltungsbereich der Regelung zu erstrecken brauchen" (S. 1602), so daß nichts im Wege stünde, daß sie in allen Mitgliedstaaten gälten. Mir erscheint diese Argumentation nicht zutreffend. Denn „gelten" heißt in jedem Fall auch wirksam sein; wenn aber überhaupt kein Subjekt vorhanden ist, an das sich eine Norm wenden könnte, gilt sie nicht.
[18] In einem anderen Sinn als im Vertrag wird der Begriff „décision" von Guy *Héraud* benutzt, Observations sur la nature juridique de la Communauté Européenne, RGDIP 1958, S. 26—56, S. 32 ff. Er faßt darunter alle autoritativen Beschlüsse, auch Richtlinien und sogar Verordnungen. Das kann man machen. Es führt aber zu erheblichen Unklarheiten. So erkennt *Héraud* der EWG eine „fonction normatrice" zu, die sich in „décisions particulières" und „décisions générales" äußere. Damit sind aber Richtlinien und Verordnungen im technischen Sinne gemeint. Die Übernahme dieser Terminologie empfiehlt sich daher auf keinen Fall.
[19] Art. 7; 10 § 2; 75 § 1 a; 79 EWGV.
[20] Art. 8 § 3; 22; 89; 93 § 2 EWGV.
[21] Art. 10 § 2; 75; 76; 79; 87 § 2 EWGV.

§ 8 Die Formen der Rechtssetzung 73

„Genehmigung"[22], „beschließen"[23] und anderem gesprochen. Auch wird das Wort „entscheiden" oder „Entscheidung" in einem nicht dem technischen Begriff „Entscheidung" entsprechenden Sinne gebraucht[24]. Handelt es sich dabei um neben der Verordnung und der allgemeinen Entscheidung stehende Formen der Rechtssetzung[25]? Der Begriff „regeln" wird öfters, wenn auch nicht immer, in Verbindung mit Verordnung oder Richtlinie gebraucht. Auch bezieht sich der Begriff „Vorschriften" hin und wieder auf „Verordnungen" und „Richtlinien"[26]. Daraus ergibt sich, daß „Regelung" und „Vorschriften" keine Sonderformen darstellen, sondern zusammenfassende Begriffe für Verordnungen und Richtlinien, also Rechtssetzungsakte sind. Schwierig ist es bei den Ermächtigungen. Zwar werden diese an die einzelnen Staaten gerichtet, enthalten aber immer „Bedingungen und Einzelheiten der Schutzmaßnahmen", die genehmigt oder zu denen „ermächtigt" wird. Genehmigungen und Ermächtigungen sind grundsätzlich Entscheidungen; denn sie binden einerseits die Organe der Gemeinschaft, andererseits, da sie immer auch den Rahmen der genehmigten Schutzmaßnahmen angeben, auch die Adressaten. Auch können sie begünstigende Akte für den einen, belastende für einen anderen sein[27]. Es brauchen aber nicht individuelle Entscheidungen zu sein, sondern es können auch allgemeine Entscheidungen nach EWG-Recht sein, wie die „Bedingungen" und „Einzelheiten" abstrakten, generellen Charakter haben können und zumeist auch haben werden. Diese Ermächtigungen sind der typische Fall allgemeiner Entscheidungen nach EWG-Recht. Ob mit dem Begriff „entscheiden" im Vertrag jedesmal der technische Begriff im Sinne des Art. 189 EWGV gemeint ist oder nicht, ist in jedem Fall einzeln zu prüfen.

Die genannten im Sinne des Art. 189 EWGV unbestimmten Beschlußformen können in Einzelfällen eine Zusammenfassung für verschiedene Formen des Art. 189 EWGV sein. Es kann sich auch um Beschlüsse sui generis handeln. Die Formen des Art. 189 EWGV beziehen sich nur auf Rechtssetzungsakte im äußeren funktionellen Bereich. Alle Beschlüsse im inneren organisatorischen Bereich fallen daher nicht darunter, z. B. nicht der Erlaß von Satzungen der Organe[28]. Als Rechtssetzungsakte sui generis sind auch die autonomen Vertragsänderungen durch die EWG und EAG anzusehen[29].

---

[22] Art. 17 § 4; 73; 91; 107 § 2 EWGV.
[23] Art. 44 § 3 EWGV.
[24] Art. 28; 44 § 4; 84; 99; 103 § 2 EWGV; *Rabe:* Verordnungsrecht, S. 87 f.
[25] Siehe dazu eingehend: *Rabe:* Verordnungsrecht, S. 47—53, 83—99.
[26] Art. 87 und 88 EWGV.
[27] *Daig:* Handbuch, Kommentar AI 64, S. 17.
[28] z. B. Art. 151, 162 Abs. 2 EWGV; *Rabe:* Verordnungsrecht, S. 51—53.
[29] *Rabe:* Verordnungsrecht, S. 49—51.

### c) *Allgemeine Empfehlungen und Richtlinien*

Neben den allgemeinen Entscheidungen sieht der EGKS-Vertrag noch allgemeine Empfehlungen vor[30]. Diesen entsprechen in der EWG und der EAG im wesentlichen die allgemeinen Richtlinien, die sich allerdings nur an die Staaten richten[31]. Es taucht die Frage auf, ob diese auch Formen der Rechtssetzung sind. Im Recht der herkömmlichen zwischenstaatlichen Organisationen haben Empfehlungen keine rechtsverbindliche Kraft[32]. Im Recht der EGKS haben sie aber eine solche[33]. Allgemeine Empfehlungen und Richtlinien haben die gleiche Grundstruktur. Sie legen für den Betroffenen ein Ziel verbindlich fest, überlassen es ihm aber, in welchen Formen und mit welchen Mitteln er dieses Ziel erreicht. Diese Methode ist dem deutschen Recht nur innerdienstrechtlich bekannt, im französischen findet sie häufige Verwendung[34]. Es bleibt die Schwierigkeit zu bestimmen, was Ziel ist und was nicht. Zweifellos sind die Ziele der Verträge auch Ziele der Empfehlungen bzw. Richtlinien. Im Verhältnis zu diesen allgemeinen Zielen erscheint alles Weg. Jedoch gibt es Zwischenziele, Etappenziele, Haltepunkte auf dem Wege, die erreicht werden müssen und von denen aus dann weitergegangen werden kann. Diese Zwischenziele als Haltepunkte sind statisch, die Formen und Mittel als Wege zu ihnen sind dynamisch. Die Ziele sind ein Zustand, der zu erreichen ist. Sie ruhen in sich selbst. Eine Empfehlung bzw. Richtlinie schreibt einen solchen statischen Ruhestand als zu erreichendes Ziel vor, während sie die dynamische Handlung, den Weg, dem Betroffenen überläßt. Daig hat das Ziel treffend als einen „rechtlichen, wirtschaftlichen und/oder sozialen Gesamtzustand" definiert[35]. Bei den Formen und Mitteln handelt es sich dementsprechend um die Rechtstechnik und um die wirtschafts- und sozialpolitische Methode. Die normative Kraft der allgemeinen Empfehlungen des EGKS-Vertrages und der allgemeinen Richtlinien der

---

[30] Art. 14 Abs. 3 EGKSV.

[31] Art. 189 Abs. 3 EWGV; Art. 161 Abs. 3 EAGV. Unglücklicherweise erlassen diese beiden Organisationen auch „Empfehlungen", aber ohne verbindliche Kraft. Dieser Unterschied in der Nomenklatur führt nur zur Verwirrung. Zur Richtlinie und ihrer Funktion, neuestens: *Fuss*, Ernst-Werner: Die „Richtlinie" des Europäischen Gemeinschaftsrechts, in: DVBl 1965, S. 378 bis 384.

[32] *Dahm:* Völkerrecht II, S. 26.

[33] Die Bezeichnung in der EGKS ist daher sehr mißverständlich und sollte durch Richtlinie ersetzt werden.

[34] *Reuter:* Cours, S. 107.

[35] Handbuch, Kommentar I A 64, S. 32; *Grassetti:* Actes Officiels IV, S. 17; *Héraud:* Observations, S. 32; *Mathijssen:* Droit de la CECA, S. 60; *Jaenicke:* Montan-Union, S. 745.

## § 8 Die Formen der Rechtssetzung

EWG und der EAG ist umstritten[36]. Catalano sieht in ihnen lediglich eine indirekte Rechtsquelle. Denn die Staaten, an die die Empfehlungen und Richtlinien sich meist richten, seien verpflichtet, um die gesetzten Ziele zu erreichen, Rechtssätze zu erlassen. Aber sie selbst enthielten keinen Rechtssatz. Sie setzten lediglich einen zu erreichenden Zustand. Es erscheint notwendig, an Hand von Beispielen die Frage zu klären.

Eine der eingehendsten Richtlinien der EWG stellt die „Richtlinie des Rats zur Angleichung der Rechtsvorschriften der Mitgliedstaaten für färbende Stoffe, die in Lebensmitteln verwendet werden dürfen" vom 23. Oktober 1962 dar[37]. Art. 1 Abs. 1 lautet: „Vorbehaltlich gegenteiliger Bestimmungen . . . dürfen die Mitgliedstaaten zum Färben von Lebensmitteln nur die im Anhang I aufgezählten färbenden Stoffe zulassen." Ergänzt wird diese Vorschrift durch Art. 12 Abs. 1: „Innerhalb eines Jahres nach Notifizierung . . . ändern die Mitgliedstaaten ihre Rechtsvorschriften entsprechend . . ."

Eine Richtlinie gem. Art. 48, 49 EWG betreffend die Freizügigkeit der Arbeiter[38] enthält in Art. 2 Abs. 2 z. B. folgendes: „Jeder Mitgliedstaat erteilt und verlängert entsprechend seinen Rechtsvorschriften, seinen Staatsangehörigen, . . ., einen Reisepaß . . ." Die zitierten Stellen stellen Verbote und Gebote auf, die sich an die Mitgliedstaaten richten. Sie sind in unbestimmt vielen Fällen einzunehmen. Auch wenn die Mitgliedstaaten die in Art. 12 der erstgenannten Richtlinie geforderte Änderung vorgenommen haben, bleibt das Verbot des Art. 1 bestehen; denn es kann beliebig oft übertreten werden. Es ist also abstrakt[39] und im vom GH dargelegten Sinn[40] eine Norm. Noch deutlicher ist Art. 2 der zweitgenannten Richtlinie. Jedesmal, wenn ein Arbeiter die Voraussetzungen, die dort genannt sind, erfüllt, ist sein Heimatstaat zur Erteilung eines Passes verpflichtet. Auch hier werden unbestimmt viele Fälle geregelt, so daß auch dieses Gebot an die Mitgliedstaaten unbestimmt ist. Auch die anderen Artikel dieser Freizügigkeitsrichtlinie enthalten abstrakte Regelungen, also Rechtssätze. Für allgemeine Empfehlungen des EGKS-Vertrages gilt das gleiche. Auch sie und die allgemeinen Richtlinien können also als Formen der Rechtssetzung bezeichnet werden[41].

---

[36] Dagegen: *Catalano:* Manuel, S. 112 ff.; dafür: *Glaesner:* Übertragung, S. 656; *Rabe:* Verordnungsrecht, S. 40 f.

[37] ABl 1962 S. 2645.

[38] v. 16. 8. 61 ABl 1961 S. 1514.

[39] Siehe dazu: *Volkmar,* Dieter: Allgemeiner Rechtssatz und Einzelakt, Berlin 1962, S. 125 f.

[40] Siehe oben S. 71.

[41] Die gegenteilige Meinung: Unabhängigkeit, S. 128 f. wird aufgegeben.

## § 9 Der allgemeine Umfang der Rechtssetzungsbefugnis

Im Gegensatz zu den Staaten haben die Gemeinschaften auf den ihnen in den Gründungsverträgen zur Ordnung und Gestaltung eingeräumten Sachgebieten keine generelle Zuständigkeit, sie durch Rechtssetzungsakte zu ordnen, gleichgültig welches das zuständige Organ ist[1]. Für jeden Rechtssetzungsakt bedarf es einer besonderen Zuständigkeitsnorm, die nicht nur die formelle, sondern auch die materielle Grundlage der entsprechenden Rechtssetzung bildet. Es gilt der „Grundsatz der begrenzten Einzelermächtigung"[2].

Das ergibt sich aus den Eingangsworten der Art. 14 EGKSV, Art. 189 EWGV, Art. 161 EAGV, die die Mittel bestimmen, deren sich die Gemeinschaften bei der Rechtssetzung bedienen müssen. Diese lauten im französischen Text[3]:

Art. 14 EGKSV:

„Pour l'exécution des missions qui lui sont confiées *et* dans les conditions prévues au présent Traité, la Haute Autorité prend..."

Art. 189 EWGV und Art. 161 EAGV übereinstimmend:

„Pour l'accomplissement de leur mission *et* dans les conditions prévues au présent Traité, le Conseil et la Commission arrêtent..."

Durch das Bindewort „et" wird klar gemacht, daß diese Vorschriften keine generelle Zuständigkeit begründen, sondern auf die einzelnen Zuständigkeitsnormen verweisen, die die „conditions prévues" enthalten[4]. Diese legen nicht nur den Rahmen für die Ausübung der Zuständigkeit

---

[1] *Lagrange:* Schlußanträge 7/56, 3—7/57, SRGH III, S. 167; *Jaenicke:* Montanunion, S. 747 und EWG, S. 174; ausführlich *Rabe:* Verordnungsrecht, S. 69 mit weiteren Nachweisen. A. A. hinsichtlich ihrer Kompetenzen die EAG-Kommission; *Kraushaar,* Reinhold: Zur Kompetenz der Kommissionen der Europäischen Gemeinschaften zum Erlaß von Verordnungen, DöV 1959, S. 726 bis 731, S. 727; *Bärmann,* Johannes: Die Europäischen Gemeinschaften und die Rechtsangleichung, JZ 1959, S. 553—560, S. 556; gegen Kraushaar: *Everling:* Rechtssetzungsakte, S. 55.

[2] *Bindschedler:* Rechtsfragen, S. 218; *Friauf:* Staatenvertretung, S. 88.

[3] Die französische Fassung ist für den EGKS-Vertrag allein verbindlich und für die anderen Verträge eindeutiger.

[4] Die deutschen Übersetzungen sind in diesem Punkt wesentlich undeutlicher. Während die Übersetzung für Art. 14 EGKSV lautet: „Zur Erfüllung der ihr übertragenen Aufgaben erläßt die Hohe Behörde im Rahmen der Bedingungen dieses Vertrages...", heißt die Übersetzung der Art. 189 EWGV und 161 EAGV: „Zur Erfüllung ihrer Aufgaben nach Maßgabe dieses Vertrages erlassen der Rat und die Kommission...". Die Fassung der Art. 189 EWGV und 161 EAGV ist unpräzise; denn unter „Aufgaben nach Maßgabe dieses Vertrages" können auch die allgemeinen Aufgaben der Eingangsartikel verstanden werden. Das würde aber bedeuten, daß die Gemeinschaften eine allgemeine Befugnis hätten, durch Rechtssetzung diese Aufgaben zu erfüllen. Es müßte, wie in der französischen Fassung ein „und" dazwischen geschoben oder zumindest dazwischen gelesen werden.

## § 9 Der allgemeine Umfang der Rechtssetzungsbefugnis

fest, sondern sie begründen diese erst. Weder Art. 14 EGKSV noch Art. 189 EWGV und Art. 161 EAGV sind also etwa Kompetenznormen. Die Betonung der „conditions prévues", also das Prinzip der Einzelermächtigung wird auch in anderen Vorschriften hervorgehoben[5].

Eine generelle Verordnungsgewalt nahm die EAG-Kommission für sich in Anspruch, indem sie zu der Verordnung Nr. 4 des Ministerrates der EAG ohne Ermächtigung gem. Art. 124 Nr. 4 EAGV eine Durchführungsverordnung erließ[6]. Sie leitet dieses Recht aus Art. 124 Nr. 1 EAGV her, der gleichlautend wie Art. 155 Nr. 1 EWGV bestimmt:

„... erfüllt die Kommission folgende Aufgaben:
1. für die Anwendung dieses Vertrages sowie der von den Organen auf Grund dieses Vertrages getroffenen Bestimmungen Sorge zu tragen."

Außer auf diese Bestimmungen stützt Kraushaar die Auffassung der EAG-Kommission durch Berufung auf das Recht der Mitgliedstaaten[7]. Zumindest im französischen, belgischen und holländischen Recht bestehe ein allgemeines Recht der Exekutive zum Erlaß von Durchführungsverordnungen. Aber auch dem deutschen Recht, dem das italienische Recht nahesteht, widerspräche ein solches Recht trotz Art. 80 GG ebensowenig, wie dem rechtsstaatlichen oder demokratischen Prinzip. Das klingt zunächst einleuchtend. Dennoch sprechen sich gegen eine solche allgemeine Befugnis der Kommissionen zum Erlaß von Durchführungsverordnungen mit überzeugenden Gründen Everling und Maibom aus[8].

Aus den Verträgen ergibt sich, daß die Auffassung der EAG-Kommission, Bärmanns und Kraushaars nicht zutreffend ist. Gemäß Art. 124 Nr. 4 EAGV und Art. 155 Nr. 4 EWGV kann der jeweilige Ministerrat die jeweilige Kommission ermächtigen, Durchführungsvorschriften zu den Verordnungen des Ministerrates zu erlassen. Außerdem bestimmen die Nr. 3 der beiden Artikel, daß die Kommissionen „nach Maßgabe dieses Vertrages (dans les conditions prévues au présent Traité) in eigener Zuständigkeit Entscheidungen treffen" können. Diese Vorschrift verweist, wie die Art. 189 EWGV und 141 EAGV, ausdrücklich auf die speziellen Zuständigkeitsnormen. Beide Vorschriften wären unnötig, wenn bereits ein allgemeines Recht zur Durchführung durch Rechtssetzungs- und

---
[5] z. B. Art. 26 Abs. 1 EGKSV; Art. 4 Abs. 1 S. 2, Art. 145, Art. 155 EWGV; Art. 3 Abs. 1 S. 2, Art. 115, Art. 124 EAGV.
[6] ABl 1958, S. 511. Für die Hohe Behörde besteht dieses Problem nicht, da sie und nicht der Ministerrat der EGKS Entscheidungsorgan ist.
[7] Siehe den in Fußn. 1 zitierten Artikel.
[8] *Everling:* Rechtssetzungsakte, S. 55; *Maibom,* H. v.: Die Rechtssetzung durch die Organe der Europäischen Gemeinschaften, BB 1959, S. 127—131, S. 130; ablehnend für die EWG auch *Rabe:* Verordnungsrecht, S. 68 ff. und 102 ff.

Verwaltungsakte seitens der Kommission gem. Nr. 1 der betreffenden Artikel bestände[9]. Aber auch die Bestimmung der Art. 155 Nr. 1 EWGV und 124 Nr. 1 EAGV stützen die Ansicht der EAG-Kommission selbst nicht. Diese Vorschriften sprechen nur von: „für die Anwendung ... Sorge zu tragen (la Commission veille à l'application)". Den Kommissionen wird damit nur eine Überwachungsfunktion übertragen, nicht aber eine rechtsbildende Zuständigkeit, sei es im Wege von Rechtssetzung, sei es im Wege individueller Entscheidung. Das macht der französische Text noch deutlicher. Für diese Überwachung kann die Kommission die ihr ausdrücklich übertragenen Zuständigkeiten ausüben. Es fallen ihr aber nicht noch neue Zuständigkeiten aus der Überwachungsfunktion zu[10].

Jedoch sehen alle drei Verträge vor, daß in den Fällen, in denen ein Tätigwerden der Gemeinschaft notwendig wird, um die jeweiligen Ziele im Rahmen des „Gemeinsamen Marktes" (EWGV und EAGV) oder „auf dem Gemeinsamen Markt" (EGKSV) zu erreichen, ohne daß eine entsprechende Befugnis dafür vorgesehen ist, in einem bestimmten, verschärften Verfahren die geeigneten Vorschriften erlassen werden können[11]. Hiermit werden außerordentliche Zuständigkeiten begründet, die das System der Einzelzuständigkeiten durchbrechen. Jedoch werden auch durch diese Vorschriften keine allgemeinen Rechtssetzungszuständigkeiten der Gemeinschaften geschaffen. Zwar ist Reuter der Auffassung, daß die Gemeinschaften damit das Recht der „Verfassungsänderung" erhalten hätten, „dont les limites politiques sont peut-être réelles, mais non les limites juridiques"[12]. Jedoch geht Reuter damit m. E. zu weit. Dann enthielten sie eine Art Kom-

---

[9] Auf weitere Gegenargumente auf Grund der Systematik der Verträge geht *Everling* ausführlich ein, Rechtssetzungsakte, S. 54 f.

[10] Mit Recht weist *Maibom* auch darauf hin, daß eine solche allgemeine Gewalt zum Erlaß von Durchführungsverordnungen dem Art. 80 GG widerspräche, Rechtssetzung, S. 130. Die von *Kraushaar* behauptete Einhelligkeit der nationalen Rechte ist damit durchbrochen und kann seine These nicht stützen. Denn nur gemeinsame Rechtsüberzeugungen können zur Interpretation der Vertragsbestimmungen herangezogen werden und sind ausschließlich vom Gerichtshof herangezogen worden. — In diesem Zusammenhang ist auch die Entscheidung des Gerichtshofes in den Rechtssachen 20/59 und 25/59 von besonderem Interesse. Der Gerichtshof verneint, daß die Hohe Behörde der EGKS allein aus dem Recht der Kontrolle und Überwachung gemäß Art. 70 EGKSV ein Recht zur Präventivkontrolle durch rechtssetzende Maßnahmen habe; die Kontrolle könne nur nachträglich und fallweise erfolgen, SRGH VI II. Teil, S. 710 f. Zwar sind diese Entscheidungen auf die EGKS zugeschnitten, sie können aber analog für die Kommissionen der EWG und EAG herangezogen werden, da diesen ähnliche Aufgaben obliegen wie der Hohen Behörde in Bezug auf die Frachten.

[11] Art. 95 Abs. 1 und 2 EGKSV; Art. 235 EWGV; Art. 203 EAGV.

[12] *Reuter:* Cours, S. 126, ähnlich bereits: La CECA, S. 45.

## § 9 Der allgemeine Umfang der Rechtssetzungsbefugnis

petenz-Kompetenz. Das ist aber nicht der Fall[13]. Diese Generalklauseln begründen zwar außerordentliche Ergänzungszuständigkeiten, sie gestatten es jedoch nicht, eine Erweiterung der Zuständigkeiten der Gemeinschaften vorzunehmen. Zunächst müssen sich die auf diese Weise geschaffenen Vorschriften nach dem ausdrücklichen Wortlaut innerhalb des sachlichen Zuständigkeitsbereiches und der Ziele der jeweiligen Gemeinschaft im „Rahmen des Gemeinsamen Marktes" halten, die die Grundlage der „Verfassung" der Gemeinschaften bilden[14]. Zumindest bei der EGKS, aber auch bei den beiden anderen Gemeinschaften, sind damit enge Grenzen gezogen. Zum zweiten muß es sich um echte „nicht vorgesehene Fälle" (EGKSV) handeln. Die Normen der römischen Verträge sprechen von einem „notwendigen Tätigwerden", für die die „erforderlichen Befugnisse nicht vorgesehen sind". Solange also eine Subsumtion unter gegebene Tatbestände möglich ist, kann und darf von den Sondervollmachten kein Gebrauch gemacht werden. Das bedeutet, daß über gegebene Befugnisse nicht hinausgegangen werden darf[15]. Die Gemeinschaften müssen sich zum dritten auf die Regelung des konkreten Falles beschränken. Auch daraus ergibt sich, daß sie durch die Anwendung dieser Vorschriften keine neuen Zuständigkeiten begründen können[16]. In diesem Rahmen begründen die genannten Vorschriften nur eine Kompetenz zur Ausfüllung von echten Lücken. Diese Vorschriften stellen daher, wie Rabe zu Recht bemerkt, „eine Subsidiaritätsklausel, eine Hilfskompetenz" dar[17]. Die Hilfskompetenzen enthalten allerdings nicht nur Einzelfallregelungen, sondern auch Rechtssetzungen, wie sich aus dem Wortlaut „die geeigneten Vorschriften" jedenfalls für EWG und EAG ergibt[18].

Wie verhalten sich diese außerordentlichen Vollmachten zu den sogenannten „eingeschlossenen Zuständigkeiten" (implied powers, pouvoirs impliqés)? Der Gerichtshof hat in einer Entscheidung ausgeführt:

> „Der Gerichtshof hält, ohne sich dabei an eine extensive Auslegung zu begeben, die Anwendung einer sowohl im Völkerrecht als auch im innerstaatlichen Recht allgemein anerkannten Auslegungsregel für zulässig, wonach die Vorschriften eines völkerrechtlichen Vertrages oder eines Gesetzes zugleich diejenigen Vorschriften beinhalten, bei deren Fehlen sie sinnlos wären oder nicht in vernünftiger und zweckmäßiger Weise zur Anwendung gelangen könnten[19]."

---

[13] *Rabe:* Verordnungsrecht, S. 152 f.
[14] *Rabe:* Verordnungsrecht, S. 153 f.; *Friauf:* Staatenvertretung, S. 88 f.
[15] *Rabe:* Verordnungsrecht, S. 154.
[16] So auch *Grassetti:* Actes Officiels IV S. 18; *Rabe:* Verordnungsrecht, S. 152 f.
[17] *Rabe:* Verordnungsrecht, S. 154.
[18] *Rabe:* Verordnungsrecht, S. 155. Aber auch für die EGKS gilt nichts anderes.
[19] Rechtssache 8/55, SRGH II S. 312.

In der Literatur ist die Ansicht des Gerichtshofes jedoch überwiegend abgelehnt worden[20]. Jaenicke und Rabe vor allem führen an, daß eingeschlossene Zuständigkeiten durch die geschilderten außerordentlichen Zuständigkeiten überflüssig geworden seien.

Rabe weist ausführlich nach, daß die genannten Vorschriften die „implied powers" oder die „Zuständigkeiten kraft Sachzusammenhangs" auffangen, ja enthalten[21]. Sie ersetzen die „sweeping clause" der amerikanischen Verfassung[22], die den Aufhänger für die amerikanische Lehre von den „implied powers" bot[23]. Die verschärften Rechtssetzungsformen, in jedem Fall einstimmiger Ratsbeschluß, deuteten darauf hin, daß hier eine „Kanalisierung stillschweigender Zuständigkeiten" erfolgen sollte, wodurch außerhalb ihres Anwendungsbereiches liegende stillschweigende Zuständigkeiten ausgeschlossen würden. Dieser Auffassung ist, ohne die schlüssige Begründung im einzelnen zu wiederholen, zu folgen. Mit Rabe können die Sondervollmachten als „Schlußstein des Kompetenzgewölbes"[24] aller drei Gemeinschaften angesehen werden[25].

### § 10 Der Ursprung der Rechtssetzungsbefugnis der Europäischen Gemeinschaften

Der Ursprung der Gemeinschaftsbefugnisse ist zunächst eine rein rechtliche Frage. Sie wird zu einer juristisch-politischen, wenn nach der Gemeinschaftsgewalt gefragt wird. Die juristisch-politische kann aber nur beantwortet werden, wenn die rein rechtliche geklärt ist. Noch wird sie aber in der Theorie nicht einheitlich gelöst.

---

[20] *Jaenicke:* Montanunion, S. 748 und: EWG, S. 174; *Glaesner:* Übertragung, S. 657; *Bindschedler:* Rechtsfragen, S. 219; *Grassetti:* Actes Officiels IV S. 18; *Rabe:* Verordnungsrecht, S. 151 ff. mit weiteren Verweisen, S. 158 Fußn. 179.

[21] Verordnungsrecht, S. 155 ff.

[22] Verordnungsrecht, S. 157 f.

[23] Verordnungsrecht, S. 138 ff. mit eingehenden Nachweisen.

[24] Verordnungsrecht, S. 152.

[25] Der GH hat seine eigene Theorie, der zustimmt: *Daig,* Hans Wolfram: Die Gerichtsbarkeit in der Europäischen Wirtschaftsgemeinschaft und der Europäischen Atomgemeinschaft, AöR 83 (1958) S. 132—208, S. 152 u. a., später eingeschränkt, Urteil in 20/59 u. 25/59, SRGH VI, 708 ff., aber nicht aufgegeben. Die EWG hat allerdings bisher den Weg des Art. 235 EWGV gewählt. Die von mir selbst früher: Unabhängigkeit, S. 18 f., ebenfalls vertretene bejahende Auffassung gebe ich auf. Der auf S. 23 zitierte Fall einer eingeschlossenen Kompetenz ist dahin zu lösen, daß das Wort „verlangen" in Art. 80 EAGV der Kommission eine „unbestimmte Ermächtigung" gibt, die sie mit den Formen des Art. 161 EAGV ausfüllen muß, da Art. 80 EAGV eine „Aufgabe" der Kommission enthält. „Verlangen" drückt aber ebenso wie „exiger" ein imperatives Handeln aus, so daß sie also rechtsverbindliche Akte erlassen kann.

## § 10 Ursprung der Rechtssetzungsbefugnis

Einige Autoren nehmen eine bloße Übertragung bzw. Abtretung ad usum seitens der Staaten auf die Gemeinschaften an[1]. Gegen die Auffassung, daß die Rechtssetzungsbefugnis der Europäischen Gemeinschaften nur anvertraute oder delegierte Staatsgewalt ist, spricht vor allem, daß die Gemeinschaften selbständige mit eigener Rechtsordnung begabte Rechtssubjekte sind, die unabhängig neben die Staaten treten und einen eigenen Gemeinschaftswillen haben. Delegation oder Beauftragung bedeutet aber, daß die Rechtssetzungsakte nicht Bekundungen des eigenen Willens sind, d. h. nicht den Gemeinschaften zugerechnet werden, sondern Bekundungen des Staatswillens und den Staaten zugerechnet werden. Das kann wohl in Sonderfällen so sein, etwa wenn die Hohe Behörde oder die Kommission der EWG im Namen der Mitgliedstaaten Verträge mit Drittstaaten aushandeln[2]. Vor allem läßt sich mit einer Übertragung ad usum nicht die Ausübung von Rechtssetzungsbefugnis gegenüber den Staaten vereinbaren.

Eine große Gruppe von Autoren bejaht eine eigene Rechtssetzungsbefugnis der Europäischen Gemeinschaften, deren Begründung sie in einer Vollabtretung seitens der Staaten sieht[3]. Die Rechtssetzungsbefugnis der Europäischen Gemeinschaften wäre damit aber eine solche aus fremdem Recht. Diese Auffassung liegt nahe, da nunmehr die Europäischen Gemeinschaften Rechtssetzungsbefugnisse in Sachbereichen ausüben, in denen früher die Staaten Rechtssetzungsbefugnisse ausgeübt haben. Außerdem spricht die deutsche Verfassung in Art. 24 Abs. 1 GG von einer „Übertragung" von Hoheitsrechten. Übertragung bedeutet zunächst Abtretung. Nur kann die Formulierung des Art. 24 GG allein aber nicht maßgeblich sein, zumal Art. 24 Abs. 1 GG nach übereinstimmender Auffassung auch sonst schlecht formuliert ist[4]. Die Vertragstexte selbst enthalten nichts dazu. Eine Wortinterpretation führt daher nicht weiter. Das gilt auch für den Versuch, übertragen gleich

---

[1] *Dahm:* Völkerrecht II, S. 24; so noch: *Verdross:* Völkerrecht, 4. Aufl., S. 280; *Wehberg*, Hans: Entwicklungsstufen der Internationalen Organisation, Friedenswarte, Bd. 52, S. 193—218, S. 206.

[2] So in den Assoziationsverträgen der EGKS mit England oder der EWG mit Griechenland; zumindest im letzten Fall hat die Kommission aber auch im eigenen Namen verhandelt.

[3] Besonders deutlich: *Jerusalem:* Montanunion, S. 12 f.; *Hallstein*, Walter: Der Schuman-Plan, Frankfurt 1951, S. 9; *Schlochauer:* Rechtsnatur, S. 363; *Much:* Amtshaftung, S. 14; *Ophüls:* Grundgedanken, S. 289; *Carstens:* Revision, S. 5; *Catalano:* Manuel, S. 19; *Klein*, Fr.: Wehrbeitrag II, S. 469; *v. Mangoldt-Klein:* Das Bonner Grundgesetz, Kommentar, 2. Aufl. Bd. 1, Berlin-Frankfurt/Main 1957, S. 665; *Klein*, Karl-Heinz: Die Übertragung von Hoheitsrechten, Berlin 1952, S. 29 ff.; *Wolff:* Verwaltungsrecht I, S. 27. *Dehousse* als Berichterstatter in der Debatte des Europäischen Parlaments über das Verhältnis von Gemeinschaftsrecht und Staatsrecht am 16./17. Juni 1965, Verhandlungen des Europäischen Parlamentes vom 16. 6. 1965 (vorläufige Ausgabe) Nr. 13, S. 685.

[4] *v. Mangoldt-Klein:* Kommentar Art. 24 Anm. II 3 a, S. 657 mit Zitaten.

„conférer" statt „transférer" zu setzen⁵. Mit Recht ist bemerkt worden, daß die „sprachlichen Erwägungen nicht zu überzeugen vermögen"⁶. Grundsätzlich kann bei der Analyse nicht von dem Begriff auf den Vorgang, sondern nur umgekehrt geschlossen werden.

Gegen eine Abtretung auch in substantiam spricht aber folgendes⁷: Die Gemeinschaften üben eine einheitliche Rechtssetzungsbefugnis im gesamten Gemeinschaftsgebiet aus, deren Rechtsgrund ausschließlich die Satzungsverträge sind. Die Rechtssetzungsbefugnis richtet sich einheitlich an alle „Marktbürger" (Ipsen), d. h. an Angehörige, Unternehmen etc. aller Staaten gleichmäßig, ja auch gegen die Staaten selbst. Die Europäischen Gemeinschaften haben damit Befugnisse inne, die vorher noch nicht da waren.

Es gab keine einheitliche Rechtssetzungsbefugnis für alle sechs Mitgliedstaaten und erst recht keine solche, die sich gegen diese selbst richtete. Jeder Staat hat nur solche Befugnisse auf seinem Staatsgebiet inne⁸. Die Rechtssetzungsbefugnis der Europäischen Gemeinschaften ist also etwas Neues. Übertragen konnten die Staaten aber nur, was sie selbst hatten. Auch hier gilt der Satz, nemo plus iuris transferre potest quam ipse habet. Die Gemeinschaften könnten nicht etwas Neues, sondern nur sechs Stücke alter staatlicher Rechtssetzungsbefugnis innehaben, und zwar für jeden Staat getrennt. Schon gar nicht könnten sich diese gegen die Staaten selbst richten. Eine „Fusion des pouvoirs", die zur Überbrückung dieser Schwierigkeiten angenommen wird⁹, ist keine Überbrückung. Denn einerseits ist nicht vorstellbar, wie diese ‚Fusion' stattfinden soll, andererseits entsteht ja durch die ‚Fusion', die mehr ist als eine Zusammenrechnung, die Bildung von etwas Neuem. Das aber ist dann nicht von den Staaten auf die Gemeinschaften übertragen, sondern in den Gemeinschaften eigenständig und unableitbar begründet.

In neuerer Zeit setzt sich daher mehr und mehr die Ansicht durch, daß die Befugnisse der Gemeinschaften originär bei ihnen entstanden und begründet seien[10]. Dieser Ansicht ist zu folgen. Ihr widerspricht

---

[5] *Kaufmann:* Wehrbeitrag II, S. 54.

[6] *Klein:* Wehrbeitrag II, S. 471. Das zeigt sich z. B. bei *Catalano:* Manuel, S. 19 f., der „transférer", „transfert", „attribuer", „confier" ohne Unterschied gebraucht.

[7] Besonders dazu: *Krüger,* Herbert: Über die Herkunft der Gewalt der Staaten und der sog. supranationalen Organisationen, DöV 1959, S. 721—726; *Maunz-Dürig,* Art. 24, Anm. 7 (Maunz).

[8] *Kaufmann:* Wehrbeitrag II, S. 57 f.

[9] *Hallstein:* Schuman-Plan, S. 9; *Ophüls:* Grundgedanken, S. 289; *Much:* Amtshaftung, S. 14.

[10] *Kaufmann:* Wehrbeitrag II, S. 54 f.; *Scheuner:* Wehrbeitrag II, S. 139, Rechtssetzungsbefugnis, S. 232 FN 16; *Glaesner:* Übertragung, DöV 1959, S. 656; *Kraus:* Betrachtungen, S. 364; insbesondere: *Krüger:* Herkunft, S.

nicht, daß die Staaten die Gemeinschaften gegründet und mit den Befugnissen ausgestattet haben. Denn das bedeutet nicht, daß jeder Staat ein Stück seiner Staatsgewalt in Form gewisser Befugnisse auf die Gemeinschaften übertragen hätte, sondern es bedeutet, daß die rechtliche Begründung der Befugnisse der Europäischen Gemeinschaften keine „creatio ex nihilo" ist, sondern in den gemeinsamen gemeinschaftsbildenden, durch parallele Willensentscheidungen geschlossenen Vereinbarungen zu finden ist. Alle sechs Staaten haben zusammengewirkt, keiner konnte allein diesen Erfolg herbeiführen. Eine andere Frage ist, ob die Staaten Gemeinschaften mit solchen Befugnissen schaffen durften. Sie wird für Deutschland durch Art. 24 Abs. 1 GG bejahend beantwortet[11, 12].

## § 11 Die materiellen Einteilungen der Rechtssetzungsakte der Europäischen Gemeinschaften

Die Rechtssetzung der Europäischen Gemeinschaften kann materiell in drei Gruppen eingeteilt werden: vertragsändernde Zuständigkeiten, vertragsausfüllende und -durchführende Zuständigkeiten, durchführende Rechtssetzung[1].

### a) Vertragsändernde Rechtssetzungsakte

Alle drei Verträge geben den Gemeinschaften eigene Zuständigkeiten, die Verträge zu ändern. Diese Zuständigkeiten sind zwar in ihrem Umfange sehr gering, sie haben aber eine grundsätzliche Bedeutung. Durch

---

723 ff.; *Rabe*: Verordnungsrecht, S. 121; *Maunz-Dürig*: Art. 24 Anm. 8 (Maunz); *Badura*, Peter: Bewahrung und Veränderung demokratischer und rechtsstaatlicher Verfassungsstruktur in den Internationalen Gemeinschaften, Leitsatz 14, Referat auf der Tagung der VdtStRL, Kiel 1964; inzwischen auch *Verdross*: Völkerrecht, 5. Aufl., S. 356.

[11] Insofern ist *Krüger*: Herkunft, S. 724, nicht zuzustimmen, wo er die Ansicht vertritt, Art. 24 „sei nichts anderes als die feierliche Bekundung der Bereitschaft von der entsprechenden inhärenten (gemeinschaftsbildenden, der Verf.) Befugnis (der Staatsgewalt, der Verf.) Gebrauch machen zu wollen". Die Staatsgewalt kann nicht derartige ihr übergeordnete Gemeinschaften bilden, da sie die Eigenbestimmung und Ausschließlichkeit des Staates durchbrechen. Es bedarf dazu einer konstitutiven Erlaubnis von Verfassung wegen. Denn die Verfassung des Staates verändert sich. Wie hier *Maunz-Dürig*: Art. 24 Anm. 2 (Maunz).

[12] Daher handelt es sich bei dem Gemeinschaftsrecht auch um eine von dem Staatsrecht verschiedene Rechtsordnung, die eine eigene Erzeugungs- und Geltungsgrundlage hat. Auf Grund des Art. 24 Abs. 1 GG gilt diese Rechtsordnung gleichzeitig mit dem deutschen Recht. Sie tritt also nicht an die Stelle des nationalen Rechts, wenn es dieses auch unter Umständen verdrängt: zum Rangverhältnis unten § 15 b.

[1] *Catalano*: Manuel, S. 19 unterscheidet ebenfalls zwischen „appliquer et exécuter" und „compléter". Zum folgenden ausführlicher meine Unabhängigkeit, S. 129—144.

§ 11 Materielle Einteilungen der Rechtssetzungsakte

sie werden die Gemeinschaften in die Lage versetzt, willenseigenständige Änderungen an den Rechtsinstrumenten vorzunehmen, die ihre Grundlage bilden, ohne daß es für die Vertragsänderung der Ratifikation durch die Mitgliedstaaten bedarf[2]. Obwohl die Verträge nicht von den Gemeinschaften ausgehen, sie auch gar nicht an ihrem Abschluß als Partner beteiligt waren, sind die Verträge als Ausfluß des Satzungscharakters derselben zu einem gewissen Teil der Rechtsmacht der Gemeinschaften unterworfen. Autonome Vertragsänderung ist in der EGKS, weniger in der EWG und vor allem in der EAG vorgesehen.

1. Gem. Art. 95 Abs. 3 und 4 EGKSV kann die Gemeinschaft unter bestimmten Voraussetzungen die Regeln für die Ausübung der der Hohen Behörde übertragenen Zuständigkeiten ändern[3]. Diese Voraussetzungen sind, daß entweder durch die Anwendung des Vertrages nicht vorhersehbare Schwierigkeiten auftauchen, oder daß eine tiefgreifende Änderung der wirtschaftlichen oder technischen Bedingungen eingetreten ist. Die Änderung darf nicht die Grundsätze der Art. 2—4 EGKSV ergreifen, und sie darf das Verhältnis zwischen den Organen nicht verschieben[4], es können also vor allem keine neuen Zuständigkeiten begründet werden[5]. Die Änderung wird lediglich durch die Organe der EGKS beschlossen.

2. In der EWG gibt es keine allgemeine Änderungsbefugnis. Die Gemeinschaft kann aber einige Bestimmungen ändern[6], so das Verfahren über den Zollabbau[7] und das Verfahren über die Kontingentausweitung[8]. Der Ministerrat kann auch den Aufbringungsschlüssel für die Umlage[9] und die Bestimmungen über den Sozialfonds[10] ändern. Die Bedeutung der Änderungszuständigkeiten ist bei dieser Gemeinschaft nicht

---

[2] Die Verträge gehen hier nicht absolut neue Wege. Bereits der Vertrag über den Europarat enthält Ansätze für eine autonome Vertragsänderung, Art. 4 Abs. d Europarat-Vertrag.

[3] Siehe dazu im einzelnen: die Stellungnahme des Gerichtshofes zur Änderung des Art. 56 EGKSV, SRGH V, S. 577 ff.; *Carstens:* Revision, S. 15.

[4] Vgl. vor allem: *Carstens:* Revision, und die beiden Stellungnahmen des Gerichtshofes zur Änderung des Art. 56 EGKSV; SRGH V, S. 577 und 582 und SRGH VI, Teil I, S. 117.

[5] SRGH V, S. 577; *Carstens:* Revision, S. 17 f., der allerdings zu Recht darauf hinweist, daß auch die Änderung der Voraussetzungen, unter denen eine Kompetenz ausgeübt werden kann, eine „neue" Kompetenz schafft. Es handelt sich also um einen graduellen Unterschied. *Carstens* will die Schwierigkeit nach dem Gesetz der Analogie lösen. Allerdings kann sich auch da nach und nach eine Ausdehnung der Befugnisse vollziehen.

[6] *Rabe:* Verordnungsrecht, S. 49.

[7] Art. 14 EWGV.

[8] Art. 33 Abs. 5 EWGV.

[9] Art. 200 EWGV.

[10] Art. 126 EWGV.

so groß. Das hängt zu einem überwiegenden Teil mit dem allgemeinen Charakter des Vertrages zusammen. Er enthält vor allem Regeln für die Übergangszeit. Er ist zudem ein „Traité cadre", der keine eingehenden Bestimmungen, sondern weitgehend nur allgemeine Grundsätze enthält.

3. Anders ist es in der EAG. Diese steht der EGKS näher und enthält in wesentlichen Abschnitten sehr eingehende Regelungen, die zudem von einer ganz bestimmten wirtschaftlichen Vorstellung, der dauernden Mangellage für Grundstoffe der Kernindustrie, geprägt sind[11]. Eine generelle Änderungsbefugnis besteht auch nicht im Rahmen der EAG. Aber der Ministerrat kann auf Vorschlag der Kommission nach Anhörung der Versammlung ganze Kapitel eingehender Regelungen ändern, Kap. VI „Die Versorgung"[12], Kap. VII „Die Überwachung der Sicherheit"[13], Kap. VIII „Das Eigentum"[14]. Diese Änderungszuständigkeiten sind recht weitgehend, zumal eigentliche Grenzen hinsichtlich der Änderungen, wie sie etwa für die EGKS in Art. 95 EGKSV niedergelegt sind, für die EAG nicht bestehen. Es handelt sich aber bei den genannten drei Kapiteln um Kernkapitel des Vertrages, insbesondere bei den Vorschriften über die Versorgung und das Eigentum. Es erschien den Vertragspartnern offensichtlich notwendig zu sein, daß für die Änderung dieser Vorschriften eine größere Beweglichkeit vorhanden sei, als sie die „große Vertragsänderung" mit Ratifikation durch die Mitgliedstaaten etc. böte.

Neben diesen bedeutenden Änderungszuständigkeiten stehen solche von geringerer Bedeutung[15] sowie einige Ergänzungsbefugnisse[16].

### b) *Vertragsausfüllende Rechtssetzungsakte*

1. In verschiedenen Artikeln des Grundgesetzes der Bundesrepublik Deutschland findet sich nach einer Vorschrift, die die Grundzüge eines Sachgebietes rechtssatzmäßig regelt, die Bestimmung: „Das Nähere bestimmt/regelt ein Bundesgesetz[17]." Ähnliches findet sich auch in den Verträgen über die drei Gemeinschaften. Es werden die allgemeinen Grundsätze des Sachgebietes festgelegt, aber nicht die Einzelheiten bestimmt. Dieses wird vielmehr den Organen der Gemeinschaft überlassen. Diese füllen die Grundbestimmungen der Verträge aus. Sie führen diese Be-

---

[11] *Reuter:* Cours, S. 224. Diese Mangellage ist aber inzwischen behoben.
[12] Art. 76 EAGV.
[13] Art. 85 EAGV.
[14] Art. 90 EAGV.
[15] Art. 42; 172 Abs. 3 EAGV.
[16] Art. 4 Abs. 2; 41; 92 EAGV.
[17] z. B. Art. 38; 41 GG.

stimmungen nicht nur durch; denn sie schaffen selbst an der Ordnung des betreffenden Gebietes mit[18]. Die Rechtssetzungsakte enthalten politische Entscheidungen. Die Abgrenzung zu durchführenden Akten ist lediglich eine graduelle, genauso wie der materielle Unterschied zwischen Gesetzen und Verordnungen im Staatsrecht nur gradueller Art ist. Es bestehen aber Unterschiede, die durchaus greifbar sind[19]. Vertragsausfüllende Rechtssetzungsakte können dahin bestimmt werden, daß sie den Vertrag dort ausfüllen, wo er keine Regelungen trifft[20]. Die vertragsausfüllenden Rechtssätze werden jedoch nicht selbst Teile des Vertrages, wie die vertragsändernden Rechtssätze, gehören also der zweiten Stufe an.

2. Vertragsausfüllende Rechtssetzungsakte sind in der EGKS sehr selten. Der Vertrag trifft selbst sehr eingehende Regelungen und formt die betreffenden Sachgebiete rechtlich weitgehend in die Einzelheiten hinein aus[21]. Es bleiben faktisch nur zwei Gebiete, wo die Organe der Gemeinschaft den Vertrag ausfüllen müssen und können, die Regelung der durch den Vertrag festgelegten Auskunftspflichten[22] und die Festsetzung von Höchst- und Mindestzöllen[23].

3. In der EWG ist hingegen der Umfang der vertragsausfüllenden Zuständigkeiten wesentlich größer. Der Unterschied zwischen den beiden Verträgen tritt gerade bei diesen Zuständigkeiten besonders stark hervor. Der Charakter des EWG-Vertrages als Rahmenvertrag verlangt notwendig große vertragsausfüllende Zuständigkeiten[24]. Das gilt bereits während der Übergangszeit, das gilt aber erst recht später, wenn die Gemeinschaft endgültig errichtet ist[25]. Die Gemeinschaftsorgane müssen

---

[18] *Catalano:* Manuel, S. 19.

[19] Zur Abgrenzung siehe auch *Reuter:* Aspects, S. 162. Allerdings möchte ich seiner Terminologie nicht ganz folgen, vor allem den Begriff „legislatorisch" vermeiden. Gegen die Verwendung des Begriffes Gesetz auch: *Fuss:* Rechtssatz, S. 327 f. Allerdings geht *Fuss* von der Unterscheidung „formelles" und „materielles" Gesetz aus; dabei übersieht er, daß die Verordnungen inhaltlich Gesetzesmaterien regeln können, so vor allem in der EWG.

[20] Zu unterscheiden davon sind Ergänzungen der Verträge selbst, z. B. Listen gem. Art. 81 EGKSV oder Art. 4; 41; 92 EAGV.

[21] Der Vertrag ist deshalb auch als „das Gesetz der Gemeinschaft" bezeichnet worden; *Lagrange:* Caractère supranational, S. 13; *Catalano:* Actes Officiels II, S. 187.

[22] Art. 47; 54; 66 § 4 EGKSV.

[23] Art. 72 EGKSV, siehe dazu auch *Reuter:* Aspects, S. 161.

[24] *Reuter:* Aspects, S. 162: „Il faudra donc préciser les principes continus dans le traité et pour cela mettre en œuvre une procédure législative confiée aux institutions de la Communauté."

[25] *Dehousse* in: Les aspects juridiques du Marché Commun, Faculté de Droit de Liège, Compte rendu d'un séminaire, Liège 1958, S. 36.

§ 11 Materielle Einteilungen der Rechtssetzungsakte    87

selbst an der Formung der einzelnen Gebiete beteiligt sein, müssen selbst in einem recht weiten und freien Ermessen gestalten können[26].

Bereits in Art. 7 EWGV wird das Verfahren deutlich. Diese Vorschrift verbietet Diskriminierungen aus Gründen der Staatsangehörigkeit. Es wird dann aber dem Ministerrat überlassen, auf Vorschlag der Kommission und nach Anhörung der Versammlung mit Mehrheitsbeschluß die notwendigen „Regelungen" zu erlassen. Das Verbot der Diskriminierung selbst ist bereits geltender Rechtssatz. Aber das Verbot bedarf, vergleichbar etwa dem Satz von der Gleichberechtigung des Art. 3 GG, der Konkretisierung. Ähnlich verfährt der Vertrag in anderen Materien[27]. Auf zwei sehr bedeutenden Gebieten fehlt es sogar an den Grundsatzbestimmungen, und die Organe der Gemeinschaft handeln frei, nämlich auf dem Gebiet der Konjunkturpolitik[28] und der Handelspolitik einschließlich der Zölle[29].

Die vertragsausfüllenden Zuständigkeiten in der EWG sind also sehr umfangreich und für die Weiterentwicklung der Gemeinschaft äußerst bedeutungsvoll. Läuft bei der EKGS fast alles nach einem mehr oder weniger festgelegten Schema ab, das nur in beschränktem Maße elastisch ist, so liegen in der EWG nur die grundlegenden Vorschriften fest, wird nur ein Rahmen geschaffen, der auszufüllen ist.

4. Der EAG-Vertrag steht, so ist gesagt worden, zwischen dem Vertrag über die EGKS und dem Vertrag über die EWG. Er ist kein Rahmenvertrag. Seine Vorschriften gehen wieder mehr in die Einzelheiten, formen jeweils selbst die entsprechenden Sachbereiche rechtlich durch. Die Zuständigkeiten zur Vertragsausfüllung sind daher bei der EAG wieder geringer und beschränken sich auf wenige Gebiete[30].

*c) Vertragsdurchführende Rechtssetzungsakte*

1. Diese Gruppe von Rechtssetzungsakten ist vor allem von der vorhergehenden Gruppe der vertragsausfüllenden Rechtssetzungsakte zu unterscheiden. Bei der Ausübung der vertragsausfüllenden Zuständigkeiten formen und gestalten die Organe mit. Die durchführenden Zuständigkeiten haben es vor allem mit der mehr „technischen" Verwirk-

---
[26] *Dehousse:* a.a.O. S. 36; *Reuter:* Aspects, S. 161 führt zu Recht die weitgehenden Kompetenzen auf die Notwendigkeit der Anpassung an die jeweils wechselnde soziale und wirtschaftliche Lage zurück.
[27] Art. 43 EWGV; Art. 49 u. 51 EWGV; Art. 75 u. 79 EWGV; Art. 213 EWGV.
[28] Art. 103 EWGV. Der Rat hat eine Richtlinienkompetenz.
[29] Art. 113 und 28 EWGV. Der Rat kann dann für dieses Gebiet „Grundsätze" beschließen. In welcher Form das geschieht, ist nicht gesagt. Aber da es sich um „gemeinsame Handelspolitik" handelt, muß hier eine echte Rechtssetzungskompetenz angenommen werden.
[30] z. B. Art. 24, 31, 41, 187 u. 190 EAGV.

lichung zu tun. In der Durchführung der Vorschriften des Vertrages werden keine gestaltenden und formenden Kräfte mehr tätig; sondern da gilt es, die bereits in den Vorschriften der Verträge Gestalt gewordenen Formbilder möglichst getreu in die Wirklichkeit zu übertragen und dies durch entsprechende Rechtssetzungsakte zu unterstützen. „Inhalt, Zweck und Ausmaß", kann man sagen, sind von vornherein festgelegt, wenn der Rahmen im allgemeinen auch weiter ist als in Art. 80 GG. Aber auch sie gehören, da sie auf Zuständigkeitsnormen des jeweiligen Satzungsvertrages beruhen, der zweiten Stufe des Gemeinschaftsrechts an.

2. Aus dem bereits näher gekennzeichneten Charakter des Vertrages ergibt sich, daß die Rechtssetzungsbefugnis der EGKS sich vor allem in durchführenden Zuständigkeiten niederschlägt[31].

Der Vertrag trifft eingehende Vorschriften über das, was zu tun ist, wie es zu tun ist und unter welchen Voraussetzungen es zu tun ist. Er ist nicht nur „Satzung" der Gemeinschaft, sondern auch schon „Gesetz"[32]. Die politische Entscheidung ist vorgeformt. Die Hohe Behörde hat u. a. nur über die technischen Einzelheiten zu entscheiden. Allerdings stellt die Frage, ob z. B. ein Quoten-System bei Überproduktion eingeführt wird, eine Frage großer politischer Bedeutung dar, so daß eine Übertragung der Vorstellungen über deutsche Rechtsverordnungen auf die vertragsdurchführenden Zuständigkeiten nicht möglich ist. Die Hohe Behörde ist nicht ein bloßes Vollzugsorgan, sondern, wie verschiedentlich betont, ein Regierungsorgan mit politischer Entscheidungsbefugnis.

3. In der EWG sind die Durchführungszuständigkeiten in bezug auf den Vertrag geringer. Bei zwei dem Rat von Vertrags wegen zustehenden Zuständigkeiten ergibt sich ein erheblicher Unterschied zu den vertragsausfüllenden Zuständigkeiten auf dem Gebiet der Kartelle[33] und dem Gebiet der Subventionen[34]. Die Vorschriften legen eindeutig fest, was verboten ist, was erlaubt werden kann, wann Mißbrauch vorliegt, was zu tun ist, um einen vertragsmäßigen Zustand herzustellen. Der Ministerrat erhält Zuständigkeiten, die genannten Vorschriften durch entsprechende Rechtssetzungsakte durchzuführen, wobei es im einzelnen festgelegt ist, was diese Rechtssetzungsakte „bezwecken"[35]; der Ver-

---

[31] *Bindschedler:* Rechtsfragen, S. 214 spricht von einem Rechtssetzungsrecht der Hohen Behörde „zum Vollzug des Vertrages".
[32] Siehe z. B. Art. 58 und 59 EGKSV, Erzeugung; Art. 60 ff. EGKSV, Preisgestaltung; Art. 65 ff. EGKSV, Kartelle.
[33] Art. 75 ff. EWGV.
[34] Art. 92 ff. EWGV.
[35] Art. 88 Abs. 2 EWGV.

trag bezeichnet diese Zuständigkeiten daher auch konsequent, zumindest in einem Falle, als Zuständigkeiten zum Erlaß von „Durchführungsverordnungen"[36]. Das gilt aber ebenso auch für den zweiten Fall der Kartelle[37]. Die Kommission hat zwei Zuständigkeiten auf Grund des Vertrages, Durchführungsverordnungen zu erlassen[38].

4. In der EAG besteht für die Kommission in vier Fällen eine Zuständigkeit zum Erlaß von Durchführungsvorschriften auf Grund des Vertrages[39]. In allen vier Fällen handelt es sich um die Festlegung bestimmter Verfahren. Nirgends ist der schlicht vollziehende, ausführende, durchführende Charakter eines Rechtssetzungsaktes so eindeutig.

### d) Durchführende Rechtssetzungsakte der Kommissionen der EWG und EAG

Die Ministerräte der EWG und der EAG können den Kommissionen die Zuständigkeit übertragen, zur Durchführung der vom jeweiligen Ministerrat erlassenen Verordnungen der zweiten Stufe weitere Rechtssätze zu erlassen[40]. Es handelt sich dabei um Gemeinschaftsrecht der dritten Stufe. Materiell haben diese Rechtssetzungsakte reinen Durchführungscharakter und können den staatsrechtlichen Durchführungsverordnungen gleichgestellt werden.

*Abschnitt 2*

## Die Ausübung der Rechtssetzungsbefugnis

### § 12 Die Zuständigkeitsverteilung

#### a) Die Zuständigkeitsverteilung in der EGKS

Der Vertrag über die EGKS setzt als zentrales Entscheidungsorgan die Hohe Behörde ein[1]. Das bedeutet, daß der Vertrag ein Übergewicht eines unitarischen Organs vorsieht. Das ergibt sich schon aus der Erklä-

---

[36] Art. 94 EWGV.
[37] Art. 87 EWGV sah für die ersten drei Jahre nach Inkrafttreten des Vertrages einen einstimmigen Beschluß vor. Diese Frist ist am 31. Dezember 1960 abgelaufen, so daß jetzt die qualifizierte Mehrheit ausreicht.
[38] Art. 10 Abs. 2 EWGV; Art. 91 Abs. 2 EWGV.
[39] Art. 15, 74, 79 u. 80 EAGV.
[40] Art. 155 EWGV, Art. 126 EAGV; siehe zur EWG: *Rabe*: Verordnungsrecht, S. 108 ff.
[1] *Bindschedler*: Rechtsfragen, S. 212; *Dahm*: Völkerrecht II, S. 656; *Jerusalem*: Montanunion, S. 24; *Marjolin*, Robert: Coopération intergouvernemen-

rung vom 9. Mai 1950, die nur eine unabhängige Hohe Behörde vorsah. Der Vertrag selbst nennt sie bei der Aufzählung der Organe[2] sowie bei den Vorschriften über die Organe[3] als erste, während der Ministerrat erst an dritter Stelle genannt wird. Ihr wird die Entscheidungsgewalt übertragen[4]. Der „besondere Ministerrat" hingegen erhält die Aufgabe, „insbesondere die Tätigkeit der Hohen Behörde und der für die allgemeine Wirtschaftspolitik ihrer Länder verantwortlichen Regierungen aufeinander abzustimmen"[5], hat also zunächst beratende Funktion[6]. Bei einer Untersuchung der Einzelvorschriften ergibt sich dann auch, daß die Hohe Behörde fast ausnahmslos die Rechtssetzungsbefugnis ausübt. Der besondere Ministerrat übt nur eine beschränkte, weitgehend sogar subsidiäre Rechtssetzung[7] aus[8]. Einige bedeutende Ausnahmen bilden nur die Festsetzung des Verteilungssystems bei einer Mangellage[9], die Festsetzung von Höchst- und Mindestsätzen der Zölle[10] und die Fälle autonomer Vertragsänderungen[11]. Hier liegt die Entscheidung beim Ministerrat, bzw. alle vier Organe wirken bei der Entscheidung mit. Der Ministerrat entscheidet in allen vier Fällen einstimmig.

Die genannten vier Fälle, in denen die Hohe Behörde nicht entscheidet, sind bezeichnend. Es handelt sich in jedem Fall um tiefgreifende und entscheidende Eingriffe, die den Gesamtbereich der Wirtschaft betreffen. Wenn bei Überproduktion die Hohe Behörde die Erzeugerquoten festsetzt, wird nur die entsprechende Industrie selbst betroffen; der übrigen Wirtschaft steht die benötigte Kohle oder der benötigte Stahl

---

tale et autorités supranationales, Révue économique 1958, S. 267—277, S. 268; *Mosler:* EGKS, S. 40; dieser vergleicht, wie auch andere, die Hohe Behörde einem Wirtschaftsministerium für Kohle und Stahl. Dagegen wendet sich *Jaenicke:* Montan-Union, S. 749 mit der Begründung, sie sei ein reines Verwaltungsorgan. Jedoch ist *Mosler* zuzustimmen, denn die Hohe Behörde hat mehr zu tun, als eine reine Vollzugsbehörde zu sein. Sie plant, führt selbständig eine gewisse Wirtschaftspolitik auf den Gebieten von Kohle und Stahl, siehe auch *Schlochauer,* Hans-J.: Rechtsformen der Europäischen Ordnung, AdV Bd. V, S. 40—62, S. 59.

[2] Art. 7 EGKSV. Das bleibt auch nach der Fusion der Kommissionen und des Ministerrates vorläufig so. Aber der neue Ministerrat hat bereits einige Kompetenzen von der Hohen Behörde übernommen, so z. B. die absolute Festsetzung der Umlage, für die innerhalb von 1 % des Umsatzes die Hohe Behörde bisher allein zuständig war, Art. 20, Abs. 2 Fusionsvertrag. Die EGKS wird „gleichgeschaltet", indem man sie eingliedert.

[3] Zweiter Titel, Kapitel I EGKSV.

[4] Art. 14 EGKSV.

[5] Art. 26 EGKSV; auch *Bindschedler:* Rechtsfragen, S. 221.

[6] *Catalano:* Manuel, S. 38 ff.

[7] z. B. Art. 58 § 1; 59 §§ 1, 5, 6; 61 Abs. 3 EGKSV.

[8] So auch *Friauf:* Staatenvertretung, S. 105.

[9] Art. 59 EGKSV.

[10] Art. 72 EGKSV.

[11] Art. 81 Abs. 2 und Art. 95 Abs. 3 u. 4 EGKSV.

weiterhin zur Verfügung. Wird aber bei einer Mangellage ein Verteilungssystem geschaffen, dann werden alle betroffen; denn von der zugeteilten Menge an Kohle und Stahl hängt die gesamte Industrie in ihrer Produktion und damit in ihrer wirtschaftlichen Stellung ab. Die EGKS umfaßt aber nur Kohle und Stahl. Der übrige wirtschaftliche Bereich verbleibt in der alleinigen Zuständigkeit der Mitgliedstaaten bzw. fällt nach Gründung der EWG in deren Bereich. Es ist daher selbstverständlich, daß die Entscheidung über die Errichtung eines Verteilungssystems bei den Vertretern der Regierungen liegt. Es ist angesichts dieser Bedeutung des Verteilungssystems nicht zu unterschätzen, daß die Hohe Behörde eine subsidiäre Zuständigkeit hat, ein Verteilungssystem einzurichten, wenn der Ministerrat keinen Beschluß fassen kann. Auch durch eine Festsetzung von Höchst- und Mindestzöllen wird die gesamte Wirtschaft wesentlich betroffen, da dadurch die Versorgung bestimmt wird. Bei Vertragsänderungen kommt ebenfalls dem Ministerrat als Vertretung der Mitgliedstaaten eine entscheidende Rolle zu. Aber bei den Änderungen nach Art. 95 Abs. 3 und 4 EGKSV müssen auch die Versammlung und der Gerichtshof zustimmen, so daß hier das Übergewicht doch bei den unabhängigen Organen liegt.

Wenn so auch die Entscheidungsgewalt fast ausschließlich bei der Hohen Behörde konzentriert ist, so hat der Rat doch in vielen Fällen ein weitgehendes Mitwirkungsrecht, und zwar in drei Stufen: Er muß gehört werden[12], er muß zustimmen[13], oder er muß einstimmig zustimmen[14]. Nur in den beiden letzten Fällen ist die Hohe Behörde an die Stellungnahme des Rates gebunden. Jedoch hat gerade bei der bloßen, nicht verbindlichen Anhörung eine Wandlung im Verhältnis der Organe zueinander eingesetzt, die den eigentlichen Absichten des Vertrages nicht voll entspricht. Sie führt zu einem gewissen Übergewicht des Ministerrates. Die Hohe Behörde entscheidet im allgemeinen nicht gegen den Ministerrat, auch dort nicht, wo sie es positiv-rechtlich tun könnte[15].

---

[12] z. B. Art. 60 § 1 Abs. 2 und Art. 61 Abs. 1 EGKSV.
[13] z. B. Art. 58 § 1 Abs. 1 EGKSV.
[14] z. B. Art. 53 Abs. 1 (b) EGKSV.
[15] *Bebr*, Gerhard: The balance of power in the European Communities, Annuaire Européen-European Yearbook, Bd. 5, S. 53—79, S. 56 f. Diese Studie hebt in echter und guter amerikanischer Manier die Situation des praktischen Funktionierens der Gemeinschaften gegenüber den theoretischen Überlegungen hervor. Siehe auch: *Dahm*: Völkerrecht II, S. 661, der betont, daß „das zwischenstaatliche auf Kosten des supranationalen Elements stärker hervortritt". *Marjolin*: Coopération, S. 272 spricht von einem Wachsen der Prärogativen des Ministerrates; *Reuter*: Cours, S. 234; *Soulé*, Yves Pierre: Comparaison entre les dispositions institutionelles du Traité CECA et du Traité CEE, Révue du Marché Commun Bd. 1 (1958), S. 95—102, S. 95 bezeichnet das neue Verhältnis von Hoher Behörde und Ministerrat als „Cogestion", während der Ministerrat ursprünglich als „Contrepoids" der Hohen Behörde gedacht war.

Das hat einerseits politische Gründe; denn ohne die Mitwirkung der Regierungen läßt sich eine Entscheidung der Hohen Behörde nicht durchführen. Das hat andererseits wirtschaftliche Gründe; denn im Grunde berührt jede Entscheidung auf dem Gebiet der Grundstoffindustrie die gesamte Wirtschafts-, Verkehrs- und Handelspolitik. Diese aber gehören weiterhin zu den Zuständigkeiten der Mitgliedstaaten. Ein ständiges Sekretariat des Ministerrates in Luxemburg und ein Koordinierungsausschuß der Hohen Behörde und des Ministerrats fördern die Tendenz. Ein Koordinierungsausschuß ist zweifellos gut, wo die Zustimmung des Ministerrates zu den Entscheidungen der Hohen Behörde notwendig ist; aber es kann für die Unabhängigkeit der Hohen Behörde und damit der Rechtssetzung gefährlich werden, wo sie eigentlich nach dem Vertrag allein handeln könnte. Zweifellos muß die Hohe Behörde auf die politischen und wirtschaftlichen Umstände Rücksicht nehmen; aber das darf nicht soweit führen, daß in der Praxis eine indirekte Verlagerung der Entscheidungsgewalt von der Hohen Behörde auf den Ministerrat erfolgt.

Die Versammlung hat nur bei der autonomen Vertragsänderung gem. Art. 95 Abs. 3—4 EGKSV ein Beschlußfassungsrecht. Dieses ist noch dadurch eingeschränkt, daß die Versammlung lediglich den von der Hohen Behörde und dem Ministerrat beschlossenen Entwurf annehmen oder ablehnen, nicht aber ändern kann. Wünscht sie Änderungen, muß sie den Entwurf ablehnen und mit Änderungsvorschlägen zurückgeben, über die die Hohe Behörde und der Ministerrat erneut entscheiden müssen. Der Einfluß der Versammlung auf die Rechtssetzung ist also minimal[16]. Die Versammlung hat es aber verstanden, zwar nicht Beschlußfassungszuständigkeiten zu erhalten, wohl aber Einfluß auf die Gestaltung der rechtssetzenden Entscheidungen der Regierungsorgane zu erlangen[17].

### b) Die Zuständigkeitsverteilung in der EWG

In der EWG ist die Zuständigkeitsverteilung zwischen den Organen wesentlich anders. Das Hauptorgan der Rechtssetzung ist nicht mehr das unabhängige Direktorium, die Kommission, sondern das internationale Organ, der Ministerrat. Ihm kommen die hauptsächlichen Rechtssetzungszuständigkeiten zu[18]. Die Kommission hat nur ein untergeordnetes Entscheidungsrecht. Der Rat ist „l'organisme central celui qui porte la responsabilité de principe; la Commission apparaît comme chargée

---

[16] *Reuter:* CECA, S. 84; *Catalano:* Manuel, S. 30 f.
[17] *Steindorff:* Art. Europäische Gemeinschaft für Kohle und Stahl, S. 462; *Wigny:* Bericht, S. 38 ff.
[18] Art. 145 EWGV; *Catalano:* Manuel, S. 41.

§ 12 Die Zuständigkeitsverteilung

d'une fonction d'exécution avec toutes les restrictions que ce terme implique dans l'ordre constitutionell"[19]. Es wird noch zu zeigen sein, daß diese Kennzeichnung der Kommission als bloße Ausführungsstelle zu eng ist[20]. Doch bezeichnet Reuter den großen Unterschied zur EGKS. Zu einem gewissen Teil ist er nur die rechtliche Festlegung des Zustandes, der sich in der EGKS in der Praxis herausgebildet hatte[21], allerdings mit einer nicht zu übersehenden Verstärkung. Zum wesentlichen Teil sind die Verschiebungen aber auch durch die verschieden gearteten Aufgaben bedingt. Die EWG verfügt über eine erheblich größere Rechtssetzungsbefugnis als die EGKS[22]. Der sachliche Zuständigkeitsbereich ist wesentlich umfangreicher, die Rechtssetzung daher auch hinsichtlich ihrer allgemeinen Bedeutung oft weiterreichend. Aber neben diesen rein sachlichen Gründen spielen die politischen eine sehr große, ja entscheidende Rolle. Den Rückschlag, den durch die Ablehnung der EVG und die Aufgabe der Politischen Gemeinschaft die Idee eines vereinten Europas erlitten hatte, wirkte bei den neuen Verträgen nach und verlangte Zurückhaltung. Die Verträge von Rom sind daher ein gewisser Rückschritt, wenn auch die Rechtssetzungsbefugnis der Gemeinschaft erweitert wurde und dadurch eine gewisse Machtsteigerung der EWG eintrat.

Die Verschiebung in der Zuständigkeitsverteilung zwischen den Organen wirkt sich bei der Rechtssetzung dahin aus, daß diese nun fast ausschließlich beim Ministerrat konzentriert ist[23]. Die Kommission hat eigene Rechtssetzungszuständigkeiten nur in wenigen Fällen[24]. Im übrigen kann ihr aber der Ministerrat gem. Art. 155 EWGV Rechtssetzungszuständigkeiten zur Durchführung der Verordnungen des Ministerrates übertragen. Jedoch ist die Kommission im übrigen nicht vom Rechtssetzungsprozeß ausgeschlossen. Vielmehr hat sie in den allermeisten Fällen das Initiativrecht, da sie die Vorschläge unterbreiten muß, über die der Rat Beschluß zu fassen hat[25]. Ohne einen Vorschlag der Kommission kann der Ministerrat in diesen Fällen keinen

---

[19] *Reuter:* Cours, S. 236; ähnlich *Bebr:* Balance of power, S. 69, der den Ministerrat als „powerful administrator of the Community", „Center of power and activities" bezeichnet.
[20] Siehe unten § 21 b 2.
[21] *Bebr:* Balance of power, S. 67; *Marjolin:* Coopération, S. 274; *Soulé:* Comparaison, S. 95.
[22] *Reuter:* Cours, S. 236 und *Bebr:* Balance of power, S. 67 haben sie sogar als quasi-legislatorisch bezeichnet. So auch noch *Steiger:* Evaluation, S. 512. Der Begriff wird hier jedoch aufgegeben.
[23] Siehe im einzelnen *Rabe:* Verordnungsrecht, S. 67—99.
[24] z. B. Art. 10 Abs. 2; 48 Abs. 3 d; 91 Abs. 2 EWGV; dazu *Rabe:* Verordnungsrecht, S. 102—113.
[25] z. B. Art. 7; 14; 28; 33 Abs. 5; 43 Abs. 2; 44; 51; 59; 75; 79; 87; 94; 103; 113 EWGV.

Beschluß fassen[26]. Auch kann er einen Vorschlag nur einstimmig ändern[27]. Ferner kommt die qualifizierte Mehrheit bei Beschlüssen des Ministerrates auf Vorschlag der Kommission schon bei zwölf Stimmen von siebzehn zustande, während bei anderen Beschlüssen zwölf Stimmen von mindestens vier Mitgliedern erforderlich sind[28]. Durch dieses Vorschlagsrecht ist die Kommission wirksam in den Rechtssetzungsprozeß eingeführt[29]. Sie repräsentiert das Gemeinschaftsinteresse und verhindert durch ihr Vorschlagsrecht, daß die Nationalinteressen überwiegen[30].

Mit Recht bemerkt Jaenicke aber auch, daß die weitgehende Einführung des Mehrheitsprinzips nur durch das Vorschlagsrecht möglich geworden ist; denn sonst würde die Mehrheitsentscheidung leicht zur Unterdrückung der Minderheit führen[31]. Die Komission hat somit ein eigenes Gewicht und stellt eine wirksame unabhängige Gewalt dar. Weiterhin wird das Übergewicht des Ministerates dadurch gemindert, daß in vielen Fällen vor einer Beschlußfassung durch ihn die Versammlung gehört werden muß[32]. Wenn sie auch keine bindenden Stel-

---

[26] *Jaenicke:* EWG, S. 176 erblickt in dem Vorschlag eine notwendige Verfahrensvoraussetzung. Allerdings ist diese Konstruktion keine echte „konstruktive Neuerung im institutionellen System der Europäischen Wirtschaftsgemeinschaft"; denn sie ist bereits in der EGKS an den beiden Stellen verwandt, wo der Ministerrat selbst die Entscheidung trifft, im Falle des Verteilungssystems bei Mangellage, Art. 59 EGKSV, und im Falle der Höchst- und Mindestzölle, Art. 72 EGKSV. Zwar fehlt es an der näheren Ausgestaltung, wie sie bei der EWG vorgenommen worden ist. Aber in Art. 59 EGKSV heißt es: „Auf Vorschlag der Hohen Behörde und im Benehmen mit ihr", der Rat kann sich also über diesen Vorschlag nicht einfach hinwegsetzen. Außerdem trifft der Ministerrat der EGKS seine Entscheidungen in beiden Fällen einstimmig, so daß eine Bestimmung über die Abänderung des Vorschlages im Sinne des Art. 149 EWGV überflüssig wäre; siehe auch *Rabe:* Verordnungsrecht, S. 23; *Friauf:* Staatenvertretung, S. 105 ff.

[27] Art. 149 EWGV.

[28] Art. 148 Abs. 2 EWGV.

[29] *Reuter:* Aspects, S. 313 spricht selbst von einem Übergewicht der Kommission über den Ministerrat. Siehe auch *Wigny:* Bericht, S. 66 f. Beide heben auch zu Recht die Bedeutung der Permanenz der Kommission hervor; *Catalano:* Manuel, S. 43 ff., 53 ff.

[30] *Reuter* schließt sogar, daß durch das Initiativrecht der Kommission die Stellung der unabhängigen Exekutive nicht gemindert, sondern angesichts der ausgedehnten Rechtssetzungsbefugnis der EWG eher gesteigert werde, Cours, S. 238. Durch die Kommission kommen die europäischen Interessen als solche zu Wort, da es ein europäisches Organ im eigentlichen Sinne mangels eines eigenen Substrates nicht geben kann, siehe auch *Reuter:* Aspects, S. 310 f.: „Il n'y a pas au départ de nation européenne, qui délègue des représentants ou choisisse un exécutif. L'Europe n'a sa place dans la Communauté que par des procédés indirects ..."; siehe auch *Wigny:* Bericht, S. 66 f. Bei den Agrarmarktverordnungen zeigte sich die Bedeutung des Vorschlagsrechts zusammen mit seiner Schwäche.

[31] *Jaenicke:* EWG, S. 176.

[32] z. B. Art. 7; 14; 43; 75; 87; 100 EWGV; *Catalano:* Manuel, S. 31 ff.

lungnahmen abgeben kann, so haben diese Stellungnahmen doch politisches Gewicht[33]. Zwar kann die Versammlung den Ministerrat nicht zur Verantwortung ziehen, etwa durch ein Mißtrauensvotum; aber auch der Ministerrat kann über die Ansichten der Versammlung nicht einfach hinweggehen, sondern er muß politische Rücksicht auf sie nehmen. Auch durch die Versammlung kann somit ein Druck in Richtung auf eine europäische, unabhängige Willensbildung ausgeübt werden, insbesondere wenn Versammlung und Kommission zusammengehen und die Versammlung die Kommission unterstützt.

### c) Die Zuständigkeitsverteilung in der EAG

Für die EAG gilt im allgemeinen das gleiche wie für die EWG. Auch hier liegt die Entscheidungsgewalt und damit die Rechtssetzungsbefugnis fast ausschließlich beim Ministerrat[34]. Auch die Kommission der EAG hat nur geringe eigene Rechtssetzungszuständigkeiten; vor allem kann sie Preise festsetzen[35] und Regelungen über innerbetriebliche Vorgänge sowie Ablieferungspflichten aufstellen[36]. Auch in der EAG kann der Ministerrat der Kommission Rechtssetzungszuständigkeiten zur Durchführung seiner allgemeinen Verordnungen übertragen[37].

Jedoch sind gegenüber der EWG einige Unterschiede zu verzeichnen. Das Erfordernis der Einstimmigkeit bei der Beschlußfassung des Ministerrates ist im wesentlich geringeren Maße vorgesehen als in der EWG[38]. Die Kommission muß mit zwei Ausnahmen[39] in allen Fällen, in denen der Rat rechtssetzend tätig werden soll, die Initiative durch einen Vorschlag ergreifen. Dabei gilt auch hier, daß dieser eine unabdingbare Verfahrensvoraussetzung ist und vom Ministerrat nur einstimmig geändert werden kann[40]. Die Versammlung muß in mehreren Fällen gehört werden[41]. Sie spielt in der EAG eine ähnliche Rolle wie in der EWG.

## § 13 Willensbildung der Organe

Zwei Organe sind es, wie aus dem Vorhergehenden hervorgeht, die die Rechtssetzungsbefugnisse der Europäischen Gemeinschaften aus-

---

[33] *Jaenicke:* EWG, S. 178.
[34] Art. 115 EAGV.
[35] Art. 68 EAGV.
[36] Art. 79 und 80 EAGV.
[37] Art. 115 EAGV.
[38] Art. 69; 76; 85; 90; 172; 190 EAGV. Dabei handelt es sich meist um Vertragsänderungen, nicht um gewöhnliche Verordnungen.
[39] Art. 72 (Umlage); 190 (Sprachenfrage) EAGV.
[40] Art. 119 EAGV.
[41] z. B. Art. 31; 76; 85; 90 EAGV; *Catalano:* Manuel, S. 34 ff.

üben: der Ministerrat und das Direktorium einer jeden Gemeinschaft. Die Gewichte sind unterschiedlich verteilt, aber es bedarf eines Zusammenwirkens, wenn auch die Ministerräte das Übergewicht haben. Aber auch sie könnten auf die Dauer nicht gegen die Direktorien entscheiden, ohne daß die Gemeinschaften dabei in die Brüche gingen oder sich doch in ihrem Wesen grundlegend ändern[1]. Das Übergewicht der Ministerräte wird für den einzelnen Staat außerdem durch die Art der Beschlußfassung, d. h. durch die Willensbildung eingeschränkt. Die Staaten als solche üben den bestimmenden Einfluß aus, nicht der einzelne Staat.

### a) Willensbildung der Ministerräte

Die Ministerräte setzen sich zusammen aus den Repräsentanten der Mitgliedstaaten. Zwar ist der jeweilige Ministerrat Organ der jeweiligen Gemeinschaft[2], aber seine Mitglieder bringen doch den Willen der einzelnen Staaten zum Ausdruck, wie ja auch etwa die Bundesratsmitglieder den Willen ihrer Länder zum Ausdruck bringen. Das hat aber nicht zur Folge, daß sie staatliches Recht schaffen, sondern Recht der jeweiligen Gemeinschaft. Die Mitglieder der Ministerräte sind weisungsgebunden[3]. Diese Bindung an Weisungen wird aber teilweise neutralisiert durch den Abstimmungsmodus. Denn regelmäßig gilt das Mehrheitsprinzip[4].

Der Vertrag über die EGKS kennt drei Formen der Beschlußfassung: die einfache Mehrheit, die zwei Drittel-Mehrheit und die Einstimmigkeit[5].

Die einfache Mehrheit umfaßt die absolute Mehrheit von 4 : 2. Außerdem muß ein Mitgliedstaat mit mindestens einem Sechstel der Gesamtproduktion von Kohle und Stahl, das sind Frankreich und die Bundesrepublik, zustimmen. Die „Großen" können also niemals überstimmt

---

[1] Natürlich kann sehr viel geschehen. Die Staaten können eine Art „Gemeinschaftsstreich" durchführen. Aber dann sind die Gemeinschaften hinterher nicht mehr dieselben wie heute. Das wird immer wieder verkannt. Es wird oft, vor allem von *Rosenstiel*, so argumentiert, als ob das, was die Staaten tatsächlich tun können, auch das ist, was zu tun „recht" ist. Auf dieser Basis ist aber letztlich jede juristische, auch eine juristisch-politische Analyse ausgeschlossen. Man muß wissen, ob man davon ausgehen will, daß möglichst das geschieht, was „recht" ist, oder davon, daß das geschieht, was möglich ist. Daß das nicht identisch ist, dürfte sich inzwischen herumgesprochen haben.
[2] De iure bestehen die Ministerräte noch für jede Gemeinschaft getrennt, wenn sie auch tatsächlich auf einer Tagung für alle drei Gemeinschaften Beschlüsse fassen.
[3] *Jaenicke*: EWG, S. 171; *Ballreich*: Euratom, S. 36; *Friauf*: Staatenvertretung, S. 7.
[4] Art. 28 Abs. 5 EGKSV; Art. 148 Abs. 1 EWGV; Art. 118 Abs. 1 EAGV.
[5] Art. 28 EGKSV; *Reuter*: CECA, S. 64; *Catalano*: Manuel, S. 40.

## § 13 Willensbildung der Organe

werden. Die zwei Drittel-Mehrheit umfaßt bei sechs Mitgliedern ebenfalls 4 : 2. Das zweite, bei der einfachen Mehrheit verlangte Erfordernis fehlt hier aber. So liegt der Schluß nahe, daß die zwei Drittel-Mehrheit leichter zu erreichen ist als die einfache Mehrheit. Das würde aber dem Sinn der zwei Drittel-Mehrheit widersprechen. Diese ist nämlich für bedeutendere Beschlüsse vorgesehen. Es muß daher angenommen werden, daß hier eine ungewollte Lücke vorliegt. Es ist folgerichtig anzunehmen, daß das Erfordernis der Stimmenwägung auch hier gilt[6].

Die Einstimmigkeit umfaßt alle sechs Mitglieder. Stimmenthaltung verhindert also bereits die Einstimmigkeit[7].

In den Ministerräten der EWG und der EAG werden das Prinzip der Stimmenzählung und das Prinzip der Stimmenwägung in verschiedenster Weise gekoppelt[8].

Grundsatz ist die absolute Mehrheit von vier zu zwei Mitgliedern.

Ist eine qualifizierte Mehrheit notwendig, werden die Stimmen gewogen, also ein Prinzip ähnlich dem des Deutschen Bundesrates. Von den insgesamt siebzehn Stimmen stellen zwölf Stimmen die Mehrheit dar. In den Fällen, wo der Ministerrat auf Vorschlag der Kommission entscheidet, genügen die zwölf Stimmen der „Großen". In den übrigen Fällen müssen mindestens vier Länder mit mindestens zwölf Stimmen zustimmen, also ein doppelte Mehrheit der Mitglieder und der Stimmen[9].

Die Einstimmigkeit kommt in der EWG und der EAG, anders als in der EGKS, durch Übereinstimmung der abgegebenen Stimmen zustande. Enthaltung hindert also nicht die Einstimmigkeit. Das ist sicherlich ein Vorteil, besonders, da gerade in der EWG relativ häufig einstimmige Beschlüsse erforderlich sind[10].

In der EGKS überwiegt die Mehrheitsentscheidung des Ministerrates, ebenso in der EAG. In der EWG überwiegt bis zum Ende der Über-

---

[6] So auch *Jaenicke*: Montan-Union, S. 759. der das Fehlen des Erfordernisses der Stimmenwägung als redaktionelles Versehen ansieht. Allerdings ist Art. 28 EGKSV seither geändert worden, ohne daß auch dieses bereits bekannte „Versehen" geändert wurde.
[7] *Jerusalem*: Montan-Union, S. 34. Nach Art. 8 Fusionsvertrag hindert in einigen Fällen Stimmenthaltung eines anwesenden oder vertretenen Mitgliedes die Einstimmigkeit nicht. Außerdem wird für einige Fälle eine der EWG angeglichene Stimmenwägung eingeführt.
[8] Art. 148 EWGV; Art. 118 EAGV. Beide stimmen wörtlich überein. *Catalano*: Manuel, S. 41 ff.
[9] Es sei dabei auf die Stellung der Kommission hingewiesen; sie gilt als „Europäische Sachwalterin".
[10] Die beschlossenen Rechtssätze gelten in allen Mitgliedstaaten, auch in denen, deren Vertreter im Ministerrat sich der Stimme enthalten haben, während bei den internationalen Organisationen nur die zustimmenden Mitglieder gebunden werden, z. B. Art. 6 Abs. 2 des Vertrages über die OECD.

gangszeit das Einstimmigkeitsprinzip. Nach diesem Zeitpunkt wird auch die Mehrheitsentscheidung in verschiedenen Differenzierungen maßgebend.

### b) Willensbildung der Direktorien

Die Mitglieder der Direktorien sind von jeder Art Weisung unabhängig[11]. Allerdings sind sie durch die Art ihrer Bestallung gebunden, da sie auf Zeit von den Regierungen ernannt werden. Das Prinzip der Kooption, das auch insoweit eine größere Unabhängigkeit gegeben hätte, konnte sich bis auf den bescheidenen Ansatz bei der Hohen Behörde nicht durchsetzen[12]. Die Direktorien treffen ihre Entscheidungen ausschließlich mit Mehrheit.

### c) Würdigung

Die Organe bilden einen Willen, der als solcher von dem Einzel-Willen der Organwalter verschieden ist. In jedem Kollegialorgan findet die Bildung eines solchen Willens durch parallele Willensäußerungen der Organwalter statt. Aber nicht den Organwaltern, sondern den Organen und durch diese hindurch den Gemeinschaften wird der Gesamtwille zugerechnet. Sie üben — juristisch gesprochen — die Herrschaft aus[13].

Das Mehrheitsprinzip bewirkt, daß der einzelne Staat auch gegen seinen Willen rechtlich verpflichtet werden kann. Das Merkmal der Ratifikation — auch in der allereinfachsten Form — entfällt. Damit entfällt das Hauptelement konventioneller Rechtsbildung. Die Rechtsbildung beruht nicht mehr im eigentlichen Sinn auf Vereinbarung; denn diese setzt dem Wortsinn nach Zustimmung voraus. Ebensowenig wie das parlamentarische Gesetz eine Vereinbarung ist, wenn auch eine mehrheitliche Übereinstimmung notwendig ist, um den einen Willen des Gesetzgebers zu bilden. Die Rechtssetzung wird autoritativ. Sie beruht nicht mehr auf parallelen Willensbildungen, wie etwa die Gründungsverträge, sondern auf einem Willen. Das folgt aus der Zurechnung des Aktes zur Gemeinschaft. Daraus ergibt sich, daß auch die einstimmigen Beschlüsse nicht mehr auf parallelem Willen aller beruhen, sondern auf dem einen Willen der Gemeinschaft. Die Einstimmigkeit der Organwalter ist nur ein besonderer Modus der Willensbildung.

---

[11] Art. 9 EGKSV; Art. 157 EWGV; Art. 126 EAGV.
[12] Im einzelnen dazu: *Steiger:* Unabhängigkeit, S. 73 ff.
[13] Insofern irrt *Friauf:* Staatenvertretung, S. 43/44, wenn er meint, die einzelnen Mitgliedstaaten übten genossenschaftlich hoheitliche Gewalt über die anderen Staaten aus. Das Land NRW übt keine hoheitliche Gewalt über Bayern aus, auch nicht genossenschaftlich mit den anderen Bundesländern. Der Bund übt sie u. a. durch sein Organ, den Bundesrat, aus.

Auch dieser Wille wird nur der Gemeinschaft, nicht den Staaten zugerechnet[14].

Trotzdem kommt dem Mehrheitsprinzip in der weitgehenden Anwendung für wichtige Gebiete entscheidende Bedeutung zu. Denn in ihm wird das Gemeinschaftsinteresse über das einzelne Staatsinteresse gestellt[15]. Das greift vom rein juristischen in den juristisch-politischen Bereich über. Kann bei der Einstimmigkeit immer noch der Anspruch der reinen Eigenbestimmung der Staaten aufrechterhalten werden[16], so ist die Fremdbestimmung durch das Mehrheitsprinzip entschieden gefestigt.

## Abschnitt 3

## Die Wirkung der Rechtssetzungsakte der Europäischen Gemeinschaften gegenüber und in den Staaten

### § 14 Die allgemeine Rechtswirkung der Rechtssetzungsakte der Europäischen Gemeinschaften

Bisher wurde in Übereinstimmung mit den Vertragstexten und der h. M. davon ausgegangen, daß die Gemeinschaften Recht setzen, das unmittelbar die „Marktbürger"[1], ja die Staaten selbst bindet[2]. Das wird aber bestritten von jenen, die in irgendeiner Weise eine Transformation der gemeinschaftlichen Rechtssätze durch die Mitgliedstaaten annehmen. Im deutschen Schrifttum wird diese traditionelle, völkerrechtlich orientierte Auffassung vor allem von Schlochauer vertreten[3]. Allerdings begründet er diese Auffassung nicht näher. Er sieht die Transformation als indirekt durch die Legalisierung der Rechtssetzungsbefugnisse der Europäischen Gemeinschaften erfolgt an. Der „verfassungsrechtsähnliche Charakter" des supranationalen Rechts begründe die unmittelbare Wirkung nicht. Die Lehre von der Transformation ist eine Konsequenz

---

[14] So auch zu Recht, wenn auch nicht ganz klar formuliert, *Friauf:* Staatenvertretung, S. 44, 65 ff.

[15] Welche verheerenden Folgen es haben kann, wenn das nicht der Fall ist, zeigte der Kampf um den Getreidepreis, wo in einer zweitrangigen Frage die gesamte Gemeinschaft aufs Spiel gesetzt wurde — von beiden Seiten.

[16] Allerdings hat *Friauf,* Staatenvertretung S. 74 gezeigt, wie fragwürdig der Anspruch auch in diesen Fällen ist.

[1] *Ipsen,* NJW 1964, S. 340.

[2] Siehe die oben § 8 Fußnote 2 Genannten.

[3] Zuletzt *Schlochauer,* Hans Jürgen: Das Verhältnis des Rechts der Europäischen Wirtschaftsgemeinschaft zu den nationalen Rechtsordnungen der Mitgliedstaaten, AdV 11 (1963/64), S. 1—34, S. 24 ff.

des Dualismus. Aber ohne auf den Streit zwischen Dualismus und Monismus einzugehen[4], läßt sich die These von Schlochauer für den Bereich des von den Europäischen Gemeinschaften gesetzten Rechts widerlegen[5]. Transformation ist nur für solche Rechtssätze notwendig, die die Staatsangehörigen berechtigen oder verpflichten sollen[6]. Die Rechtssätze der Europäischen Gemeinschaften, die die Staaten selbst verpflichten, wie z. B. die in den Richtlinien enthaltenen und oben beispielhaft gezeigten, sind also einer Transformation nicht zugänglich[7]. Aber auch für die an die „Marktbürger" gerichteten Rechtssätze der Europäischen Gemeinschaften gibt es keine Transformation. Schon die Tatsache, daß Schlochauer zu einer indirekten Transformation greifen muß, andere zu einer „vorweggenommenen" oder zu einer „automatischen" Transformation, läßt Zweifel aufkommen. Denn Transformation bedeutet Setzung eines staatlichen Parallelrechtssatzes[8]. Man kann aber weder „indirekt" noch „automatisch" einen Rechtssatz setzen, noch die Setzung eines Rechtssatzes „vorwegnehmen". Man kann sagen, daß die Rechtssetzungsbefugnis der Europäischen Gemeinschaften von den Staaten legalisiert worden sei. Aber daraus folgt keine indirekte Transformation der gemeinschaftlichen Rechtssätze. Legalisierung heißt nichts anderes als Zustimmung, Mitwirkung bei der Begründung der Rechtssetzungsbefugnisse und Freigabe des innerstaatlichen Raumes für die Verbindlichkeit der Rechtssätze des Gemeinschaftsrechts. Anerkennung des Gemeinschaftsrechts ist aber nicht Setzung eines Parallelrechtssatzes, es ist das genaue Gegenteil[9]. Sie ist Hinnahme eines von anderer Autorität gesetzten Rechtes. Wäre es anders, könnten die Rechtsunterworfenen

---

[4] Dazu meine: Unabhängigkeit, S. 33 ff., wo ich der Lehre von Verdross und Guggenheim folge.

[5] Gegen diese auch *Rabe*: Verordnungsrecht, S. 29; *Badura*: Bewahrung und Veränderung, Leitsatz 16 a; *Ipsen*, Hans Peter: Das Verhältnis des Rechts der Europäischen Gemeinschaften zum nationalen Recht, Abhandlungen aus dem Gesamten Bürgerlichen Recht, Handelsrecht und Wirtschaftsrecht, Heft 29, S. 1—27, Stuttgart 1965, S. 2 ff.

[6] *Partsch*, Karl Josef: Die Anwendung des Völkerrechts im innerstaatlichen Recht, Heft 6 der Berichte der Deutschen Gesellschaft für Völkerrecht, Karlsruhe 1964, S. 15.

[7] *Wengler*, Wilhelm: Völkerrecht, Berlin-Göttingen-Heidelberg 1964, S. 435 für den Gesetzgeber. Sehr deutlich hat *Ipsen*, Hans Peter: Europäisches Gemeinschaftsrecht, NJW 1964, S. 339—343, S. 340 linke Spalte in einem zwar „primitiven" aber einprägsamen Bild die Unterschiede dargelegt.

[8] *Wengler*: Völkerrecht, S. 77 ff. Unverständlich ist daher die Ansicht Schlochauers, das supranationale Recht sei kein „Parallel-Landesrecht" mehr, sondern eine einheitlich geltende Rechtsordnung, Verhältnis, S. 26. Denn bei Transformation kann nur Parallel-Landesrecht entstehen, wenn auch einfacher als etwa die Scheckordnung, die entsprechend dem Vertrag umgeschrieben wurde, durch einfachen Verweis. Der Unternehmer gehorcht nach der Transformationsthese nur parallelen staatlichen Rechtssätzen.

[9] In diesem Sinne spricht auch *Erler*: Öffentliche Gewalt, S. 8 von „Anerkennung einer transnationalen Direktwirkung".

## § 14 Allgemeine Wirkung der Rechtssetzungsakte

nur vor staatlichen Gerichten gegen die Rechtsakte der Europäischen Gemeinschaften klagen. Gerade das aber können sie nicht. Der europäische Gerichtshof ist vielmehr allein zuständig, über die Gültigkeit derselben zu befinden, sei es durch direkte Entscheidung, sei es durch Vorabentscheidung[10]. Zu Recht bestimmen daher Art. 189 EWGV und Art. 161 EAGV, daß jede Verordnung „unmittelbar in jedem Mitgliedstaat" gilt. Sowohl an dieser Bestimmung als auch an der ausschließlichen Zuständigkeit des GH geht Schlochauer vorbei. Diese Bestimmungen enthalten die von Schlochauer vermißten „entsprechenden Vorschriften", die in diesem Punkt die Ansicht rechtfertigen, „die Gemeinschaftsrechte verhielten sich zu den nationalen Rechtsordnungen der Mitgliedstaaten gemäß einer bundesstaatlichen Ordnung"[11].

Diese ausdrücklichen Bestimmungen sprechen auch gegen die Auffassung von Balladore Pallieri, der die Anwendung des Gemeinschaftsrechts analog der Anwendung von Recht anderer Staaten gemäß den Regeln des internationalen Privatrechts in einem Staat behandeln will[12]. Er beruft sich dabei vor allem darauf, daß, anders als in einem Bundesstaat, die Gemeinschaften keine eigene Macht zur Realisierung des von ihnen gesetzten Rechts haben[13]. Im übrigen müsse eine deutsche Rechtsregel vorliegen, auf die sich die Anwendungsmöglichkeit dieses Rechtes stützen könne. Würden die Zustimmungsgesetze „même contrairement à ses devoirs internationaux" von Deutschland zurückgezogen, falle die Autorität der Europäischen Gemeinschaften in Deutschland dahin[14]. Letzteres ist richtig. Denn das bedeutet den Austritt aus den Europäischen Gemeinschaften und erneute Abschließung nach außen, so daß die Undurchdringbarkeit wieder hergestellt wird. Aber auch aus einem Bundesstaat kann man „contrairement à ses devoirs" austreten. Das ist also kein Argument. Solange die Staaten aber in den Gemeinschaften stehen, haben die Zustimmungsgesetze nur die oben in der Auseinandersetzung mit Schlochauer bezeichneten Inhalt. Sicherlich haben die Europäischen Gemeinschaften Rechtssetzungsbefugnisse in Deutschland nur, weil dieses Mitglied der Europäischen Gemeinschaften ist; aber der Bund hat auch nur deswegen Gesetz-

---

[10] *Erler*: Öffentliche Gewalt, S. 35 ff. Bezeichnenderweise hat sich das FG Neustadt in seiner Vorlage an das BVerfG nicht gegen eine spezielle Verordnung der EWG, sondern gegen das staatliche Zustimmungsgesetz zum EWG-Vertrag gewandt, DöV 1964, S. 306 mit Anmerkung von K. H. Klein.
[11] Verhältnis, S. 27.
[12] *Balladore Pallieri*, Giorgio: Les pouvoirs des organisations économiques européennes à l'intérieur des Etats membres, ZaöRV 23, S. 473—484.
[13] Pouvoirs, S. 482.
[14] Pouvoirs, S. 481. Übrigens beruhte auch die Donaukommission, die Balladore Pallieri als Beispiel föderativer Organisation den Europäischen Gemeinschaften entgegenzustellen versucht, womit er aber ziemlich allein steht, auf Vereinbarung.

gebungsrechte für Bayern, weil dieses Mitglied der BRD ist. Die Regeln des internationalen Privatrechts sind ganz anderer Art. Sie beruhen auf der Vertragsfreiheit. Statt die Parteien zu zwingen, die Vertragsbedingungen niederzuschreiben, dürfen sie auf das andere Recht verweisen. Was schließlich die Ausführung der Rechtssätze angeht, so ist z. B. in Deutschland die Ausführung der Bundesgesetze grundsätzlich den Ländern als eigene Angelegenheit übertragen. Außerdem gibt es die von den Ländern aus eigener Autorität durch Gesetze und Verordnungen auszufüllenden Rahmengesetze. Auch das ist also in der föderalen Struktur vorhanden. Daß der Bund bei weitem stärkere Aufsichtsrechte hat, ja u. U. selbst eingreifen kann, unterscheidet ihn von den Europäischen Gemeinschaften nicht nur quantitativ, sondern auch qualitativ. Aber im Vergleich zu den Europäischen Gemeinschaften ist in diesem Punkt das erste Element entscheidend.

Die Wirkung der Rechtssätze der Europäischen Gemeinschaften tritt also unmittelbar ein. Es entsteht ein eigenes Gemeinschaftsrecht[15], eine eigene Gemeinschaftsordnung. Wie es sich zum Staatsrecht verhält, ist im folgenden Paragraphen zu erörtern. Dann ist auch die von Balladore Pallieri aufgeworfene Frage zu klären, ob die Staaten durch Gesetz Gemeinschaftsrecht annullieren können[16].

### § 15 Gemeinschaftsrecht und Staatsrecht

Das Verhältnis von Gemeinschaftsrecht und Staatsrecht ist von zwei Seiten her zu betrachten: Von den Gemeinschaften her stellt sich vor allem die Frage, ob bei der Ausübung der Gemeinschaftsbefugnisse eine Bindung an die Verfassungen der Mitgliedstaaten besteht. Für die Staaten ist die Frage, ob das Gemeinschaftsrecht das staatliche Recht verdrängt und wenn ja, in welchem Außmaße.

*a) Bindung der Gemeinschaftsorgane an staatliches Verfassungsrecht*

Eine Bindung der Gemeinschaftsorgane an die Verfassungen der Mitgliedstaaten wäre zu bejahen, wenn die Befugnisse der Europäischen

---

[15] Ich ziehe diesen einfachen Begriff den verschiedenen komplizierten Begriffen wie „internes Staatengemeinschaftsrecht" und dergleichen vor. Niemand redet z. B. vom „internen Staatsrecht", außer in bestimmten Fällen. *Verdross* hat zudem diesen Begriff eindeutig nur auf das innerorganisatorische Recht bezogen, d. h. das die Bediensteten etc. betreffende Recht.
[16] In den Lehren von einer irgendwie gearteten Transformation macht sich deutlich eine bestimmte Vorstellung vom Staat bemerkbar, die Änderungen einfach umkonstruiert, um sie nicht anerkennen zu müssen. Das ist ideologisches Verhalten, das im Recht zum Hilfsmittel der Fiktion greift. Der Zusammenhang von Ideologie und Fiktion findet sich in jedem Bereich des Rechts. Das bekannteste Beispiel ist § 1589 Abs. 2 BGB. Ihm im einzelnen nachzugehen, muß einer späteren Arbeit vorbehalten bleiben.

## § 15 Gemeinschaftsrecht und Staatsrecht

Gemeinschaften aus abgetretenem Recht herrührten, da sie dann nur „cum onore suo" übertragen werden konnten. Oben ist aber dargelegt worden, daß die Befugnisse der Europäischen Gemeinschaften originärer Art sind. Eine unmittelbare Bindung der Organe der Gemeinschaften an die staatlichen Verfassungen besteht daher nicht. Nur die Gründungsverträge, in denen die Zuständigkeiten hinlänglich beschrieben sind, berechtigen und verpflichten die Organe der Europäischen Gemeinschaften bei ihrer Tätigkeit[1].

Sowohl die Ministerräte wie die Direktorien handeln „nach Maßgabe" der jeweiligen Gründungsvereinbarung[2]. Aber auch dem Gerichtshof ist lediglich die „Auslegung und Anwendung" der entsprechenden Vereinbarung zur Überwachung anvertraut[3]. Die Konsequenzen hat zuletzt wieder Friauf dargelegt[4]: Gewaltenteilungsprinzip, Rechtsschutz und Grundrechte in der im GG ausgebildeten Erscheinung stehen im Bereich der Europäischen Gemeinschaften dem Bürger nicht zu seinem Schutz zur Verfügung. Es ist ein Raum hoheitlicher Tätigkeit entstanden, dessen Sicherungen für den rechtsunterworfenen Bundesbürger auf anderer Ebene liegen als die Sicherungen gegen die hoheitliche Tätigkeit in der Bundesrepublik; ob sie schlecht sind, bedarf einer gesonderten Untersuchung.

Die MRK des Europarates bindet die Europäischen Gemeinschaften weder unmittelbar noch mittelbar. Denn die Gemeinschaften sind weder Partner derselben, können es, da sie keine Staaten sind, gar nicht sein, noch haben alle Mitgliedstaaten sie ratifiziert. Es fehlt Frankreich[5]. Unmittelbaren Schutz gewähren daher nur die ausdrücklichen oder immanenten Sicherungen der Gründungsverträge.

Man versucht nunmehr mittelbar die Sicherungen der Verfassungen der Mitgliedstaaten in die Ausübung der Gemeinschaftsbefugnisse einzuschließen; denn die beschriebene Lage ist gerade für den deutschen „Marktbürger" u. U. sehr mißlich.

---

[1] So die allgemein h. L.; z. B.: *Krüger*: Herkunft, S. 725; *Erler*: Öffentliche Gewalt, S. 33 ff.; *Thieme*: Öffentliche Gewalt, S. 51; *Maunz-Dürig*: Art. 24, Anm. 76; *Rabe*: Verordnungsrecht, S. 127.
[2] Art. 14, 26 EGKSV; Art. 145, 155, 189 EWGV; Art. 16, 115, 124 EAGV.
[3] Art. 31, 33 EGKSV; Art. 164, 173 EWGV; Art. 136, 146 EAGV; siehe auch *Daig*: Gerichtsbarkeit, S. 154; *Ophüls*, Carl Friedrich: Die Geltungsnormen des Europäischen Gemeinschaftsrechts, Festschrift für Otto Riese, S. 1—26, Karlsruhe 1964, S. 22; z. B. SRGH VIII S. 21 u. SRGH VIII S. 110. In der letztgenannten Entscheidung betont der GH, daß Gemeinschaftsrecht und Staatsrecht zwei „selbständige, voneinander verschiedene Rechtsmassen sind".
[4] Problematik S. 784, vorher bereits Referate und Aussprache, VVdtStRL, Heft 18.
[5] Darauf gingen die Befürworter auf der Staatsrechtslehrertagung 1959 trotz ausdrücklichen Hinweises von *Erler*, S. 84 nicht ein, *v. d. Heydte*: VVdtStRL Heft 18, S. 83, 84; *Pfeifer*, S. 85.

Insbesondere Krüger[6] und Friauf[7] haben entsprechende Theorien entwickelt[8]. Allerdings meint Krüger lediglich, daß „die Gewalt" der Europäischen Gemeinschaften nicht „unverfaßt" sein, sondern nur verfaßt und verrechtlicht auftreten könne.

Das ist auch der Fall, wenn keine Bindung an die Verfassungen besteht, da die Gemeinschaftsgewalt nur in den begrenzten Einzelzuständigkeiten, wie sie die Verträge festlegen, sich betätigen kann. Ein Schluß auf irgendwelche darüber hinausgehende Bindungen ist nicht notwendig; denn Verfaßtheit und Verrechtlichung von Gewalt kann nur heißen, daß sie nicht willkürlich und beliebig ausgeübt wird[9], sondern voraussehbar ist. Der Schluß, daß die höchsten Verfassungsgrundsätze auch nur eines Mitgliedstaates, z. B. Art. 19 Abs. 4 GG, gleichsam beim Entstehungsvorgang der Europäischen Gemeinschaften mit einfließen, ist nicht begründet[10]. Es hat Rechtsstaaten ohne Art. 19 Abs. 4 GG gegeben und gibt sie noch. Was als Minimum notwendig ist, ist völlig ungewiß[11]. Es gibt schließlich nicht nur das Wort vom „königlichen" Art. 19 Abs. 4 GG, sondern auch das vom „Rechtswegestaat".

Eine enge indirekte Bindung der Gemeinschaftsorgane an die Verfassungen der Einzelstaaten versucht Friauf herzustellen[12]. Er beruft sich dabei einerseits auf die These Krügers von der notwendigen Verfaßtheit der Gemeinschaftsgewalt[13]. Andererseits stützt er sich darauf, daß die Gemeinschaftsbefugnisse auf den Willen der Staaten zurückgehen. Zwar seien sie originär entstanden[14], aber sie seien doch aus der Staatsgewalt „abgeleitet", sie „rührten aus der nationalen Sphäre her"[15]. Die Staaten könnten aber ihrerseits nicht über ihre Verfassungen hinausgehen, auch bei der Begründung der Gemeinschaften und ihrer Aus-

---

[6] Herkunft, S. 725 f.
[7] *Friauf*: Staatenvertretung, S. 95—101; ders.: Die Notwendigkeit einer verfassungskonformen Auslegung im Recht der westeuropäischen Gemeinschaften, AöR 85 (1960) S. 224—235; Problematik, S. 787 ff.
[8] Es geht auch hier nicht um die Frage, unter welchen Voraussetzungen Art. 24 Abs. 1 GG die Mitwirkung bei der Gründung einer zwischenstaatlichen Gemeinschaft und deren Ausstattung mit derartigen Befugnissen gestattet, also um die Frage der „strukturellen Kongruenz". Das ist eine Frage des Verfassungsrechts. Die in diesem Paragraphen behandelte Frage gehört aber dem Gemeinschaftsrecht zu.
[9] „Richtigkeit", „Verhältnismäßigkeit" sind letztlich Leerformeln, die auf etwas durch sie selbst nicht Ausgesagtes, außerhalb ihrer selbst Stehendes bezogen werden müssen.
[10] Dagegen auch *Erler*: Öffentliche Gewalt, S. 36.
[11] Auch *Erler*: Öffentliche Gewalt, S. 46.
[12] Staatenvertretung, S. 95 ff.; Notwendigkeit, S. 224 ff.
[13] Notwendigkeit, S. 785 ff., S. 227.
[14] Problematik, S. 785.
[15] Notwendigkeit, S. 226, S. 231.

§ 15 Gemeinschaftsrecht und Staatsrecht   105

stattung mit Befugnissen nicht. Sie hätten den neugeschaffenen öffentlichen, hoheitlichen Befugnissen nicht mehr Raum im internen Bereich gewähren können, als sie selbst hätten. Denn auch die Direktwirkung der Rechtsbefehle der Gemeinschaften innerhalb der Staaten beruhe auf einem innerstaatlichen „Anwendungsbefehl". „Daher kann sich eine interne Geltung nur aus den Vorschriften der einzelnen Verfassungen herleiten. Es erscheint ausgeschlossen, daß eine Verfassung den Anwendungsbefehl auch dann erteilt, wenn dem in Frage stehenden Gemeinschaftsakt Vertragsbestimmungen zugrunde liegen, die den von ihr selbst aufgestellten Anforderungen nicht entsprechen[16]." Solche Akte seien dann unwirksam. Nur insoweit könnten die Gemeinschaften tätig werden, als sie Anforderungen der Verfassungen erfüllten. Sie fließen nach Friaufs Auffassung faktisch mit den übertragenen Sachbereichen mit in die Gemeinschaften ein[17]. Diese Anforderungen zieht nun Friauf in Übereinstimmung mit Thieme sehr weit. Thieme geht über den Mindestbestand des Art. 79 Abs. 3 GG hinaus[18]. Insbesondere verneint er die Frage, ob im Wege des Art. 24 Abs. 1 GG in die Grundrechte eingegriffen werden dürfe[19]. Friauf selbst bejaht z. B. die Anwendung des Art. 80 GG[20]. Bleiben so die nationalen Verfassungen der „ausschlaggebende Maßstab"[21] für die Wirksamkeit der Rechtsakte, so ergibt sich, daß die Organe eine „verfassungskonforme Auslegung" ihrer Befugnisse üben müßten[22]; denn sie dürften den Mitgliedstaaten „nicht eine Auslegung der Verträge aufzwingen, die sie nicht gewollt haben und auf Grund ihrer verfassungsrechtlichen Bindungen nicht einmal wollen konnten"[23]. Jedoch nicht die Mehrheit der Verfassungen sei entscheidend, sondern die Übereinstimmung mit allen Verfassungen müsse erreicht werden. Das sei aber erst der Fall, wenn auch den strengsten Anforderungen Genüge getan sei[24]. Es gelte das „Gesetz des Minimums". Das Ergebnis dieser Theorie ist also, daß die jeweils engsten Schranken einer nationalen Verfassung der Ausübung öffentlicher Gewalt gelten. Die Gründungsverträge und ihre Kompetenzvorschriften werden überlagert von diesen Schranken. Die Organe haben nicht nur das eigene Gemeinschaftsrecht, sondern auch sämtliche nationalen Verfassungen zu beachten. Ich sehe nicht, wo der Unterschied zwischen einer „unmittelbaren

---

[16] Problematik, S. 785.
[17] Problematik, S. 787.
[18] Öffentliche Gewalt, S. 58.
[19] Öffentliche Gewalt, S. 62.
[20] Staatenvertretung, S. 100.
[21] Problematik, S. 786.
[22] Notwendigkeit, S. 229 ff.; Staatenvertretung, S. 95 ff., noch nicht so eindeutig. Diesen Thesen schließt sich an *Ehle*, Dietrich: Verfassungskontrolle und Gemeinschaftsrecht, NJW 1964, S. 321—327, S. 322.
[23] Notwendigkeit, S. 232.
[24] Staatenvertretung, S. 100; Notwendigkeit, S. 234.

Bindung" und einem „beachten müssen" mit Androhung der internen Unwirksamkeit[25] liegen soll. Eine deutsche Behörde ist jedenfalls deswegen zur verfassungskonformen Auslegung verpflichtet, weil sie unmittelbar gebunden ist. Zweifelhaft wird die ganze Theorie aber endgültig durch ein besonders eigentümliches Ergebnis: Nicht die franz. Verfassung von 1958, sondern die von 1946 ist zur Auslegung heranzuziehen, weil die Gründungsverträge unter ihr ratifiziert wurden. Man fragt sich vergeblich, wie eine Verfassungskonformität herauskommen soll, wenn nicht die geltende, sondern eine längst obsolete Verfassung maßgebend sein soll. Andererseits ist aber Friaufs These insofern durchaus konsequent, als es nicht möglich ist, einen völkerrechtlichen Vertrag unter dem Vorbehalt zukünftiger Verfassungen abzuschließen. Denn anders als bei der Änderung eines die Privatrechtsverträge regierenden Gesetzes ist die Verfassungsänderung von dem Willen und damit der Willkür eines Vertragsteiles abhängig. Das Völkerrecht kümmert sich daher nicht um das Verfassungsrecht der einzelnen Vertragspartner[26].

Mit überzeugenden Gründen hat Rabe inzwischen die Theorie Friaufs widerlegt[27]. Es wurde bereits darauf hingewiesen, daß allein aus der Tatsache der Verfaßtheit und Verrechtlichung öffentlicher Gewalt derartige Schlüsse, wie Friauf sie zieht, nicht gezogen werden können. Dasselbe gilt für das Prinzip der strukturellen Kongruenz. Rabe weist zu Recht darauf hin, daß dieses Prinzip nicht die völlige Entsprechung in institutioneller und funktioneller Hinsicht des „Geschöpfes" mit dem Vorbild verlange[28]. Der sehr engen Bindung, die Thieme bejaht, wird auch im allgemeinen in der Theorie nicht gefolgt. Vielmehr wird allgemein anerkannt, daß der Spielraum nach Art. 24 Abs. 1 GG weit sei[29]. Es sei der als Verfassungsprinzip gestaltgewordene Wille zur Internationalisierung zu berücksichtigen. Der Bereich absolut unantastbarer Verfassungsprinzipien sei sehr eng. Aber grundsätzlicher richtet sich Rabes Kritik gegen die „verfassungskonforme Auslegung" mit dem Hinweis darauf, daß dieser im übrigen anfechtbare Glaubenssatz in den anderen

---

[25] Einen solchen Unterschied will *Friauf*: Notwendigkeit, S. 232, machen.

[26] Das gilt ganz allgemein für das Völkerrecht: *Dahm*: Völkerrecht III S. 211 f. Durchaus folgerichtig hat daher das BVerfG im Konkordatsurteil festgestellt, daß weder das Gericht noch das Grundgesetz selbst über die völkerrechtliche Gültigkeit eines unter einer anderen Verfassung geschlossenen Vertrages befinden könne, BVerfG 6,326, 341.

[27] Verordnungsrecht, S. 118—129. Gegen eine Bindung an das nationale Verfassungsrecht auch *Badura*, Peter: Mitbericht, Tagung der VdtStRL Kiel 1964, Leitsatz 16 b.

[28] Verordnungsrecht, S. 124, h. L. siehe z. B. *Erler*: Öffentliche Gewalt, S. 42.

[29] *Erler*: ibid.; *Menzel*: Diskussionsbeitrag VVdtStRL, Heft 18, S. 98 f.; *Kaiser* will sogar Art. 20 GG als überspringbar ansehen: Bewahrung und Veränderung demokratischer und rechtsstaatlicher Verfassungsstruktur in den internationalen Gemeinschaften, Bericht auf der Tagung der VdtStRL 1964, Leitsatz 3; weiter auch wohl *Badura*: Leitsatz 7.

§ 15 Gemeinschaftsrecht und Staatsrecht 107

Ländern nicht gelte[30], also selbst Staatsrecht eines Mitgliedstaates, nicht aber Gemeinschaftsrecht sei. Im Grunde tauche aber, man muß hinzufügen, entgegen Friaufs Auffassung[31], doch die Hypothekentheorie auf, wenn die Verfassung mit den strengsten Anforderungen maßgebend werde. Diese aber sei, wie Rabe zu Recht betont, mit dem originären Erwerb der Gemeinschaftsbefugnisse nicht vereinbar. Es ist daher auch nicht mit dieser von Friauf selbst gebilligten Theorie[32] vereinbar, wenn er behauptet, „die interne Geltung könne sich nur aus den Vorschriften der einzelnen Verfassungen herleiten"[33], weil das Gemeinschaftsrecht des innerstaatlichen „Anwendungsbefehls" bedürfe. Das ist in Wahrheit Verneinung der Direktwirkung und Bejahung der Transformation. Im übrigen würden dadurch den anderen Staaten, die kraft ihrer Verfassung weitere Befugnisse hätten einräumen können und wollen, eine Auslegung aufgezwungen, die nun ihrerseits sie nicht gewollt hätten[34].

Das Prinzip der verfassungskonformen Auslegung mit dem „Gesetz des Minimums" ist unanwendbar. Es beraubt angesichts der bis in wichtige Einzelheiten hinein bestehenden Verschiedenheiten der Staatsverfassungen die Gemeinschaften der Einheitlichkeit ihrer Befugnisse. Rechtsstaatlichkeit ist ein allgemeiner Grundbegriff. Seine sechsmaligen, nach der franz. Verfassungsänderung siebenmaligen historischen Ausprägungen können nicht Maßstäbe für das eigenständige Gemeinschaftsrecht sein, sondern nur Erkenntnisquellen für die dahinterstehenden Prinzipien und allgemeinen Rechtsgrundsätze. Gerade aber die „Menschen- und Bürgerrechte" bilden in der einen oder anderen schriftlich ausgestalteten Form einen integralen, notwendigen Bestandteil jeder staatlichen Ordnung der sechs Mitgliedstaaten. Sie bilden eine gemeinsame europäische Rechtsüberzeugung. Jede Ausübung öffentlicher Gewalt in den sechs Mitgliedstaaten ist an sie gebunden, wenn diese Bindung auch tatsächlich in den Ländern nicht durchsetzbar ist, die keine Kontrolle der Verfassungsmäßigkeit von Normen und Rechtsakten kennen[35]. Es handelt sich bei den Menschenrechten somit um allgemeine europäische Rechtsgrundsätze, d. h. um unmittelbar geltende und bindende Normen. Sie sind positive Normen, wenn auch ungeschrieben[36].

---

[30] Verordnungsrecht, S. 127.
[31] Problematik, S. 785.
[32] *Friauf:* Problematik, S. 785.
[33] ibid.
[34] Verordnungsrecht, S. 128.
[35] So z. B. Belgien: Les conséquences d'ordre interne de la participation de la Belgique aux organisations internationales, par une Commission d'études interuniversitaire, La Haye 1964, S. 169, 172.
[36] *Wolff,* Hans J.: Rechtsgrundsätze und verfassungsgestaltende Grundentscheidungen als Rechtsquellen, Gedächtnisschrift für Walter Jellinek, S. 33—52, München 1955, S. 38.

Die einzelstaatlichen Menschen- oder Grundrechte sind Erkenntnisquellen dieser Rechtsquellen. Es findet insoweit also nicht etwa eine analoge Anwendung statt. Es mag dahingestellt bleiben, ob das im allgemeinen Völkerrecht auch der Fall ist[37]. Bei den Europäischen Gemeinschaften handelt es sich um die organisatorische Einigung eines sehr engen Kultur- und Rechtskreises. Die Rechtsgrundsätze, die durch die Menschen- und Grundrechte der Mitgliedstaaten in das geschriebene Recht der Einzelstaaten in bestimmter, aber jeweils verschiedener Form eingegangen sind, sind hinsichtlich eines Teiles, des wichtigsten, „allgemeine Rechtsgrundsätze". D. h. sie „sind Ableitungen aus dem Rechtsprinzip hinsichtlich solcher allgemeinen und typischen Situationen und Interessenlagen, die lediglich bedingt sind durch die Existenz einer Vielheit von Menschen. Damit knüpfen sie an keine weiteren sozialen Gegebenheiten als an solche, die auch Voraussetzung einer Rechtsordnung überhaupt sind. Die hier in Betracht gezogenen Interessen sind daher zeitlich und volklich konstant, und die allgemeinen Rechtsgrundsätze entstehen zugleich mit einer jeden zwischenstaatlichen Rechtsordnung[38]." Dazu gehört vor allem der Gleichheitssatz. M. E. ist der Gerichtshof verpflichtet, diesen bei der Überprüfung der Rechtsakte der Gemeinschaftsorgane zu beachten. Andere, der überwiegende Teil, sind besondere Rechtsgrundsätze[39], die aus der besonderen europäischen Tradition erwachsen sind[40]. Die Gründungsverträge sind in einem Rechtsraum geschlossen worden, in dem diese Rechtsgrundsätze bereits galten, positives Recht waren, unabhängig von der MRK und den staatlichen Einzelnormierungen. Auch völkerrechtliche Verträge stehen nicht im rechtsleeren Raum; Art. 38c des Statuts des IGH und was dazu gesagt worden ist[41], beweist es hinlänglich. Die Europäischen Gemeinschaften sind aber noch mehr. Sie sind Institutionen, die selbst öffentliche Gewalt in einer vorgeprägten, rechtlich bereits bis zu einem gewissen Grad vorgeformten Lage wahrnehmen. Sie sind europäisch. Ihnen ist daher vorgegeben, was an gemeinem Europäischen Recht vorhanden und nicht ausdrücklich außer Kraft gesetzt ist. Diese Rechtsgrundsätze gehören zu den „gemeineuropäischen Rechts- und Gerechtigkeitsvorstellungen"[42], sie gehören zu

---

[37] Siehe dazu: *Jaenicke,* Günther: Völkerrechtsquellen, Wörterbuch für Völkerrecht III, S. 766—775, S. 770 f.

[38] *Wolff:* Rechtsgrundsätze, S. 39.

[39] *Wolff:* Rechtsgrundsätze, S. 40 f.

[40] Sie sind insofern auch „allgemein", als sie für das Gebiet der sechs Staaten gelten, aber „besonders", weil sie aus den in diesem Raum vorhandenen Strukturen erwachsen sind.

[41] So gibt *Jaenicke:* Völkerrechtsquellen, S. 773 den Rechtsgrundsätzen ausdrücklich einen Rang, der u. U. über dem der Verträge steht.

[42] *Bärmann,* Johannes: Die Europäischen Gemeinschaften und die Rechtsangleichung, JZ 1959, S. 553—560, S. 559.

jenen Prinzipien „qui caractérisent un stade déterminé de civilisation"[43]. Die Gemeinschaften bestehen nicht voraussetzungslos. Nur ein extremer Positivismus kann leugnen, daß ihnen „ungeschriebenes Verfassungsrecht" zu eigen ist[44] wie den Staaten. Aber es kann nicht nach dem Gesetz des Minimums gefunden werden, sondern lediglich in dem die Anerkennung bestimmter Regeln in den sechs Mitgliedstaaten festgestellt wird im Wege des Vergleichs und der Wertung[45]. Es ist ein ähnliches Verfahren einzuschlagen, wie es für Art. 38c des Statuts des IGH entwickelt wurde, um die allgemeinen Rechtsgrundsätze festzustellen. Nur kann man dabei wesentlich weiterkommen, da die Homogenität der sechs Mitgliedstaaten der Europäischen Gemeinschaften viel größer ist, ja sein muß. Systematisch sind diese Rechtsgrundsätze bei den „bei seiner (des Vertrages) Durchführung anzuwendenden Rechtsnormen"[46] einzuordnen. Damit ist sowohl den die Rechtsakte erlassenden Organen wie dem Gerichtshof die Pflicht auferlegt, den Vertrag so anzuwenden, was nur heißen kann, die eingeräumten Zuständigkeiten so auszuüben, daß die Rechtsgrundsätze nicht verletzt werden. Bebr sieht in diesen Rechtsnormen allerdings nur die von den Organen erlassenen allgemeinen Akte[47]. Aber das sind nicht bei „der Durchführung anzuwendende Normen", sondern bei der Durchführung entstehende Normen, also was oben als vertragsausfüllende und vertragsdurchführende Normen bezeichnet wurde[48]. Bei der Durchführung anzuwendende Rechtsnormen sind ranggleich neben den Verträgen stehende Rechtsquellen, die mit

---

[43] *Catalano:* Manuel, S. 107.

[44] Wie hier *Thieme:* Öffentliche Gewalt, S. 53; a. M. *Münch:* Abgrenzung, S. 76, u. *Erler:* Öffentliche Gewalt, S. 33.

[45] Ähnlich sieht auch *Thieme:* Öffentliche Gewalt, S. 53 f. die Grundrechte als bindendes Vorgemeinschaftsrecht an. Allerdings spricht er von einem „übereinstimmend festgelegten Vorrang der Grundrechte" (S. 54). Da jedenfalls Belgien einen solchen zumindest de facto mangels Überprüfung von Gesetzen an der Verfassung nicht kennt, kann darauf nicht abgestellt werden. Außerdem werden sich kaum völlig inhaltsgleiche Grundrechte feststellen lassen. Auf die allgemeinen Rechtsgrundsätze greift auch *Hallstein* in der in § 10 Fußn. 3 erwähnten Debatte zurück, S. 729. Vorher hat er behauptet, die Grundrechte seien „de facto beträchtlich erweitert". Das begegnet grundsätzlichem Zweifel, da eine neue hoheitliche Form ausgebildet wird. Außerdem ist die Formulierung *Hallsteins* mitsamt den angeführten Beispielen doch zu vage und allgemein. Es bedarf des Nachweises im jeweils konkreten Fall. Abgesehen davon haben die von *Hallstein* zitierten Rechtssätze zum Diskriminierungsverbot, zur Niederlassungsfreiheit etc. nicht Grundrechtscharakter.

[46] Art. 33 EGKSV; Art. 173 EWGV; Art. 146 EAGV.

[47] *Bebr,* Gerhard: Judicial Control of the European Communities, London 1962, S. 89/90; so auch noch andere Autoren.

[48] Gegen die Beschränkung der genannten Vorschriften auf sekundäres Gemeinschaftsrecht auch: *Lagrange,* Maurice: La Cour de Justice de la Communauté Européenne du Charbon et de L'Acier, RDP Bd. 70 (1954), S. 417—437, S. 424; *Catalano:* Manuel, S. 106.

deren Normen zusammen angewandt werden müssen. Die Rechtsgrundsätze sind daher als Rechtsquelle der Gemeinschaften anerkannt[49].

Dieser Verweis auf die Rechtsgrundsätze, die ein „ungeschriebenes Verfassungsrecht" der Europäischen Gemeinschaften bilden, kann die Lücken gegenüber dem Schutz des GG nicht ganz füllen. Aber die Bindung der Gemeinschaftsorgane an die Verfassungen der Staaten muß notwendigerweise die Einheit sprengen. Man hätte bei der Gründung der Europäischen Gemeinschaften mehr darauf achten müssen, daß Grundrechtsverletzungen etc. ausgeschlossen sind. Das ist nicht geschehen. Daher muß der Einheit seitens der Gemeinschaftsorgane der Vorrang gegeben werden.

### b) Bindung der Staatsorgane an das Gemeinschaftsrecht

1. Ophüls versucht das Verhältnis von gemeinschaftlichem und staatlichem Recht durch den Kompetenzvorrang[50] der Gemeinschaften zu lösen[51]. Nach seiner Auffassung haben die Gemeinschaften ausschließliche Kompetenzen erhalten. Soweit diese reichen, fehle es den Staaten an Kompetenzen. Eine von den Staaten erlassene Norm entbehre der Geltungsnorm und sei infolgedessen nichtig. Entscheidungsbefugt sei der GH im Wege der Vorabentscheidung. Wenn er die Gültigkeit einer gemeinschaftlichen Norm feststelle, sei damit die Ungültigkeit der staat-

---

[49] So auch zuletzt mit vielfachen Nachweisen: *Tomuschat*, Christian: Die gerichtliche Vorabentscheidung nach den Verträgen über die europäischen Gemeinschaften, Köln-Berlin 1964, S. 18 f.; *Lagrange*: Cour, S. 424; *Catalano*: Manuel, S. 107. Zur Anwendung des Gleichheitssatzes siehe neuerdings: *Steindorff*, Ernst: Der Gleichheitssatz im Wirtschaftsrecht des Gemeinsamen Marktes, Berlin 1965.

[50] Ich übernehme die Ausdrücke Kompetenzvorrang und Anwendungsvorrang von *Jaenicke*, Günther: Das Verhältnis zwischen Gemeinschaftsrecht und nationalem Recht in der Agrarmarktorganisation der Europäischen Wirtschaftsgemeinschaft, ZaöRV, Bd. 23 (1963) S. 485—535, S. 520 f.

[51] *Ophüls*, C. F.: Quellen und Aufbau des Europäischen Gemeinschaftsrechts, NJW 1963, S. 1697—1701, S. 1700; ders.: Geltungsnormen, S. 21; *Maunz-Dürig*: Art. 24 Anm. 10 (*Maunz*); ebenso *Friauf*: Staatenvertretung, S. 27; ohne weitere Gründe nimmt *Fuss*, Ernst-Werner: Zur Rechtsstaatlichkeit der Europäischen Gemeinschaften, DöV 1964, S. 577—587, S. 586 Fußn. 136 Konkurrenzverhältnis mit Kompetenzsperre durch die Gemeinschaften an; *Dehousse* in der § 10 Fußn. 3 erwähnten Debatte, S. 689, und auch andere Sprecher wie *van der Goes van Naters*. Die ganze Debatte war von großem Idealismus getragen, aber zu Recht hatte *Dehousse* bereits am Anfang derselben gesagt, daß das Europäische Parlament über das Verhältnis, das zur Debatte stand, keinen endgültigen Beschluß fassen könne; denn es könne keinen bindenden Rechtssatz etwa „Gemeinschaftsrecht bricht Staatsrecht" erlassen. Im Grunde ist das daher kein Gegenstand für eine parlamentarische Debatte; denn das Parlament ist kein wissenschaftliches Forum, sondern soll ein Ort politischer Entscheidung sein. Daß das Europäische Parlament in solche, im wahrsten Sinne des Wortes akademische Debatten flieht, zeigt seine Stellung am deutlichsten.

## § 15 Gemeinschaftsrecht und Staatsrecht

lichen Norm mit festgestellt[52]. Die Frage nach dem Anwendungsvorrang ist aber nur dann zu stellen, wenn ein Kompetenzvorrang der Europäischen Gemeinschaften nicht besteht, sondern „kumulativ konkurrierende Zuständigkeiten"[53] vorliegen. Auch eine einfache Konkurrenz mit Kompetenzsperre, wie sie in der Bundesrepublik gem. Art. 72 Abs. 1 GG besteht, würde einen Kompetenzvorrang begründen.

Für einen Kompetenzvorrang ergibt sich aber aus den Verträgen nichts. Ausdrückliche Vorschriften fehlen. In Betracht kämen im Wege der Auslegung die Treueklauseln[54]. Aber diese legen nur die Pflicht fest, sich der Setzung gemeinschaftsrechtswidrigen staatlichen Rechts zu enthalten. Sie entziehen den Staaten weder eine Kompetenz, noch errichten sie eine Kompetenzsperre. Auch aus der „unmittelbaren" Geltung der gemeinschaftlichen Rechtssetzung[55] geht kein Kompetenzvorrang hervor[56]. Jaenicke kommt sogar zu dem Schluß, daß das Schweigen des EWG-Vertrages zu dieser Frage, das würde aber auch für die beiden anderen Verträge gelten, gegen einen irgendwie gearteten Kompetenzvorrang spräche[57].

Ein Kompetenzvorrang kann auch nicht aus dem besonderen Rechtscharakter der Gemeinschaften abgeleitet werden. Schon für den Bundesstaat, eine über den Gemeinschaften stehende Stufe politischer Integration und Organisation, erscheint der Kompetenzvorrang nicht selbstverständlich[58]. Er wird ausdrücklich geregelt, z. B. in Art. 72 Abs. 1 GG. Denn die Gewalt des Bundes wie die der Staaten beruhen auf verschiedenen Grundlagen. Aber in jedem Falle kann der Kompetenzvorrang nicht für die Gemeinschaften in Anspruch genommen werden. Denn die Befugnisse der Europäischen Gemeinschaften sind ebenso originär wie die der Staaten. Sie entsprechen nicht den staatlichen Befugnissen in dem Sachbereich. Sie sind vor allem nicht wie die staatlichen Befugnisse Emanationen einer einheitlichen, ihnen vorhergehenden Staatsgewalt, sondern sie machen die Gemeinschaftsgewalt erst aus. Wenn sie entfallen, erlischt auch die Gemeinschaftsgewalt. Es besteht eine neue

---

[52] Geltungsnormen, S. 25 f.
[53] *v. Mangoldt-Klein:* Kommentar Art. 31 Anm. III 4, S. 759.
[54] Art. 86 EGKSV, Art. 5 EWGV, Art. 192 EAGV.
[55] Siehe oben § 14.
[56] *Ipsen:* Verhältnis, S. 19; *Jaenicke:* Agrarmarktorganisation, S. 523 ff.; unklar: GH 6/64, SRGH X S. 1270.
[57] *Jaenicke:* Agrarmarktorganisation, S. 523; a. A. *Maunz-Düring:* Art. 24 Anm. 10 (*Maunz*).
[58] *Krüger:* Herkunft, S. 725; nicht ganz klar *v. Mangoldt-Klein:* Kommentar Art. 31 Anm. III 4—8, der sich einerseits auf Bemerkungen Usteris beruft, der ein Konkurrenzverhältnis aus dem Begriff des Bundesstaates verneint, andererseits aber zur Begründung des Kompetenzvorrangs nur die positiven Bestimmungen des GG heranzieht.

öffentliche Gewalt neben der Staatsgewalt. Die Kompetenzen gehen den Staaten dadurch nicht verloren, weil eine Übertragung nicht stattgefunden hat. Wo sollten die Kompetenzen hin sein? Es wird Verzicht behauptet[59]. Das aber führt nicht zu einem Kompetenzvorrang, der von Bundes wegen, d. h. durch die übergeordnete Einheit geschaffen werden muß. Die Staatsgewalt besteht nicht aus Einzelkompetenzen, sie drückt sich nur in ihnen aus und wird in ihnen wirksam. Sie kann also auf Kompetenzen verzichten. Das bedeutet, daß sie sich entsprechender Handlungen enthält. Der Staat kann dazu verpflichtet sein. Die Treueklauseln sprechen eine solche Verpflichtung für den Bereich der Europäischen Gemeinschaften aus. Aber der Staat kann die Kompetenz wieder aufleben lassen. Gerade die Treueklauseln aber stellen klar, daß kein Kompetenzvorrang begründet wurde. Denn sie wären unnötig, wenn eine Ausschließlichkeit bestünde, weil sie dann ohne Gegenstand ins Leere fielen. Es ist daher von einer kumulativen Konkurrenz zwischen den Kompetenzen der Gemeinschaften und der Mitgliedstaaten auszugehen.

Dieses theoretische Ergebnis ist auch praktisch notwendig. Denn wie Jaenicke für die Regelung der Landwirtschaft dargelegt hat, sind die Kompetenzen der Mitgliedstaaten notwendig, um die Marktordnungen in vollem Umfang zu errichten. Mit Recht hält er es für „eine künstliche und unangemessene rechtliche Konstruktion", etwa von einer Delegation von der EWG auf die Mitgliedstaaten zu sprechen[60]. Das gleiche läßt sich auch für alle anderen Bereiche der drei Gemeinschaften nachweisen.

2. Da ein Kompetenzvorrang nicht besteht, ist nunmehr zu fragen, ob ein Anwendungsvorrang des Gemeinschaftsrechts besteht, und zwar sowohl gegenüber dem Gemeinschaftsrecht vorhergehenden wie gegenüber ihm nachfolgenden Recht. Allerdings wird das Verhältnis zum Verfassungsrecht im nächsten Abschnitt gesondert behandelt.

Die Gründungsverträge enthalten keine dem Art. 31 GG entsprechende Vorschrift „Gemeinschaftsrecht bricht nationales Recht". Auch andere Bestimmungen, die sich so verstehen ließen, sind nicht vorhanden. Die Treueklauseln der Verträge enthalten zwar die Verpflichtung, sich aller Akte, die das Gemeinschaftsrecht beeinträchtigen könnten, zu enthalten, aber gerade diese Vorschriften legen den Schluß nahe, daß wenn auch eine Vertragswidrigkeit, so doch keine innerstaatlich ungültige Norm entstehen würde, falls die Staaten dem Gemeinschaftsrecht widersprechendes Recht erließen[61].

---

[59] Insbesondere von *Ophüls*.
[60] *Jaenicke*: Agrarmarktorganisation, S. 524.
[61] *Carstens*, Karl: Der Rang der Europäischen Verordnungen gegenüber deutschen Rechtsnormen, Festschrift für Otto Riese, S. 65—81, Karlsruhe 1964, S. 71 f.

## § 15 Gemeinschaftsrecht und Staatsrecht

Auch aus dem besonderen Rechtscharakter der Europäischen Gemeinschaften folgt dieser Satz nicht. Zwar ist die h. M. der Ansicht, in einem Bund gelte der Satz „Bundesrecht bricht Landesrecht" mit Notwendigkeit[62]. Aber bereits die tatsächliche Rechtswirklichkeit widerlegt diese Behauptung: In dem Bundesstaat Österreich gilt er nicht[63]. Vielmehr bedarf er der positiven Setzung[64]. Das ergibt sich auch daraus, daß seine notwendige Geltung das Gleichgewicht zwischen zentraler Einheit und Gliedern erheblich gefährden würde, indem die Gesamteinheit ein Übergewicht erhielte. Unabhängig also von der rechtlichen Stellung der Gemeinschaften kann der mit dem Satz „Bundesrecht bricht Landesrecht" normierte Anwendungsvorrang nicht auf die Gemeinschaften angewandt werden[65].

Hinsichtlich des dem Gemeinschaftsrecht vorhergehenden staatlichen Rechts könnte man auf die Regel „lex posterior derogat legi priori" zurückgreifen. Das wird von verschiedenen Schriftstellern vorgeschlagen[66] und z. B. in Österreich praktiziert[67]. Aber diese Regel ist unanwendbar, weil sie bei jüngerem nationalen Recht gerade den gegenteiligen Effekt hervorruft. Denn für den nationalen Rechtsanwender gilt die „Vertragswidrigkeit" nicht, weil das den Vertrag transformierende Gesetz insoweit selbst derogiert wird[68]. Ipsen hat dargelegt, daß sich aus der unterschiedlichen Qualität von Gemeinschaftsrecht und nationalem

---

[62] *v. Mangoldt-Klein:* Kommentar Art. 31 Anm. II S. 755 ff. mit weiteren Nachweisen; *Erler:* Öffentliche Gewalt, S. 8; *Schmitt:* Verfassungslehre, S. 381, hält es für „etwas bundesstaatsrechtlich Selbstverständliches", daß Bundesrecht dem Landesrecht vorgehe. Allerdings will er das dann nur dahin verstanden wissen, daß es keiner besonderen Umschaltung mehr bedürfe, wenn der Bundesgesetzgeber Recht gebe. Das hat aber mit dem Vorrang nichts zu tun. Aus der unmittelbaren Wirkung allein läßt sich für die Vorrangfrage nichts entnehmen; im Gegenteil, erst in diesem Fall stellt sie sich. Bedürfte es einer Transformation, so würde die dabei entstehende staatliche Norm mit den anderen staatlichen Normen in das sonst übliche Verhältnis eintreten. Es bleibt daher unklar, was *Schmitt* mit der „Selbstverständlichkeit" meint: Den Vorrang oder die Unmittelbarkeit.

[63] *Kelsen,* Hans: Österreichisches Staatsrecht, Wien 1923, S. 38; *Helbing,* Ernst C.: Österreichische Verfassungs- und Verwaltungsgeschichte, Wien 1956, S. 382, 434.

[64] *Jaenicke:* Agrarmarktorganisation, S. 521; *Thieme:* Öffentliche Gewalt, S. 69.

[65] *Jaenicke:* Agrarmarktorganisation, S. 523; *Krüger:* Herkunft, S. 725; *Carstens:* Rang, S. 67 ff.; *Bülow,* Erich: Das Verhältnis des Rechts der europäischen Gemeinschaften zum nationalen Recht, Abhandlungen aus dem Gesamten Bürgerlichen Recht, Handelsrecht und Wirtschaftsrecht, 29. Heft, S. 28—59, Stuttgart 1965, S. 46; *Fuss:* Rechtsstaatlichkeit, S. 585.

[66] *Jaenicke:* Agrarmarktorganisation, S. 534; Conséquences, S. 179; *Carstens:* Rang, S. 74 f.

[67] Siehe Nachweise bei *Jaenicke:* Agrarmarktorganisation, S. 522.

[68] Mit Recht hat *Ipsen* auf diesen Effekt der Lex-posterior-Regel hingewiesen: Verhältnis, S. 13 f.

## § 15 Gemeinschaftsrecht und Staatsrecht

Recht und aus der Trennung beider die Unanwendbarkeit der lex posterior Regel ergibt[69]. Nur bei gleichem Wert, gleicher Qualität und gleichem Geltungsgrund könne die zeitliche Aufeinanderfolge sinnvoll angewandt werden. So wird das Verhältnis von Bundes- und Landesrecht gerade i. a. nicht danach gelöst. Auch in dieser Untersuchung wird davon ausgegangen, daß Gemeinschaftsrecht und staatliches Recht auf verschiedenen Geltungsnormen beruhen, daß sie nebeneinander stehen. Es sind zwei getrennte Rechtsmassen[70]. Die Transformationslehre wird auch hier abgelehnt. Ich schließe mich Ipsen's Ausführungen daher an.

Der Rang des Gemeinschaftsrechts ergibt sich einmal aus der Qualität desselben und zum anderen aus dem nationalen Recht. Gemeinschaftsrecht ist umfassendes Recht. Es gilt in allen Mitgliedstaaten unmittelbar, „ganzheitlich und einheitlich" (Ipsen). Diese umfassende Geltung ist aber nur durch den Vorrang gesichert, d. h. wenn das Gemeinschaftsrecht der derogierenden Kraft staatlicher Gesetze entzogen ist. Es muß unantastbar durch den nationalen Gesetzgeber sein. Ipsen beruft sich auf das Prinzip der Funktionalität[71]. Aber dieses allein reicht nicht aus. Es bedarf der Genehmigung der Verfassung zu diesem Einbruch außerstaatlichen Rechts. Darin liegt, worauf bereits hingewiesen wurde[72], die Funktion des Art. 24 Abs. 1 GG[73]. Damit wird der Raum für die Geltung gemeinschaftlicher Rechtsnormen in der Bundesrepublik freigegeben. Aber Art. 24 Abs. 1 GG geht darüber hinaus. Er gibt nicht nur den Raum für die öffentliche Gewalt der Europäischen Gemeinschaften frei. Er stellt ein eindeutiges staatspolitisches Ziel auf: Die Integration in eine größere Gemeinschaft. Art. 24 Abs. 1 GG ist kein bloßer Programmsatz. Er ist rechtlich verbindlich[74]. Das kann zwar nicht eine Pflicht zum Bei-

---

[69] *Ipsen:* Verhältnis, S. 23.
[70] So auch der GH: SRGH VIII S. 110; *Bülow:* Verhältnis, S. 55 leugnet diese Trennung. Er behauptet, eine Gemengelage von gemeinschaftlichem und staatlichem Recht liege vor. Denn jede der beiden Seiten habe das Recht zur Änderung des Rechts der anderen Seite. Er zitiert solche Fälle. Aber das ist eine petitio principii. Denn die Frage, die zu klären ist, ob das eine echte Änderung ist, Aufhebung der bisherigen Norm und Setzung einer neuen an deren Stelle, oder ob nicht alte und neue Normen nebeneinander bestehen, wird nicht beantwortet, sondern es wird behauptet, es sei so. Außerdem ist es durchaus möglich, daß jede der beiden Seiten, Gemeinschaft und Staat, die andere ermächtigt, Rechtsnormen der eigenen Rechtsmasse zu ändern. Gerade die von *Bülow* genannten Beispiele scheinen auf solchen Ermächtigungen zu beruhen. Nur nimmt der jeweilige Normsetzer dann nicht originäre eigene Befugnisse, sondern delegierte fremde Befugnisse wahr. Daraus läßt sich aber kein Schluß auf unsere Frage ziehen.
[71] Verhältnis, S. 20; ähnlich SRGH X S. 1269 ff.; dagegen: *Fuss:* Rechtsstaatlichkeit, S. 586, der aber einen Kompetenzvorrang bejaht.
[72] Oben S. 83.
[73] So auch *Ipsen:* Verhältnis, S. 26; *Carstens:* Rang, S. 79. Ähnliche Bestimmungen gibt es in den Verfassungen auch der anderen fünf Mitgliedstaaten, Art. 88 franz. Verfassung von 1958; Art. 67 niederl. Verfassung.
[74] *Maunz-Dürig:* Art. 24 Anm. 1 (*Maunz*) mit weiteren Verweisen.

tritt zu solchen zwischenstaatlichen Organisationen bedeuten. Aber wenn ein solcher Beitritt vollzogen ist, dann bedeutet die rechtliche Verbindlichkeit innerstaatlich Bindung an das Gemeinschaftsrecht im Rahmen des Art. 24 Abs. 1 GG. D. h. wenn die Bundesrepublik „durch Gesetz Hoheitsrechte übertragen" hat, also den Raum zu einer Betätigung einer außerstaatlichen öffentlichen Gewalt geöffnet hat, muß sie den Akten dieser Gewalt Wirksamkeit verschaffen. Innerstaatlich kommt dafür der Anwendungsvorrang in Frage[75]. Denn nur dann ist gesichert, daß das Gemeinschaftsrecht auch den jüngeren einfachen Gesetzen vorgeht und der Sinn des Art. 24 Abs. 1 GG erreicht wird. Mit Recht weist Maunz darauf hin, daß eine Vorschrift so ausgelegt werden muß, daß sie nicht paralysiert wird[76]. Wollte man den Vorrang des Gemeinschaftsrechts vor staatlichen Gesetzen leugnen, so würde die Paralysierung der Verfassungsvorschrift eintreten. Die angestrebte Integration würde verhindert. Bülow streitet dem Art. 24 Abs. 1 GG den Charakter einer Kollisionsnorm ab[77]. Darum geht es aber im Grunde nicht. Art. 24 Abs. 1 GG ist der rechtliche Ausdruck eines politischen Willens. Dieser könnte nicht erfüllt werden, wenn ein Vorrang des Gemeinschaftsrechts, gleich ob Vertrag oder sekundäres Gemeinschaftsrecht vor den staatlichen Gesetzen nicht gewährleistet ist. Wenn Art. 24 Abs. 1 GG auch keine Kollisionsnorm sein mag, wofür Bülow die Begründung allerdings schuldig bleibt[78], so ist er doch ein Hinweis auf eine ungeschriebene Kollisionsnorm, die notwendig ist, um den rechtlich-politischen Sinn der Vorschrift zu erfüllen[79].

---

[75] *Maunz* will aus Art. 24 Abs. 1 GG i. V. mit dem Zustimmungsgesetz einen Kompetenzvorrang ableiten, *Maunz-Dürig*: Art. 24 Anm. 10. Das ist m. E. deswegen nicht möglich, weil dessen Einräumung nicht durch einseitigen innerstaatlichen Akt, sondern nur durch gemeinschaftlichen Akt erfolgen kann. Bei *Maunz* scheint doch der Gedanke der Übertragung von nationaler Gewalt auf die Gemeinschaften eine gewisse Rolle zu spielen, obwohl er selbst von einer originären Gewalt der zwischenstaatlichen Einrichtungen ausgeht, Art. 24 Anm. 7 u. 8.

[76] *Maunz-Dürig*: Art. 24 Anm. 9.

[77] Verhältnis, S. 51.

[78] Es ist keine solche, wenn er meint, da die Verträge keine enthielten, könnte auch die ihnen zugrunde liegende Norm keine sein. Das eben ist zu beweisen.

[79] Der GH hat im Tenor seiner Entscheidung 6/64, SRGH X S. 1277 festgestellt, daß „einseitige jüngere Maßnahmen (der Staaten, der Verf.) dem Gemeinschaftsrecht nicht vorgehen können". In den Gründen, S. 1269 ff., geht er noch bei weitem darüber hinaus. Die lex posterior Regel hält er also für unanwendbar. Allerdings kann der GH diesen Vorrang des Gemeinschaftsrechts nur von der Warte der Gemeinschaften aus beurteilen. Ob innerstaatlich die von ihm gewünschte Lage eintritt, ist angesichts des Mangels einer entsprechenden Vertragsvorschrift u. U. nicht gesichert. Allerdings ist der Staat verpflichtet, den Vorrang eintreten zu lassen. Zu Recht weist *Fuss*: Rechtsstaatlichkeit, S. 586 darauf hin, daß hier sich eine gewohnheitsrechtliche Gemeinschaftsrechtsnorm des Inhalts: Gemeinschaftsrecht bricht

3. Das bisher Gesagte gilt aber nicht für das Verhältnis von Gemeinschaftsrecht und Verfassungsrecht[80]. Hier muß man unterscheiden zwischen dem Verhältnis der Gründungsverträge und des sekundären Gemeinschaftsrechts zu den einzelstaatlichen Verfassungen[81].

3.1. Die Gründungsverträge gehören sowohl dem Gemeinschaftsrecht wie durch die Transformation dem staatlichen Recht an. Insoweit sind sie ohne weiteres durch das BVerfG überprüfbar. Sie haben, wenn auch die Transformation durch einfaches Gesetz erfolgte, teilweise verfassungsändernden Charakter[82]. Art. 24 Abs. 1 GG läßt dieses Verfahren zu. Aber auch Art. 24 GG hat anerkanntermaßen Grenzen[83]. Sie hier im einzelnen abzuschreiten ist überflüssig. Denn es kommt nur auf die These an. Ist diese Grenze überschritten, d. h. sind Vorschriften der Gründungsverträge verfassungswidrig, dann sind sie als deutsches Recht nichtig. Die Konsequenzen sind offenbar. Man sollte das nicht kaschieren. Das Saar-Urteil des BVerfG ist hier m. E. nicht anwendbar[84]. Es hing zu eng mit der Wiederherstellung der deutschen Einheit zusammen.

---

nationales Recht entwickeln kann, allerdings mit einer im folgenden Abschnitt zu behandelnden wesentlichen Einschränkung. Übrigens ist zu bemerken, daß es im Urteil nur um die Auslegung des EWG-Vertrages, nicht aber irgendwelcher Verordnungen ging. Es ist daher vom Fall her sehr fraglich, ob der GH in den Gründen so weit gehen durfte, wie er tatsächlich gegangen ist, insbesondere was die Ausführungen über die Verordnungen auf S. 1270 angeht. Es handelt sich insoweit um ein obiter dictum mit allen nachteiligen Folgen eines solchen. *Hallstein* in der § 10 Fußn. 3 erwähnten Debatte spricht dem nationalen Rechte die Entscheidung im Kollisionsfall zu, S. 727. Den Vorrang des Gemeinschaftsrechts begründet er mit der Unterwerfung der Staaten unter die von ihnen selbst geschaffene und ermöglichte Rechtsordnung. Aber gerade wenn eine solche vorliegt, muß differenziert werden, wieweit diese Unterwerfung reicht. *Hallstein* betont daher zu Recht die vertragsmäßige Ausübung der Zuständigkeiten, wenn die Bindung eintreten soll.

[80] Für die Staaten, die keine Kontrolle der Verfassungsmäßigkeit kennen, spielt das hier abgehandelte Problem keine Rolle, z. B. Belgien.

[81] Sekundäres Gemeinschaftsrecht ist sowohl das Gemeinschaftsrecht zweiter wie dritter Stufe. Diese Unterscheidung wird in der Literatur auch schon für das Verhältnis zwischen Gemeinschaftsrecht und dem staatlichen unter der Verfassung stehendem Recht gemacht, z. B. *Carstens:* Rang, S. 67 ff. und 75 ff.; *Bülow:* Verhältnis, S. 44 ff. Ich halte sie aber in diesem Bereich für überflüssig, da das Ergebnis das gleiche ist.

[82] Siehe oben § 7 c.

[83] Siehe aus der Fülle der Literatur z. B.: *Maunz-Dürig:* Art. 24 Anm. 16—18, die Gutachten zum Wehrstreit in Wehrbeitrag I und II; *v. Mangoldt-Klein:* Kommentar Art. 24 Anm. III 5 d; *Friauf:* Problematik, S. 786 ff.; *Kruse,* Hans: Strukturelle Kongruenz und Homogenität, Festschrift f. Herbert Kraus, S. 112 bis 127, Kitzingen 1954; *Ehle,* Dietrich: Verfassungskontrolle und Gemeinschaftsrecht, NJW 1964, S. 321—327, S. 322; In letzter Zeit haben erneut *Ipsen:* Verhältnis, S. 14 f. und *Nicolaysen:* NJW 1964, S. 965 gegen die Vorstellung von der „strukturellen Kongruenz" Vorbehalte angemeldet. Das kann hier offen bleiben. Eine schrankenlose Verfassungsänderung über Art. 24 Abs. 1 GG lassen auch sie nicht zu.

[84] a. A. *Ehle:* Verfassungskontrolle, S. 323.

Der diesbezügliche Verfassungsauftrag ist aber qualitativ ein anderer als der die Integration betreffende.

3.2. Die Verfassung der BRD besteht aus dem Grundgesetz und den verfassungsändernden Bestimmungen der Gründungsverträge. Die Tatsache, daß diese in Deutschland durch einfaches Gesetz ratifiziert wurden, nimmt ihnen den verfassungsändernden Charakter und damit ihren Verfassungsrang nicht[85]. Entscheidend ist der materielle Gehalt, nicht das Verabschiedungsverfahren. Es ist deshalb zumindest ungenau, weil nicht hinreichend differenzierend, wenn den Gründungsverträgen allgemein nur Gesetzescharakter für den deutschen Raum zugesprochen wird[86]. Aber die Verfassungsänderung ergreift nur die Begründung außerstaatlicher Kompetenzen und die Aufhebung der Geschlossenheit und Ausschließlichkeit der Staatsgewalt[87]. Sie betrifft z. B. nicht die Grundrechte.

Die Gründungsverträge sagen nichts über das Verhältnis des sekundären Gemeinschaftsrechts zum innerstaatlichen Verfassungsrecht. Das bedeutet aber nicht etwa Freiheit von den durch die Grundrechte gezogenen Schranken, sondern Unantastbarkeit derselben durch die Gemeinschaften. Die Gemeinschaften können nur soweit die grundsätzlich bestehende staatliche Decke durchstoßen, wie ihnen Raum dazu gewährt wird. Der durch die Grundrechte gesicherte Raum ist ihnen in Deutschland aber nicht geöffnet worden. Die Gemeinschaftsorgane werden dadurch bei der Ausübung ihrer Rechtssetzungsbefugnisse nicht in dem Sinne an die deutschen Grundrechte gebunden, daß sie sie für das gesamte Gemeinschaftsgebiet zu beachten hätten. Aber im deutschen Raum werden die Rechtssetzungsakte der Europäischen Gemeinschaften nur soweit wirksam, wie sie sich in dem durch die Grundrechte gezogenen Rahmen bewegen[88].

---

[85] Auch daraus folgt insoweit der Vorrang der Verträge vor einfachen Gesetzen. Denn wenn auch durch einfaches Gesetz auf Grund der Privilegierung durch Art. 24 Abs. 1 GG verabschiedet, sind die Verträge nicht durch jedes einfache Gesetz wegen des materiellen Verfassungsranges und soweit dieser reicht, abänderbar; ähnlich *Maunz-Dürig*: Art. 24 Anm. 11 (*Maunz*).
[86] So z. B. *Küchenhoff*, Dietrich: Grundrechte und europäisches Staatengemeinschaftsrecht, DöV 1963, S. 161—168, S. 164 u. 166 u. a.
[87] Siehe oben § 7 c; *Maibom*, Hanspeter: Beiträge zum Europarecht, NJW 1965, S. 465—467, S. 466; *Friauf*: Problematik, S. 786; *Küchenhoff*, D.: Grundrechte, S. 165, der sich insoweit selbst widerspricht oder doch unklar ausdrückt. In eine ähnliche Richtung scheint auch *Carstens*: Rang, S. 79 zu zielen.
[88] Die lapidare Feststellung des GH, SRGH X S. 1270, „daß dem vom Vertrag geschaffenen, somit aus einer autonomen Rechtsquelle fließenden Recht wegen dieser Eigenständigkeit keine wie immer gearteten innerstaatlichen Rechtsvorschriften vorgehen können", ist abgesehen von ihrer völlig undifferenzierten Formulierung und ihrem obiter dictum Charakter, siehe oben Fußn. 79, nur sehr bedingt und keineswegs in dieser allgemeinen Aussage zutreffend.

## § 15 Gemeinschaftsrecht und Staatsrecht

Es ist keine Eingriffsbefugnis begründet worden. Es kann dahingestellt bleiben, ob das zulässig gewesen wäre; denn es ist weder ausdrücklich noch stillschweigend geschehen. Für eine ausdrücklich begründete Befugnis fehlen die Vorschriften. Eine stillschweigend begründete Zuständigkeit wäre m. E. auch nicht verfassungsrechtlich zulässig; denn es besteht kein allgemeiner Gesetzesvorbehalt. Vielmehr sind die Gesetzesvorbehalte ausdrücklich genannt und ihre Ausübung ist an die verschiedenen Voraussetzungen des Art. 19 GG gebunden. Man wollte klarstellen, wer welche Einschränkungen vornehmen darf, wo und in welchem Umfange es geschieht. Damit verträgt sich eine stillschweigende Ermächtigung nicht. Daher scheidet eine Befugnis zur Grundrechtseinschränkung als Zuständigkeit aus der Natur der Sache oder kraft Sachzusammenhangs aus. Sie besteht, wie dargelegt[89], schon aus vertragssystematischen Gründen nicht in anderen Bereichen. Sie würde in dem an dieser Stelle behandelten Bereich geradezu unerträglich, weil sie die Grundrechte dem Zugriff der Gemeinschaftsgewalt fast völlig preisgeben würde. Auch dem deutschen Gesetzgeber steht sie deshalb nicht zu. Man kann auch keine Generaleinschränkung der unter einfachem Gesetzesvorbehalt stehenden Grundrechte annehmen. Dazu fehlt es einmal an der Erfüllung der Formalien des Art. 19 Abs. 1 GG. Es fehlt weiterhin an Bestimmungen in den Gründungsverträgen oder den Zustimmungsgesetzen, die den in dieser Richtung gehenden objektivierten Willen der Vertragsparteien und des Gesetzgebers enthielten. Denn da es sich nicht um übertragene Staatsgewalt, sondern um originäre, neubegründete Gemeinschaftsgewalt handelt, sind die entsprechenden Befugnisse der deutschen Staatsgewalt auch nicht auf die Gemeinschaften übergegangen.

Eine in ein Grundrecht eingreifende Norm des sekundären Gemeinschaftsrechts kann daher in Deutschland nicht angewandt werden. Ihre Wirksamkeit ist gehemmt. Sie gilt zwar als Gemeinschaftsrecht. Aber der in der Bundesrepublik lebende Betroffene hat ein entgegensetzbares besseres Recht. Das ist keine Seltenheit im Recht. Dadurch wird die gemeinschaftliche Allgemeinheit der Normen nicht verletzt, ebensowenig wie im staatlichen Recht besondere unantastbare Rechtsstatus einzelner, z. B. die Indemnität der Abgeordneten, die staatliche Allgemeinheit der Norm, in dem gegebenen Beispiel der Strafrechtsnormen, verletzen. Die oben festgestellte Unantastbarkeit des Gemeinschaftsrechts durch den nationalen Richter wird nicht aufgehoben. Denn sie besteht nur in dem Umfange, in dem dem Gemeinschaftsrecht der staatliche Raum geöffnet worden ist. Außerdem werden die Gemeinschaftsnormen nicht aufgehoben, sondern ihre Wirksamkeit wird gehemmt,

---

[89] Siehe oben § 9.

§ 15 Gemeinschaftsrecht und Staatsrecht 119

d. h. sie bleiben gültig als Gemeinschaftsnormen, können aber in der Bundesrepublik keine Wirkung entfalten. Sie bleiben aber nicht nur sanktionslos, schon die Rechtsfolgen treten nicht ein. Die Hemmung kann aber u. U. beseitigt werden, nämlich dort, wo ein Grundrecht unter dem Gesetzesvorbehalt steht. Wenn das Gemeinschaftsrecht die in Art. 19 Abs. 2 GG genannte Voraussetzung erfüllt, d. h. das Grundrecht nicht in seinem Wesensgehalt antastet, muß gemäß den Treueklauseln der Gründungsverträge der Bundesgesetzgeber die Einschränkung aussprechen und so die Gemeinschaftsnorm auch für den deutschen Bereich anwendbar machen[90]. Hieran wird, abgesehen von der bereits dargelegten theoretischen Unhaltbarkeit, der praktische Unterschied zur Theorie Friaufs von der verfassungskonformen Auslegung deutlich. Diese bindet die Organe der Gemeinschaften an die Verfassungen. Eine gegen sie verstoßende Gemeinschaftsnorm wäre nach Friauf für den gesamten Gemeinschaftsbereich nichtig und könnte auch nicht durch den nationalen Gesetzgeber anwendbar gemacht werden.

Da es sich darum handelt, die Verfassungswidrigkeit des Gemeinschaftsrechtes festzustellen, ist für die Entscheidung ausschließlich das BVerfG zuständig, sei es auf Grund der Verfassungsbeschwerde gem. §§ 90 ff. BVerfGG, sei es auf Grund eines Antrages gem. Art. 100 GG[91]. Art. 100 GG meint zwar nur staatliche Gesetze. Er muß aber weiter ausgelegt werden, nachdem, was Art. 100 GG nicht voraussah, statt des staatlichen Gesetzgebers in vielen Bereichen der gemeinschaftliche Rechtssetzer die einschlägigen Regelungen erläßt[92]. § 90 BVerfGG bezieht sich auf „öffentliche Gewalt". Auch diese muß weiter als bisher verstanden werden und nunmehr auch die der Gemeinschaften einbeziehen[93]. Der GH kann über Verfassungsrecht nicht urteilen. Er kann nur über die Auslegung der Verträge und damit über die gemeinschaftsrechtliche Gültigkeit des sekundären Gemeinschaftsrechts befinden. Soweit diese in Frage steht, muß auch das BVerfG die Vorabentscheidung

---

[90] Auch daran zeigt sich, daß eine kumulative konkurrierende Kompetenz notwendig ist.
[91] So auch *Ehle:* Verfassungskontrolle, S. 324 f.; *Küchenhoff*, D.: Grundrechte, S. 167 will Art. 19 Abs. 4 GG anwenden. Diese Vorschrift kann aber nur zu einem Verfahren nach Art. 100 GG führen. Keineswegs ist aber Art. 19 Abs. 4 GG der ausschließliche Weg. Es ist, da die Verwaltung weitgehend durch die staatlichen Behörden erfolgt, auch ein Verwaltungsstreitverfahren, auch für andere Fälle ein Zivilverfahren, ein Finanzstreitverfahren als Ausgangspunkt möglich.
[92] Es muß noch einmal betont werden, daß es sich um eine eigene Gemeinschaftsgewalt, nicht um eine „funktionale Staatsgewalt" handelt, so *Küchenhoff*, D.: Grundrechte, S. 167.
[93] z. B. *Erler:* Öffentliche Gewalt, S. 11; *Maunz-Dürig:* Art. 24 Anm. 3 (*Maunz*); *Küchenhoff*, D.: Grundrechte, S. 167 für Art. 19 Abs. 4 GG; *Ehle:* Verfassungskontrolle, S. 325; allerdings handelt es sich um eine durch die Umstände erforderte erweiternde Auslegung.

des GH einholen⁹⁴. Auch dem BVerfG ist keinerlei Zuständigkeit eigen, über das Gemeinschaftsrecht als solches zu entscheiden. Auch das BVerfG ist insoweit, wie jedes andere Organ der Bundesrepublik, sei es Verfassungsorgan oder nicht, an die Verträge gebunden, soweit sie nicht selbst verfassungswidrig sind. Es ist nichts dafür ersichtlich, daß das hinsichtlich der ausschließenden Entscheidungskompetenz des GH der Fall wäre. Aber das BVerfG urteilt nicht über das Gemeinschaftsrecht als solches. Dieses legt es in der vom GH authentisch ausgelegten Form zugrunde, um seine innerstaatliche Wirksamkeit zu überprüfen. Es stellt die Frage und versucht sie zu beantworten, ob ein bestimmter Gemeinschaftsrechtssatz in den seiner Wirksamkeit geöffneten Raum hineinpaßt, oder ob er darüber hinausreichen würde. Damit urteilt es aber nur über Verfassungsrecht. M. E. ist eine sogenannte „verfassungskonforme Auslegung" des Gemeinschaftsrechts nicht möglich, weil damit u. U. von der Auslegung des GH abgewichen würde. Das BVerfG hebt daher das Gemeinschaftsrecht auch nicht auf. Es wird nur, weil es die Grenze des den Gemeinschaften zur Regelung freigegebenen Raumes überschreitet, unanwendbar, d. h. in seiner Wirksamkeit gehemmt. Zur Aufhebung ist das BVerfG als nationales Gericht nicht befugt. Das Gemeinschaftsrecht wird auch nicht „für den innerstaatlichen Bereich aufgehoben"⁹⁵. Auch dazu ist das Gericht außerstande, da es sich auch in der Bundesrepublik um Teil einer Rechtsmasse handelt, die dem BVerfG entzogen ist. § 31 Abs. 2 BVerfGG ist daher nicht anwendbar. Das Gericht stellt das stärkere Recht fest und spricht damit die Hemmung der Anwendbarkeit des Gemeinschaftsrechts aus.

Der einzelne Bürger ist aber noch immer dem Anspruch der Gemeinschaften ausgesetzt, wenn diese das Urteil nicht anerkennen. Dann hat er einen Freistellungsanspruch gegenüber dem Staat. Dieser wird u. U. zum Entschädigungs- und Aufopferungsanspruch⁹⁶. Aber zunächst ist er von dem Eintritt der Rechtsfolgen selbst freizuhalten, also etwa einer Einschränkung der Berufsfreiheit, der Unverletzlichkeit der Wohnung im Rahmen der Kontrollbefugnisse der Gemeinschaften etc.

Es besteht also kein Anwendungsvorrang des Gemeinschaftsrechts vor den staatlichen Verfassungen. Ganz befriedigt dieses Ergebnis nicht, da es gewisse Ungleichheiten zwischen den Marktbürgern verschiedener Länder einführt. Aber es ist das Ergebnis des besonderen funktionalen

---

⁹⁴ So auch *Maibom:* Beiträge, S. 467; a. A. *Ehle:* Verfassungskontrolle, S. 325 f.; ital. Verfassungsgerichtshof.

⁹⁵ So *Ehle:* Verfassungskontrolle, S. 326.

⁹⁶ *Küchenhoff:* Grundrechte, S. 168, aber erst in zweiter Linie, nicht in erster, wie *Küchenhoff,* D. glaubt. *Ehle:* Verfassungskontrolle, S. 326 wendet sich gegen Ersatzansprüche überhaupt. Das scheint mir auch übers Ziel geschossen zu sein. Denn in bestimmten Fällen genügt die Entschädigung.

Charakters der Europäischen Gemeinschaften[97]. Die Europäischen Gemeinschaften haben den Menschen nur als „Marktbürger" zum Zuordnungssubjekt ihrer Herrschaftsakte in Form von Rechtssätzen. Die Grundrechte zielen aber über diese Eigenschaft hinaus auf den „homme et citoyen". Die Verankerung der Grundrechte nach Art. 1 Abs. 3 GG in der „Würde des Menschen" bringt das klar zum Ausdruck. Das Besondere, das Gegenstand der Zuständigkeiten der Europäischen Gemeinschaften ist, hat vor den in den Grundrechten ausgedrückten und geschützten Allgemeinen zu weichen.

---

[97] Unten §§ 20, 21.

Kapitel IV

## Die rechtlich-politische Stellung der Europäischen Gemeinschaften

Die Frage dieses Kapitels wird im allgemeinen als die Frage nach der „Rechtsnatur" der Europäischen Gemeinschaften gestellt. Wenn hier eine andere, weitere Formulierung gewählt wurde, so hat das seinen Grund darin, daß die Europäischen Gemeinschaften keine statische, fertige Erscheinung sind, die eine feststehende Rechtsnatur haben, sondern eine dynamische, sich entwickelnde, denen eine sich stetig wandelnde Stellung zukommt. Nicht nur in den sogenannten „Übergangszeiten" kommt das zum Ausdruck, die zudem für die EGKS und die EAG längst abgelaufen sind, sondern vor allem in den Zielsetzungen der Europäischen Gemeinschaften. Die Präambeln der EGKS und der EWG, der beiden wichtigeren Gemeinschaften, enthalten die Bestimmung, Schritte auf eine engere Gemeinschaft der sechs Mitgliedstaaten hin zu sein. Daraus folgt zwar nicht ohne weiteres ein Übergangscharakter der Europäischen Gemeinschaften, wohl aber, daß ihr eigentliches Ziel nicht in ihnen selbst, sondern außerhalb liegt. Dadurch ruhen sie auch nicht in sich selbst, sondern sind mit einer zielgerichteten Dynamik ausgestattet.

Damit wird aber auch eine notwendigerweise statische Bestimmung der Rechtsnatur der Europäischen Gemeinschaften ausgeschlossen. Denn diese selbst wechselt, nicht nur von den verschiedenen Blickpunkten ihrer Partner aus, sondern auch im Laufe ihrer Entwicklung. Zwar kann man sagen, was sie nicht sind, nämlich Staat, aber es ist letztlich unbestimmbar, was sie im gegenwärtigen Stadium sind. Sie bergen den Kern einer bündischen — nicht einer bundesstaatlichen — Struktur in sich; aber ob dieser sich entwickelt, ist eine Frage der Zeit. Vorschnelle Festlegungen führen nur zu falschen Schlußfolgerungen. Hauptkennzeichen der Europäischen Gemeinschaften ist die eigentümliche Verquickung von Politik und Funktionalität, der Versuch ohne die Souveränität auszukommen, weswegen Rosenstiel sie als gescheitert ansieht[1], worin man aber ebensogut den Vorzug der überstaatlichen Konstruktion sehen kann.

Die Europäischen Gemeinschaften sind der Ausdruck eines politischen Wollens, das in ihnen seine rechtliche Form gefunden hat. Man hat

---
[1] Supranationalität, S. 55 ff.

Institutionen geschaffen und rechtliche Verfahren eingerichtet, um die politische Absicht — die wachsende Einheit der Mitgliedstaaten — zu verwirklichen. Darin sieht Rosenstiel einen fehlerhaften Ansatz[2], allerdings auf Grund der Fehlinterpretation, daß hier das Recht dem Politischen vorgehen soll. Sein weiterer Irrtum liegt in der völligen Trennung der Bereiche des Rechts und des Politischen, das er vom Ausnahmezustand her deutet[3]. Wie bereits dargelegt, schien mir diese Auffassung grundsätzlich unzutreffend[4]. In der Epoche des Rechtsstaates, der seinen Ausdruck im Slogan von der „Herrschaft des Gesetzes" findet, der darauf ausgeht, Macht und Herrschaft nur in den Formen des Rechts ausgeübt zu sehen, ist kein anderer Weg möglich als der, politisches Wollen durch rechtlich geformte Institutionen zu verwirklichen, wie es in den Europäischen Gemeinschaften versucht wird. Rosenstiels Angriffe richten sich letztlich gegen den Rechtsstaat selbst, wenn er das Recht der Politik völlig unterwirft[5]. Richtig ist, daß das politische Wollen nicht ausgeklammert werden darf, daß die rechtliche Gestaltung aber auch auf die politische Situation zurückschlägt und sie verändert — was beabsichtigt ist, aber auch unbeabsichtigt sein kann. Darum ist es notwendig, die Stellung der Europäischen Gemeinschaften rechtlich und politisch zu sehen, und zwar nicht getrennt als zwei unabhängige Ebenen, sondern verbunden als eine Ebene der Existenz der Europäischen Gemeinschaften.

Zu unterscheiden sind die äußere und die innere Stellung der Europäischen Gemeinschaften. Damit sind gemeint die Stellung der Europäischen Gemeinschaften gegenüber anderen Gliedern der Völkerrechtsgesellschaft, und die Stellung der Europäischen Gemeinschaften gegenüber ihren Mitgliedern und jeweils vice versa. Der erste Abschnitt wird verhältnismäßig kurz sein. Der zweite wird das in den vorhergehenden Kapiteln entwickelte Material im Hinblick auf eine Klärung der Lage zu deuten versuchen. Er wird notwendigerweise länger. Es wird nicht verkannt, daß das Ergebnis des zweiten Abschnitts Rückwirkungen auf das des ersten hat. Aber das entscheidende Problem des ersten, die Anerkennung, wird nicht ausgeräumt.

---

[2] Supranationalität, S. 84 f.
[3] Supranationalität, S. 40.
[4] Siehe oben § 1 b.
[5] z. B. in seiner Formulierung Supranationalität, S. 50, das Recht habe Raum nur in den Intervallen, die ihm das Politische lasse.

## Abschnitt 1

## Die äußere Stellung der Europäischen Gemeinschaften in der Völkerrechtsgesellschaft

### § 16 Grundlagen der Völkerrechtspersönlichkeit der Europäischen Gemeinschaften[1]

*a) Der Begriff der Völkerrechtspersönlichkeit*

Wolff definiert die allgemeine Rechtssubjektivität als „die Eigenschaft eines sozialen Substrats, Zuordnungssubjekt mindestens eines Rechtssatzes zu sein. Sie liegt also stets dann vor, wenn es einen oder mehrere Rechtssätze gibt, die diesem Subjekt eine Pflicht oder ein Recht zuordnen"[2]. Die Rechtssubjektivität einer Willens- und Wirkeinheit ist aber nicht umfassend, sondern beschränkt auf die jeweilige Rechtsordnung, der die Rechtssätze angehören, die dem Subjekt die Rechte und Pflichten zuordnen, wobei sie, wie Mosler zu Recht hervorhebt, in mehreren Rechtsordnungen rechtsfähig sein können[3]. Eine Willens- und Wirkeinheit kann also immer dann auch ein Völkerrechtssubjekt sein, wenn ihr Rechte und Pflichten durch Rechtssätze des Völkerrechts zugeordnet werden[4]. Das gilt auch für die internationalen Organisationen und Gemeinschaften. So definiert Kelsen:

„If an international community of states is a subject of international law, it has certain obligations and rights established by general international law as well as the obligations and rights established by its constituent treaty and the treaties it has concluded[5]."

Dabei ist aber folgendes festzuhalten. Die internationalen Organisationen unterscheiden sich von den Staaten wesentlich dadurch, daß sie

---

[1] Die Rechtspersönlichkeit internationaler Organisationen nach Völkerrecht war umstritten. Sie ist aber heute allgemein anerkannt, folgend dem Gutachten des IGH für die VN betreffend deren Fähigkeit, Schadensersatzansprüche für ihre im Israelkonflikt gefallenen Beamten gegen die Staaten geltend zu machen, Reports 1949, S. 178. Der IGH stellte dabei wesentlich auf die Universalität der VN ab. Literatur z. B.: *Zemanek:* Vertragsrecht, S. 18 ff.; *Reuter:* Cours, S. 79 ff.; *Kelsen:* Principles, S. 173; *Carroz,* Jean *Probst,* Jürgen: Personalité juridique internationale et capacité de conclure de traités de l'ONU et des Institutions spécialisées, Paris 1953; *Mosler:* Erweiterung, S. 39—79, mit Darlegungen zu italienischen und sowjetischen Theorien zu dieser Frage.

[2] *Wolff:* Verwaltungsrecht I, S. 159.

[3] *Mosler:* Erweiterung, S. 53. *Reuter:* Cours, S. 80: „La personalité est toujours relative à un ordre déterminé..."

[4] *Verdross:* Völkerrecht, S. 188.

[5] *Kelsen:* Principles, S. 173.

## § 16 Grundlagen der Völkerrechtspersönlichkeit

funktionell nach ihren Aufgaben einen beschränkten Wirkungskreis haben. Daran knüpft die Völkerrechtsordnung dadurch an, daß sie ihnen auch nur bestimmte Rechtssätze zuordnet. So erklärt bereits der IGH in dem angeführten Gutachten:

„... les droits et devoirs d'une entité telle que l'Organisation doivent dépendre des buts et des fonctions de celle-ci, énoncés ou impliqués par son acte constitutif et développés dans la pratique[6]."

Dem folgt auch die Literatur[7]. Der Umfang der Rechtspersönlichkeit, d. h. der Umfang der völkerrechtlichen Rechtssätze, die den Gemeinschaften zugerechnet werden, ergibt sich vor allem aus ihren Rechtsordnungen[8]. Für die EGKS heißt es daher folgerichtig in Art. 6 Abs. 2 EGKSV:

„Im zwischenstaatlichen Verkehr hat die Gemeinschaft die für die Durchführung ihrer Aufgaben und Erreichung ihrer Ziele erforderliche Rechts- und Geschäftsfähigkeit[9]."

Die beiden anderen Verträge enthalten nur die Bestimmungen:

„Die Gemeinschaft besitzt Rechtspersönlichkeit[10]." Aber für sie gilt das gleiche; denn auch ihre Rechte und Pflichten im internationalen Bereich können nur von ihren Aufgaben und Zielen her bestimmt werden. Die Rechtspersönlichkeit der internationalen Organisationen, auch der Europäischen Gemeinschaften, ist insoweit beschränkt, während die der Staaten in der Regel umfassend ist.

Wie verhalten sich die beiden Arten von Völkerrechtssubjekten, d. h. die Staaten und die von ihnen geschaffenen Organisationen, zueinander? Mit dieser Frage hat sich Mosler, auch unter Berücksichtigung der italienischen und sowjetischen Theorien, eingehend auseinandergesetzt. Er kommt auf der Basis einer soziologischen Methode zu dem Ergebnis, daß aus dem Zweck des Völkerrechts eine qualitative Abstufung der Völkerrechtssubjekte gefordert sei. Die Staaten seien notwendige für das Funktionieren der Völkerrechtsordnung unentbehrliche Subjekte, während

---

[6] Recueil 1949, S. 180.
[7] *Kelsen:* Principles, S. 173; *Reuter:* Cours, S. 137; *Zemanek:* Vertragsrecht, S. 22 f.; *Soto, M. J. de:* Les relations internationales de la Communauté Européenne du Charbon et de l'Acier. Rec. d. C. 1956 Bd. II, S. 33—116, S. 40; *Schlochauer:* Rechtsnatur, S. 368; *Bindschedler:* Rechtsfragen, S. 94; *Dahm:* Völkerrecht I, S. 7; *Kraus:* Betrachtungen, S. 361 ff.; *Mosler:* Erweiterung, S. 70.
[8] *Kelsen:* Principles, S. 173; *Bindschedler:* Rechtsfragen, S. 94; *Schlochauer:* Rechtsnatur, S. 368; *Scheuner:* Rechtsetzungsbefugnis, S. 230. Auch deshalb müssen die Rechtsordnungen ihre Rechtsgültigkeit im Völkerrecht finden; denn nur das Völkerrecht kann die Voraussetzungen festlegen, unter denen eine soziale Einheit am völkerrechtlichen Verkehr teilnehmen kann.
[9] Im französischen Text: „capacité juridique".
[10] Art. 210 EWGV; Art. 184 EAGV.

die zwischenstaatlichen Organisationen abgeleitete Rechtssubjekte seien[11]. Es ist Mosler zuzustimmen, daß eine qualitative Unterscheidung besteht. Ob sie vom Zweck des Völkerrechts gefordert ist, erscheint aber fraglich. Das kann nur dann zugegeben werden, wenn das Völkerrecht ausschließlich als Ordnung zwischen Staaten aufgefaßt wird, die andersartige Mitglieder nur notgedrungen anerkennt. Ob das aber noch zutrifft, oder ob nicht gerade durch das sehr starke Auftauchen anderer Rechtssubjekte des Völkerrechts eine Wandlung sich vollzieht, ist zumindest offen. Aber auch wenn man zugibt, daß die Staaten notwendige Rechtssubjekte des Völkerrecht sind, so kann man ihnen nicht die internationalen Organisationen als „abgeleitete" Rechtssubjekte entgegensetzen. Mosler selbst hält es für möglich, daß aus abgeleiteten Rechtssubjekten notwendige werden können, z. B. die VN[12]. Die beiden Unterscheidungskriterien „notwendig" und „abgeleitet" liegen auf verschiedenen Ebenen: „abgeleitet" ist ein Entstehungskriterium, „notwendig" ein Seinskriterium. Schon deswegen können diese Unterscheidungen nicht herangezogen werden. Darüber hinaus bezeichnet „Ableitung" lediglich einen tatsächlichen, keinen rechtlichen Vorgang. Denn wovon wären die internationalen Organisationen abgeleitet? Von den Rechtsordnungen der Staaten? Sie sind tatsächlich durch die Gründungsverträge von ihnen ins Leben gerufen. Insofern, aber auch nur insofern, sind sie „abgeleitete" Rechtssubjekte. Rechtlich aber finden ihre inneren Ordnungen ihren Geltungsgrund im Völkerrecht, wie die der Staaten auch[13]. Die soziologische Methode, die Mosler anwendet, genügt allein nicht, um die Rechtssubjekte des Völkerrechts zu qualifizieren. Das würde nämlich dazu führen, etwa die Nachfolgestaaten ‚Österreich-Ungarns', die durch den Friedensvertrag von St. Germain geschaffen wurden, oder selbst die aus den früheren Kolonien hervorgegangenen Staaten als abgeleitete Völkerrechtssubjekte zu bezeichnen, was sie zwar tatsächlich aber als Staaten nach der durchaus richtigen Ansicht Moslers nicht sind. Da die Rechtspersönlichkeit durch die den Willens- und Wirkeinheiten zugeordneten Rechtssätze bestimmt wird, kann der rechtlich qualitative Unterschied nur in dem Umfang derselben gefunden werden, nicht aber in den soziologischen Grundverhältnissen. Diese können zwar Anknüpfungspunkte für die rechtliche Ordnung, nicht aber Geltungsgrund derselben bilden. So sind die Europäischen Gemeinschaften zwar Rechtssubjekte minderen Rechts gegenüber den Staaten, nicht aber auf Grund des Entstehungsvorgangs, sondern auf Grund des Umfanges der ihnen zugeordneten völkerrechtlichen Rechtssätze.

---

[11] *Mosler:* Erweiterung, S. 55 ff.
[12] *Mosler:* Erweiterung, S. 60.
[13] Ich folge der Lehre des Monismus, siehe auch meine Unabhängigkeit, S. 33 ff.

### b) *Völkerrechtliche Rechte und Pflichten der Gemeinschaften*

Die völkerrechtlichen Rechte und Pflichten der drei Gemeinschaften sind bereits in mehreren Studien mehr oder weniger ausführlich behandelt worden, so daß wir uns mit einer knappen Zusammenfassung begnügen können[14]. Die Gemeinschaften haben das Recht, bei sich diplomatische Vertretungen dritter Staaten zu akkreditieren und selbst Vertreter zu entsenden[15]. Sie haben ferner das Recht, ja sogar die ausdrückliche Aufgabe, mit anderen internationalen Organisationen „zweckdienliche Beziehungen" zu unterhalten[16]. Vor allem aber haben sie das Recht, Verträge zu schließen. Dieses Recht ist, wie Reuter zu Recht betont, von besonderer Bedeutung[17]. Denn sein Umfang bestimmt die Teilhabe der Gemeinschaften an den internationalen Beziehungen und gibt daher auch den besten und genauesten Aufschluß über den Grad der Rechtspersönlichkeit der Gemeinschaften. Gerade dieses Recht ist aber in besonderer Weise durch die Aufgaben und Ziele der Gemeinschaften bestimmt. Für die EGKS ist dieses Recht nicht ausdrücklich vorgesehen; aber es ist inzwischen in der Praxis und in der Theorie anerkannt[18]. Die Verträge zur Gründung der beiden anderen Gemeinschaften enthalten ausdrückliche Vorschriften darüber[19]. Auch die Bestimmungen der Gründungsverträge der drei Gemeinschaften, in denen den Gemeinschaften aufgegeben wird, mit anderen internationalen Organisationen „zweckdienliche Beziehungen" zu unterhalten, enthalten ein Recht, Verträge zu schließen, da anders diese Beziehungen evtl. gar nicht zu unterhalten sind.

Das Recht der EGKS, Verträge zu schließen, wurde besonders bei dem Assoziationsvertrag mit Großbritannien problematisch. Es tauchte die Frage auf, ob die Gemeinschaft für die Staaten handeln könne, oder ob

---

[14] Vor allem: *de Soto*: Relations internationales, S. 36 ff.; *Reuter*: Cours, S. 137—153; *Catalano*: Manuel, S. 128—131; neuestens: *Lörcher*, Gino: Der Abschluß völkerrechtlicher Verträge nach dem Recht der Europäischen Gemeinschaften (EGKS, EWG und EAG), Bonn 1965.

[15] So *de Soto* für die EGKS: Relations internationales, S. 48. Das gilt auch für die EWG und die EAG. Bei der EWG bestanden z. B. im Januar 1963 31 Missionen anderer Staaten. Die Gemeinschaften sind durch gemeinsame Missionen z. B. in London und Washington vertreten.

[16] Art. 93 und 94 EGKSV; Art. 229—231 EWGV; Art. 199—201 EAGV.

[17] *Reuter*: Cours, S. 137 ff.; ebenso auch *Kelsen*: Principles, S. 173.

[18] *Catalano*: Actes Officiels II, S. 174; *Reuter*: Cours, S. 139 ff., der vor allem darauf hinweist, daß die EGKS Verträge nicht für die Staaten, sondern für sich abschließt, teilweise zusammen mit den Staaten; *Schlochauer*: Rechtsnatur, S. 368; sehr eingehend: *de Soto*: Relations internationales, S. 56 ff., der eine eingehende Studie der Praxis der Vertragsabschlüsse bringt; a. A.: *Gläsner*: Übertragung, S. 656; *Kraus*: Betrachtungen, S. 361, diese dürften aber durch die eingehenden Analysen, vor allem von *de Soto* und die Praxis inzwischen widerlegt sein.

[19] Art. 228 und 238 EWGV; Art. 205 und 206 EAGV.

die Staaten für sie handelten. Die Frage wurde in der Weise gelöst, daß die Hohe Behörde neben den Staaten unterschrieb und dadurch die Gemeinschaft neben den Mitgliedstaaten Vertragspartner wurde[20]. Besonders wichtig ist, daß die Hohe Behörde allein Großbritannien im Assoziationsrat gegenübersitzt, die Gemeinschaft also auf gleichem Fuß mit einem Staat steht. Grundsätzlich ist festzuhalten, daß die Gemeinschaften im Rahmen ihrer Aufgaben selbst das Vertragsrecht haben, ausschließlich, soweit die Gemeinschaften ausschließlich zuständig sind, konkurrierend, soweit die Staaten Kompetenzen behalten haben. Wenn die Gemeinschaften Verträge schließen, so sind nicht nur sie aus den Verträgen berechtigt und verpflichtet, sondern auch die Staaten, wie auch Art. 228 EWGV ausdrücklich bestimmt[21]. Durch diese Rechte nehmen die Gemeinschaften selbst an der Bildung von Völkerrecht teil. Sie stehen damit neben den Staaten als Rechtssubjekte des Völkerrechts, unabhängig von diesen, selbständig mit eigenem Recht[22].

## § 17 Die Anerkennung der Europäischen Gemeinschaften als Völkerrechtssubjekte

Die Völkerrechtspersönlichkeit einer Willens- und Wirkeinheit bedeutet, daß sie als Partner von den übrigen, bereits bestehenden Gliedern der Völkerrechtsgesellschaft zugelassen ist. Darin liegt die Bedeutung des Rechts zur Vertragsschließung. Aber es genügt nicht, daß die Gründer neuer Willens- und Wirkeinheiten diese mit diesem und anderen Rechten ausstatten. Es bedarf der Anerkennung auch durch die anderen Völkerrechtspersönlichkeiten, die vorher bestanden. Die Anerkennung ist „Zulassung und Aufnahme"[1] zu einer und in eine Ord-

---

[20] Siehe im einzelnen: *de Soto:* Relations internationales, S. 64—84. Für die EWG ist das Problem jetzt in Art. 238 EWGV in der Form geregelt, daß der Rat einstimmig das Abkommen abschließt. Das ist gleichzeitig die Ratifikation derselben durch die EWG. Dieses Verfahren ist jetzt zum erstenmal im Falle Griechenlands akut geworden. Der Vorsitzende des Ministerrats, Prof. Erhard, unterzeichnete in zweifacher Funktion: Als Vorsitzender des Ministerrats der EWG und als Vertreter der Bundesrepublik. Eine Ratifikation durch die Staaten ist nur bei Änderungen des EWG-Vertrages notwendig.
[21] Über die Einzelheiten des Vertragsabschlusses siehe *Reuter:* Cours, S. 137—153.
[22] Daneben können die Staaten die Hohe Behörde der EGKS oder die Kommissionen der EWG und der EAG selbstverständlich damit beauftragen, auch für sie die Vertragsverhandlungen zu führen. So z. B. sind die Assoziationsverträge der EGKS und der EWG von der Hohen Behörde bzw. von der Kommission der EWG sowohl als Organ der Gemeinschaften als auch als Beauftragte der Mitgliedstaaten geführt worden.
[1] *Schmitt:* Nomos, S. 206; allerdings zeigen gerade die zwischenstaatlichen und überstaatlichen Organisationen, daß diese Ordnung nicht mehr ausschließlich Raumordnung ist, sondern sich in eine funktionale Ordnung verwandelt. Dazu unten § 21 c.

## § 17 Anerkennung der EG als Völkerrechtssubjekte

nung. Die rechtliche Bedeutung der Anerkennung ist nach wie vor umstritten. Aber die rein rechtlichen Probleme, die i. a. auftauchen, sind meist für die Anerkennung zwischenstaatlicher und überstaatlicher Organisationen unerheblich. Man ist sich klar, daß es einer Anerkennung bedarf und daß diese konstitutiv wirkt[2]. Damit sind aber andere Probleme aufgetaucht. Welche Stellung haben die Europäischen Gemeinschaften gegenüber denjenigen Staaten, die sie nicht anerkennen? Wie ist ihr Status innerhalb der gesamten Völkerrechtsgesellschaft?

Der IGH hat in seinem Gutachten über die im Dienste der VN erlittenen Schäden[3] diesen Punkt bezüglich der VN damit abtun können, daß diese Organisation nicht nur dem Anspruch, sondern auch der Tatsächlichkeit nach 1949 universal war[4]. Aber gerade, daß der IGH auf die Universalität einen wesentlichen Teil seiner Argumentation aufbaute, zeigt, welche Bedeutung er der universalen Anerkennung beimaß. Sie fehlt den Europäischen Gemeinschaften. Können sie daher überhaupt Subjekte des Völkerrechts sein?

Hier zeigt sich die chaotische Struktur des Völkerrechts und seine starke politische Bestimmtheit. Die Anerkennung ist kein reiner Rechtsakt, sie ist ein rechtlich-politischer Akt[5], der von jedem „souveränen" Glied der Völkerrechtsgesellschaft für sich vorgenommen wird. Aber gerade, weil dem so ist, kann man nicht auf die universale Anerkennung abstellen. Hinsichtlich der Staaten versucht man, dem Dilemma durch die Theorie von der deklaratorischen Wirkung der Anerkennung zu entgehen. Aber das bleibt eine Scheinlösung, weil der politische Charakter des Aktes übersehen wird[6]. Zwar macht die Anerkennung einen Staat nicht zum Staat, aber zum Partner, von einem der außerhalb des Kreises steht, zu einem solchen der innerhalb desselben steht. Die DDR und

---

[2] *Bindschedler*, Rudolf L.: Die Anerkennung im Völkerrecht, Berichte der Deutschen Gesellschaft für Völkerrecht, Heft 4, Karlsruhe 1961, S. 1—27, Leitsatz III 8 und S. 13; *Mosler*: Erweiterung, S. 64, Leitsatz II 12 und S. 64.

[3] Reports 1949, S. 178 ff.

[4] Reports 1949, S. 185.

[5] Das erhellt besonders deutlich aus der Geschichte der Anerkennung als Institut der Völkerrechtsordnung: *Reibstein*, Ernst: Völkerrecht, Bd. 2, Freiburg-München 1963, S. 507—567. Der Streit um „konstitutive" und „deklaratorische" Wirkung der Anerkennung ist im Grunde eine Verschleierung des Problems, daß eine politische Machtfrage durch ein „einseitiges Rechtsgeschäft" gelöst wird. Man sieht nur noch das letzte, nicht aber mehr das erste. Siehe auch: *Freund*, Julien: Der unauffindbare Friede, in: Der Staat 1964, S. 159—182, S. 166 ff.

[6] Die Schwierigkeiten der Politik der Bundesrepublik bezüglich der Verhütung einer „Aufwertung" oder „Anerkennung" der DDR heben den eigentlich politischen Aspekt der Frage wieder deutlich ins Licht. Die juristischen Theorien lassen sogar die „Meisterleistung" zu, daß man einen Menschen als Staatsoberhaupt empfängt und behandelt, gleichwohl aber den von ihm repräsentierten Staat nicht „anerkennt".

Israel sind nach allen herkömmlichen Kriterien Staaten, die Regierung Rotchinas eine Regierung — aber solange sie von gewissen Mächten nicht anerkannt werden, stehen sie außerhalb des Kreises des Völkerrechts — aber nur für diese Staaten. Die Völkerrechtsgesellschaft ist kein geschlossener Kreis, keine geschlossene Szenerie. Sie hat einen unterschiedlichen Mitgliederkreis je nach Staat. Jeder Staat steht in einer Völkerrechtsgesellschaft verschiedenen Umfanges. Dies heißt nicht, daß es über hundert Völkerrechtsgesellschaften gäbe, es gibt nur eine. Aber ihr Umfang wechselt. Das scheint ein Widerspruch zu sein. Er liegt in der völligen Dezentralisation der Organe dieser Gesellschaft begründet, in der jedes Glied gleichzeitig nicht nur Organwalter, sondern Organ[7] ist, und zwar von seinem Standpunkt aus einzig entscheidendes Organ[8]. Das Stück wird auf wechselnder Szene gespielt. Manche Spieler begegnen sich nie und stehen in keiner direkten Beziehung, oft nicht einmal in einer mittelbaren, aber sie alle gehören zur „Besetzung" des Stückes.

Wirkt sich dieser chaotische Charakter der Völkerrechtsgesellschaft für die Staaten nur geringfügig aus, — es gibt zur Zeit wohl nur die drei genannten Fälle, wo die universale Anerkennung fehlt —, so ist die Lage hinsichtlich der zwischenstaatlichen und überstaatlichen Organisationen eine grundsätzlich andere. Vor allem den regionalen Organisationen fehlt die universale Anerkennung in der Regel. Ihre Völkerrechtspersönlichkeit ist daher zweifach beschränkt: funktional und hinsichtlich ihrer Stellung. Ihre „Rolle" ist also nicht die eines „Hauptakteurs". Allerdings steht nichts im Wege, daß die Stellung ausgebaut wird, daß die anerkennenden Staaten mehr werden. Dadurch wird nicht die Völkerrechtspersönlichkeit erweitert, aber die Wirkung derselben. Von den Europäischen Gemeinschaften her gesehen erweitert sich der Kreis, in dem sie stehen. Insofern sind sie „relative" Völkerrechtssubjekte[9]. Aber diese Eigenschaft teilen sie mit allen Völkerrechtssubjekten, nur daß sie bei ihnen offensichtlich wird, bei Staaten aber nur in Sonderfällen, wie denen der DDR oder Israels.

Für die Völkerrechtsgesellschaft bedeutet die Anerkennung von zwischen- und überstaatlichen Organisationen nicht nur eine quantitative, sondern auch eine qualitative Veränderung. Neben das Prinzip des Raumes als bestimmendes Gliederungsprinzip tritt das der Funktion. Ist der Staat durch seine räumliche Umgrenzung bestimmt, innerhalb derer er die unbestimmte Funktionsfülle hat, so werden die Organisationen

---

[7] Das ist das Phänomen des „dédoublement fonctionnel", von dem *Scelle* spricht.

[8] Mit Recht bezeichnet Charles *de Visscher* diese Lage als „représentation égocentrique des rapports internationaux", Théories et Réalités en Droit International Public, Paris 1955, S. 97.

[9] *Mosler:* Erweiterung, S. 64.

## § 17 Anerkennung der EG als Völkerrechtssubjekte

durch ihre Funktionen bestimmt, für die die Größe des überspannten Raumes sekundärer Art ist. Bestand bisher reine Nebenordnung, so treten nunmehr auch Überlagerungen ein. Das gilt nicht nur von den Mitgliedstaaten her gesehen, sondern auch von den anerkennenden Dritten her. So sehen sich die Mitgliedstaaten des GATT nicht mehr nur den ihnen nebengeordneten Mitgliedstaaten der EWG gegenüber, sondern dieser selbst als funktionaler Einheit der sechs Staaten. Man kann auch dieses als Nebenordnung ansehen. Jedoch könnte das dann in die Irre führen, wenn man es so ansehen würde, als ob gegenüber den anderen GATT-Staaten die EWG-Staaten und die EWG nebengeordnet wären. Vielmehr befinden sich die anderen GATT-Staaten einer gleichzeitigen Nebenordnung und Überlagerung innerhalb der EWG gegenüber. Dieser Gesamtkomplex, der nun nicht mehr räumlich, sondern fast ausschließlich funktional gegliedert ist, ist ihnen nebengeordnet. Verstärkt sich dieser Trend, so ist mit einer immer stärkeren Funktionalisierung der Völkerrechtsgesellschaft zu rechnen.

Die äußere Stellung der Europäischen Gemeinschaften ist also beschränkt durch ihre Funktionen wie durch die Anerkennung seitens der anderen Völkerrechtssubjekte. Sie sind ausgestattet mit der Fähigkeit, Zuordnungspunkt von Rechten und Pflichten des Völkerrechts zu sein. Der Umfang der Realisierung dieser Fähigkeit hängt von den anderen Völkerrechtssubjekten ab, inwieweit die Europäischen Gemeinschaften anerkannt und damit zum völkerrechtlichen Verkehr zugelassen werden. Der Umfang, wieweit das geschieht, ist eine politische Frage, die aber auf das engste mit der funktionalen Wirksamkeit der Europäischen Gemeinschaften verknüpft und von ihr abhängig ist. Wenn die Wirtschaftspolitik nach dem Ende der Übergangszeit der EWG wirklich eine gemeinsame Angelegenheit ist, also von den Organen der EWG geführt wird, werden manche Staaten gezwungen sein, sie anzuerkennen. Das ist dann eine zwar „sachgesetzlich" motivierte, im Grunde aber politische Entscheidung. Sie anerkennt die funktional bestimmte Macht gegenüber der räumlich bestimmten Macht, die zurückgedrängt wird. Die äußere Stellung der Europäischen Gemeinschaften beruht nur auf der Wirksamkeit der Ausübung ihrer Funktionen. Daß diese erhebliche Konsequenzen haben können, hat der „Hähnchenkrieg" im Jahre 1964 zwischen EWG und den USA deutlich werden lassen.

*Abschnitt 2*

## Die innere Stellung der Europäischen Gemeinschaften zu den Mitgliedstaaten

### § 18 Die staatliche Verfügbarkeit über den Bestand der Europäischen Gemeinschaften

*a) Grundsätzliches*

Obwohl auch die äußere Stellung der Europäischen Gemeinschaften berührend, ist die staatliche Verfügbarkeit über ihren Bestand doch zunächst ein inneres Problem derselben. An ihm entscheidet sich, ob die Europäischen Gemeinschaften eine gewisse Selbständigkeit erlangt haben, ob sie eigenständige Willens- und Wirkeinheiten sind, zwar von Staaten geschaffen, aber doch nunmehr ein eigenes „Leben" führend.

Da in diesem Paragraphen nur die Verfügbarkeit über den Bestand der Europäischen Gemeinschaften behandelt wird, ist von der Deutung der Rolle der Mitgliedstaaten innerhalb der Europäischen Gemeinschaften hierin noch nicht die Rede, obwohl es auch dabei auf eine Verfügbarkeit im weiten Sinne ankommt, nämlich ob die Staaten bei der Ausübung ihrer Befugnisse frei sind oder nicht.

Die in diesem Paragraphen gestellte Frage gliedert sich in zwei Teile. Einmal ist zu fragen, ob die Mitgliedstaaten gemeinsam nach Belieben mit den Gemeinschaften verfahren, sie aufheben oder doch wesentlich ändern können. Zum zweiten ist zu untersuchen, ob der einzelne Staat sich wieder von ihnen lösen kann. Während die zweite Frage bereits im gegenwärtigen Zustand mit hinreichender Eindeutigkeit verneint werden muß, fordert die Beantwortung der ersten eine Wahl. Die Entscheidung dafür oder dagegen ist letztlich davon abhängig, wem man den Vorzug gibt, der Überstaatlichkeit oder der Staatlichkeit, ob man davon überzeugt ist, daß das Prinzip der Staatlichkeit in seiner bisherigen Form weiterhin grundlegendes politisches Ordnungsprinzip sein kann oder ob es der Ergänzung durch die Überstaatlichkeit bedarf. Wenn auch viele Gründe sich für den jeweiligen Standpunkt anführen lassen, ich habe in den ersten drei Paragraphen versucht, Gründe für die Notwendigkeit der zweiten Alternative darzulegen, so ist die letzte Entscheidung doch nicht mehr begründbar. Man sollte diese Tatsache nicht verschleiern, sondern sie sich ganz bewußt machen, sonst gerät man zu leicht in Gefahr, Wunschvorstellungen für die Wirklichkeit auszugeben. Im Grunde befinden sich die Europäischen Gemeinschaften in einer Schwebelage. Auch hier wird deutlich, daß sie von einer ganz bestimmten politischen Zielrichtung getragen werden. In dem Maße, wie sie realisiert wird, erweisen die Europäischen Gemeinschaften sich als ein gangbarer Weg oder als eine Sackgasse. Mir scheint jedoch, und damit wird die hier getroffene Wahl für die Gemeinschaften begründet, daß die Gemeinschaften jedenfalls gegenwärtig die einzige politische Möglichkeit bieten, das Dilemma des Staates wenigstens im begrenzten Rahmen zu lösen. Wie gesagt, es ist eine Wahl, aber nichts spricht gegen die Zulässigkeit dieses Verfahrens, solange man einerseits sich dessen bewußt und andererseits zur Überprüfung dieser Wahl bereit ist, wenn hinlängliche Gegengründe geltend gemacht werden. Nicht ist es unsachgemäß und gefährlich, sich an einem bestimmten Punkte, wo eine eindeutige, sich aus den Tatsachen zwingend ergebende Begründung fehlt, zu entscheiden, sondern diese Entscheidung zu pretifizieren und zu ideologisieren, d. h. als angeblich absolute Erfassung der Wirklichkeit der Überprüfung an tatsächlichen und vernünftigen Gründen und daraus folgend der evtl. nötigen Änderung zu entziehen[1].

### b) *Einverständliche Verfügungen*

1. Die Gründungsverträge sind als völkerrechtliche Verträge zustande gekommen. Sie haben diesen Charakter behalten. Es ist anerkannte Regel im Völkerrecht, daß durch gegenseitiges Einverständnis ein Vertragsverhältnis aufgehoben werden kann[2]. Kann dieses Prinzip auch auf die Verträge der Gemeinschaften angewandt werden? Eine ausdrückliche Regelung besteht nicht. Der EGKS-Vertrag ist auf 50 Jahre, die beiden anderen Verträge sind auf „unbestimmte Zeit" abgeschlossen. Ein Teil der Lehre bejaht die Frage[3], andere verneinen sie[4]. Das

---

[1] Darin liegt der Unterschied zum Dezisionismus, wie ihn letzlich auch *Rosenstiel* vertritt. Der Dezisionismus ist eine Kritik des Wirklichen von einem idealen Sollen her. Bei *Rosenstiel* wird das in seiner Forderung nach dem Bundesstaat unmittelbar greifbar. Hier denkt Rosenstiel ausschließlich vom Ausnahmezustand der Gemeinschaften her — für den er recht hat. Die Frage ist aber bei der Schwebelage der Gemeinschaften zunächst einmal dahin zu stellen, wie in ihnen die realen Zwecke dauerhaft-allgemein vermittelt und verwirklicht werden. Zu der allgemein-philosophischen Grundfrage siehe *Marquard:* Hegel, S. 114 f., der auch darauf hinweist, daß es sich bei den Autoren, die den Ausnahmezustand zur Grundlage ihrer Wirklichkeitsbeschreibung machen, keineswegs um schlichte „Deskription" handelt, als welche auch Rosenstiel seine Arbeit versteht, sondern in Wahrheit um eine Forderung an die Wirklichkeit.

[2] *Kelsen:* Principles, S. 355 mit der wesentlichen Ausnahme der Verträge „for all time"; *Rousseau:* Droit international public, S. 54.

[3] Vor allem *Much:* Amtshaftung, S. 18; *de Visscher,* Paul: Actes Officiels II, S. 18; *Scheuner:* Rechtssetzungsbefugnis, S. 273; *Jerusalem:* Montanunion, S. 16; *Hallstein:* Schuman-Plan, S. 19; *Carstens:* Revision, S. 6; *Catalano:* Manuel, S. 99.

[4] Vor allem *Kelsen:* Principles, S. 356, ganz allgemein: „Such dissolution by mutual consent is legally excluded if the treaty is concluded for all time." *Thieme:* Öffentl. Gewalt, S. 72.

Problem kann, wie dargelegt, nicht endgültig durchrationalisiert werden. Carstens ist der Ansicht, daß die Staaten die Kompetenz-Kompetenz behalten hätten und damit auch das Recht, durch actus contrarius die Gemeinschaften wieder aufzulösen; Kelsen hat eine mögliche Antwort vorweggenommen, wenn er den Satz aufstellt, daß die Partner eines Vertrages „for all time" auf ihre Kompetenz-Kompetenz insoweit verzichten, insoweit also kein Recht mehr haben, Verträge zu schließen. Der actus contrarius wäre aber ein neuer Vertrag über die Gemeinschaften.

Da der Grundsatz der Aufhebbarkeit eines völkerrechtlichen Vertrages besteht, ist zu untersuchen, was im vorliegenden Fall dagegen spricht. Es handelt sich bei den Gründungsverträgen um Vereinbarungen, durch die neue Willens- und Wirkeinheiten mit eigener Rechtssubjektivität geschaffen wurden. Das ist zunächst zu beachten. Zwar haben die Staaten diese neuen Einheiten gegründet. Aber nach dieser Gründung sind sie zu einer objektiven, institutionalisierten Ordnung geworden. Ihre Befugnisse sind originär, sie richten sich u. a. gegen die Staaten selbst. Die Gemeinschaften haben sich von den Staaten gelöst, sind nicht mit ihnen identisch und auch nicht ihr verlängerter Arm. Dieser Charakter braucht aber für sich allein ein Auflösungsrecht durch die Gründerstaaten nicht notwendig auszuschließen, da er zunächst nur das interne Verhältnis betrifft.

Jedoch hat er Auswirkungen nach außen. Die Gemeinschaften haben, wie dargelegt, Völkerrechtssubjektivität. Sie sind Glied der Völkerrechtsgesellschaft und stehen als solches in Beziehungen mit anderen Gliedern. Diese Beziehungen haben bereits jetzt eine gewisse Verdichtung erfahren durch die Assoziationsverträge der EGKS mit Großbritannien, der EWG mit Griechenland, der Türkei, Madagaskar und afrikanischen Staaten. Es ist dadurch eine neue objektive, institutionelle Ordnung entstanden, die Rechte Dritter begründet. Diese Tendenz kann ausgeweitet werden. So sieht z. B. Art. 111 Abs. 2 EWGV Zollabkommen und Art. 113 EWGV Handelsabkommen der EWG als Gemeinschaft mit dritten Staaten vor. Die Gemeinschaften sind damit zu einem Kristallisationspunkt, zu einem Zuordnungssubjekt außerhalb des bloßen Mitgliederkreises geworden. Sie haben eine spezifische Stellung inne, die die Mitgliedstaaten nicht ohne weiteres übernehmen könnten. Die Regeln der Staatensukzession könnten nicht etwa bei einer Auflösung angewandt werden. Gerade was die Assoziationsverträge angeht, so würde die Auflösung der Gemeinschaften durch die Mitgliedstaaten in Rechtsbeziehungen eingreifen, in die sie nicht eintreten können. Eine Auflösung würde also nicht mehr nur die eigenen Rechtsverhältnisse betreffen, sondern auch die Dritter. Darüber steht den Staaten aber keine Verfügungsgewalt zu. Auch hier spielt wieder das Problem der An-

## § 18 Staatliche Verfügbarkeit über die Gemeinschaften

erkennung eine Rolle. Eine Auflösung müßte ebenso wie die Gründung von den anderen Gliedern der Völkerrechtsgesellschaft anerkannt werden. Diese äußere Stellung wirkt auf die innere zurück. Die Gemeinschaften lösen sich von ihren Mitgliedern, gewinnen auch nach innen eine Eigenständigkeit, über die die Mitgliedstaaten nicht einfach hinweggehen können.

Gegen ein einverständliches Auflösungsrecht der Mitgliedstaaten spricht die Zielsetzung der Verträge. Sie sind darauf gerichtet, eine engere Gemeinschaft zwischen den Mitgliedstaaten herbeizuführen[5]. Dieses Ziel gestattet zwar ein Aufgehen in einer Gemeinschaft, die ein weiterer Schritt auf dieses Ziel hin ist, nicht aber eine Auflösung, es sei denn das Ziel wird selbst aufgegeben. Das aber wäre ein revolutionärer Akt, der zwar nicht verhindert, aber auch nicht geregelt werden kann. Die Gemeinschaften sind durch dieses Ziel politisch konstituiert. Sie stehen dadurch in einer gewissen Ordnung, die sie selbst übergreift. Es ist ihnen ein Platz zugewiesen, der nur ihnen zukommt. Ohne die Ordnung zu ändern, ist eine Auflösung nicht möglich. Das kommt darin zum Ausdruck, daß die Gemeinschaften die Bildung einer die Staaten übergreifenden Sphäre betreiben, indem sie einen gemeinsamen Markt schaffen. Ohne auf die Einzelheiten dieses Begriffes an dieser Stelle einzugehen, kann gesagt werden, daß ein einheitliches Wirtschaftsgebiet geschaffen werden soll[6]. Das bewirkt die Bildung eines Netzes der Wirtschaftsabläufe, das die nationalen Grenzen beiseite läßt. Es bewirkt im überaus verstärkten Maße die in § 2 geschilderten Verflechtungen. Mag dies auch zunächst eine „funktionale", eine „sachgesetzliche" Ordnung sein, sie hat ihre Rückwirkungen im politischen Bereich. Sie schafft tatsächliche Verhältnisse, die nicht einfach aus der Welt geräumt werden können. Es bildet sich allmählich ein — wenn auch funktional bestimmtes — soziales Substrat heraus. Eine Aufhebung der Verträge würde die Gemeinschaften nicht beseitigen. Es entsteht auch insoweit eine objektive Ordnung, die sich der Herrschaft der Staaten entzieht. Das gilt bereits heute und wird fortschreitend gelten. Diese Entwicklung ist dabei keineswegs zufällig und rein tatsächlich, sondern sie ist gewollt. Wenn sie daher auch rein tatsächlicher Art zu sein scheint, so ist sie doch in Wirklichkeit das Ergebnis des Hinwirkens auf einen als gesollt vorgestellten Zustand. Es handelt sich daher nicht um das Problem der Normativität des Faktischen, sondern eher um die Faktizität des Normativen. Der „Vollzug" der Verträge, der in Wahrheit gar kein Vollzug mehr ist, sondern eine Anwendung, denn der Vollzug müßte mal zu Ende kommen, wie das bei Austauschverträgen auch der

---

[5] Siehe insbesondere die Präambel zum EGKS-Vertrag und zum EWG-Vertrag.
[6] Siehe unten § 20 c.

Fall ist, führt so immer mehr zur Schaffung einer eigenen Sphäre der Gemeinschaften, die nicht mehr die der Staaten ist. Wenn es auch falsch ist zu glauben, die Anwendung der Verträge führe automatisch zur politischen Union[7], so darf man andererseits nicht übersehen, daß die Sphäre der staatlichen Ordnung verlassen und eine eigenständige neue Ordnung bewußt aufgebaut wird, die ihrerseits wieder bestimmte Entscheidungen verlangt. Die Staaten haben einen Prozeß in Gang gesetzt, der mit einer eigenen Gesetzlichkeit aus ihnen herausführt und den sie nur noch um den Preis des Chaos rückgängig machen können[8]. Auch die Staaten können ihre Kinder nur durch Totschlag beseitigen[9].

2. Das bisher Gesagte gilt ebenfalls weitgehend für die Vertragsänderung. Auch hier überwiegt das Satzungsrecht der Verträge das Vertragsrecht. Jeder Vertrag enthält eigene Bestimmungen über die Vertragsänderung[10]. Der entsprechende Ministerrat berät Änderungsvorschläge der Mitgliedstaaten oder der Hohen Behörde bzw. der Kommissionen der EWG und der EAG[11]. Gibt der Rat eine positive Stellungnahme ab[12], ruft der Präsident des Rates eine Konferenz der Regierungsvertreter ein, die die Änderungen vereinbaren. Sie müssen dann von allen Mitgliedstaaten ratifiziert werden. Daneben bestehen einige autonome Änderungs- und Ergänzungsbefugnisse der Gemeinschaften[13]. Die Frage ist, ob es außerhalb dieser im Vertrage ausdrücklich geregelten Änderungsverfahren möglich ist, jeden Vertrag auch durch einverständliches Zusammenwirken seitens der Mitgliedstaaten zu ändern. Auch diese Frage wird teilweise bejaht[14] und teilweise verneint[15]. Die Staatenpraxis scheint der ersten Meinung zuzuneigen. So

---

[7] Auf diesen Irrtum weist zu Recht *Rosenstiel:* Supranationalität, z. B. S. 23 ff. hin.

[8] Diese Situation der Wirklichkeit wird dann übersehen, wenn man vom Ausnahmezustand her denkt. Wer das Chaos als Ausgangspunkt nimmt, kann nicht mehr sehen, daß das Chaos eben Chaos ist.

[9] Auch *Catalano:* Manuel, S. 420 ist der Auffassung, daß durch die Gemeinschaften politische Fakten geschaffen wurden, die eine Annullierung ausschließen. C. bejaht jedoch das Auflösungsrecht. Soweit können aber Recht und Wirklichkeit nicht auseinandertreten.

[10] Art. 96 EGKSV; Art. 236 EWGV; Art. 204 EAGV.

[11] Bei der EGKS ist Zweidrittelmehrheit im Rat erforderlich, bei den beiden anderen Gemeinschaften genügt einfache Mehrheit.

[12] Leider fehlt ein Initiativrecht des Parlamentes; nur bei EWG und EAG muß es gehört werden.

[13] Art. 95, Abs. 3 und 4 EGKSV; Art. 14, 33 u. a. EWGV; Art. 76, 85, 90 u. a. EAGV.

[14] *Much:* Amtshaftung, S. 18; *de Visscher,* Paul: Actes Officiels II, S. 17; *Jerusalem:* Montanunion, S. 19; *Scheuner:* Rechtssetzungsbefugnis, S. 273; *Carstens:* Revision, S. 6.

[15] Vor allem: *van der Goes van Naters:* La Révision des Traités Supranationaux, Nederlands Tijdschrift voor Internationaal Recht, Liber Amicorum J. P. A. François, Leiden 1959, S. 120 ff.; *Thieme:* Öffentliche Gewalt, S. 72; *Reuter:* Cours, S. 130, legt sich nicht eindeutig fest.

§ 18 Staatliche Verfügbarkeit über die Gemeinschaften 137

wurde der EGKS-Vertrag außerhalb des Verfahrens nach Art. 96 EGKSV einmal durch den Saarvertrag[16] und zum zweiten Mal durch das Abkommen über die „Gemeinsamen Organe" vom 25. März 1957 geändert. Jedoch gelten die bereits gegen das Recht zur Aufhebung vorgebrachten Argumente in noch stärkerem Maße für die Vertragsänderung. Besonders bedeutungsvoll ist wiederum die Selbständigkeit der Gemeinschaften, so daß Reuter zu Recht sagen kann, daß die Gemeinschaften „ont des droits opposables aux Etats-membres" und daß diese „ne peuvent plus en disposer sans leur concours"[17]. Mosler hat das bestritten[18]. Allerdings gibt er keine Gründe an. Es ist richtig, daß die Europäischen Gemeinschaften kein volles Recht der „Selbstgesetzgebung" haben. Aber es ist andererseits auch nicht zu leugnen, daß als ein hervorstechendes Merkmal der durch die Verträge vorgesehenen Änderungsverfahren die Gemeinschaften selbst durch Initiativ-, Anhörungs- und Beschlußrechte ihrer Organe an den Verfahren zur Änderung der Verträge beteiligt sind. Dadurch haben sie eine Stellung erlangt, die die Mitgliedstaaten nicht umgehen können. Auch ohne in den Gemeinschaften ein bundesstaatliches Gebilde zu sehen, muß festgehalten werden, daß die Staaten gegenüber den Gemeinschaften Verpflichtungen haben. Ob man soweit gehen soll wie etwa Kraus, und die Staaten als Organe der Gemeinschaften bezeichnen kann[19], erscheint zweifelhaft, zumal seiner Theorie vom Umschlag des Vertrages in eine Verfassung nicht gefolgt werden konnte[20]. Jedoch stehen die Staaten als Mitglieder der Gemeinschaften nicht außerhalb oder oberhalb der Rechtsordnungen der Gemeinschaften. Vielmehr vollzieht sich ihr Handeln in ihnen. Zu Recht bezeichnet daher van der Goes van Naters die Vertragsänderung als einen „acte communautaire"[21]. Die Mitgliedstaaten müssen diesen „acte communautaire" in den vorgeschriebenen Formen vornehmen. „Die Rolle der Organe der Gemeinschaft (der EGKS) ist also vorgesehen und notwendig. Es ist kühn zu erklären, daß die Mitgliedstaaten unter Verletzung dieses Textes (Art. 96 EGKSV) und unter Berufung auf das klassische Völkerrecht sich über dieses Verfahren hinwegsetzen und sich unmittelbar im ordentlichen diplomatischen Wege einigen können[22]." Diese Worte des früheren Abgeordneten des Europa-

---

[16] Art. 21 und 28 EGKSV.
[17] *Reuter:* Cours, S. 130; *Catalano:* Manuel, S. 129, spricht von einem „autogouvernement, c'est-à-dire une autonomie caractérisée et substantielle par rapport à d'autres personnes de droit international, notamment aux Etats souverains".
[18] Erweiterung, S. 67.
[19] *Kraus,* Herbert: Betrachtungen, S. 371.
[20] Siehe oben § 7 a 2.
[21] *Van der Goes van Naters:* Révision, S. 125.
[22] *Wigny:* Bericht, S. 42 f. Wigny richtet sich dabei ausdrücklich gegen

parlamentes und späteren belgischen Außenministers, Pierre de Wigny, über das Verfahren zur Vertragsänderung des EGKS-Vertrages gelten auch für die EWG und die EAG.

Neben dieser formalen Bindung ist auch eine sachliche Bindung an die Vorschriften der Verträge über die Vertragsänderung denkbar. Eine Umformung der Gemeinschaften in zwischenstaatliche Organisationen allgemeiner Art auf der Basis der Koordination käme einer Entleerung gleich. Sie wäre keine „Änderung", sie wäre eine „Vernichtung" im Sinne Carl Schmitts. Es würde für sie das zur Auflösung Gesagte gelten. Eine Fusion hingegen wäre eine Weiterentwicklung, wie nunmehr die Fusion der Direktorien und der Räte[23], die einer Fusion der Gemeinschaften selbst sehr nahe kommt und auch als erster Schritt zu einer solchen gedacht ist. Die Aufhebung wäre dann keine Beseitigung, sondern nur das Aufgehen der Gemeinschaften in einer höheren Gemeinschaft, auf die hin die bestehenden Gemeinschaften zielen, wie es im Vorspruch des EGKS-Vertrages deutlich ausgesprochen worden ist, und die ideell schon besteht[24, 25].

### c) Einseitige Verfügungen

Als erster einseitiger Akt kommt die Kündigung eines oder der Gründungsverträge seitens eines Vertragspartners in Betracht. Die Kündigung bedeutet den Austritt des Kündigenden. Eine solche ist nach h. M. nur möglich, wenn dies in einer besonderen Vorschrift im Vertrag selbst vorgesehen ist[26]. Die Verträge über die Errichtung der Europäischen Gemeinschaften enthalten keine Kündigungsklauseln oder

---

*de Visscher,* oben Fußn. 14, auf den sich nunmehr *Carstens* beruft. Der Bericht ist von der Gemeinsamen Versammlung einstimmig gebilligt worden. — *Van der Goes van Naters* berichtet: Révision, S. 127, daß die niederländische Zweite Kammer eine Entschließung angenommen hat, in der sie die Auffassung vertritt, daß Vertragsänderungen nur im Wege der durch die Verträge vorgesehenen Verfahren durchgeführt werden können. Die niederländische Regierung hat sich diese Auffassung dann ebenfalls zu eigen gemacht. Das bedeutet, daß eine anderweitige Änderung, die nur einstimmig erfolgen könnte, zumindest sehr erschwert ist.

[23] Der herkömmliche Sprachgebrauch spricht von „Exekutiven".

[24] Man kann hier auf Gedanken des Saarurteils des BVerfG verweisen.

[25] Der Einwand von *Carstens,* eine Befragung der Gemeinschaftsorgane könnte evtl. verzögernd, ja gefährdend für eine Fusion wirken, ist m. E. nicht stichhaltig. Bisher jedenfalls gehen die stärksten Initiativen zu einer Fusion von den Gemeinschaftsorganen aus. Außerdem werden solche Beschlüsse niemals spontan, sondern nach langen Beratungen gefaßt.

[26] *Kelsen:* Principles, S. 356; *Rousseau:* Droit international, S. 55; *Oppenheim, Lauterpacht,* Hersh: International Law I, 8th, ed. London 1958, S. 939 f. erkennt nur das Recht eines Staates an, auf Grund nachträglicher Unmöglichkeit an den anderen Vertragspartner den Antrag zu richten, ihn aus den Vertragsverpflichtungen zu entlassen. Dann liegt aber kein einseitiger Kündigungsakt mehr vor.

§ 18 Staatliche Verfügbarkeit über die Gemeinschaften

-vorschriften. Es gelten für sie die allgemeinen Vorschriften des Völkerrechts. Jedoch könnte sich aus der ungewöhnlich langen Dauer der Verträge etwas anderes ergeben. Der Vertrag über die EGKS läuft 50 Jahre[27], die Verträge über die EWG und EAG gelten „auf unbegrenzte Zeit"[28]. Es ist aber abzulehnen, aus diesen Bestimmungen besondere Folgerungen hinsichtlich der Kündigung zu ziehen[29]. Also ist eine Kündigung schon ausgeschlossen, soweit die Gründungsverträge bloße völkerrechtliche Verträge sind. Da aber durch einen jeden eine selbständige, mit eigener Rechtspersönlichkeit ausgestattete Willens- und Wirkeinheit gegründet wurde, sind die in dieser herrschenden besonderen Rechtsbeziehungen zu berücksichtigen. Bereits für die allgemeinen internationalen Organisationen wird ein Kündigungsrecht verneint, wenn entsprechende Vorschriften nicht in den Verträgen enthalten sind[30]. Das gilt in noch stärkerem Maße für die Europäischen Gemeinschaften, die einen wesentlich engeren Zusammenschluß darstellen. Von den erläuterten Zielen her tragen die Europäischen Gemeinschaften notwendigerweise das Element der Dauer in sich. Schon rein tatsächlich ist durch die Entwicklung der Gemeinschaften zu einheitlichen Wirtschaftsgebieten bereits jetzt eine hinreichende Dichte entstanden, um eine Kündigung unmöglich zu machen. Die Kündigung eines Mitgliedstaates würde nicht nur dessen Austritt bedeuten, sondern zu einer Auflösung der Gemeinschaften selbst führen und so die Staaten, die außer ihm Mitglieder sind, in unzumutbarer Weise belasten[31].

Die Mitgliedstaaten haben eine neue Gesamtrechtseinheit geschaffen. Dem einzelnen Staat kann darüber keine Verfügungsmacht zukommen. Erzwingt ein Mitgliedstaat seinen Austritt, so ist das ein revolutionärer Akt. Aus den gleichen Gründen ist auch kein Rücktrittsrecht gegeben[32].

Ein Rücktritt käme nur in Betracht, wenn die anderen Vertragspartner sich schwere Verfehlungen gegen den Vertrag zuschulden kommen lassen. Schon im allgemeinen Völkerrecht ist ein Rücktrittsrecht umstrit-

---

[27] Art. 97 EGKSV.
[28] Art. 240 EWGV; Art. 208 EAGV.
[29] *Kelsen:* Principles, S. 357, der gerade aus der langen Dauer oder aus dem Abschluß „for all time" auf den Ausschluß der Kündbarkeit schließt.
[30] So vor allem: *Kelsen,* Hans: The Law of the United Nations, London 1951, 3rd impression 1954, S. 122—125 und Principles, S. 357 f. Allerdings wird das von anderen bestritten, insbesondere von den Russen. Siehe: *Sohn,* Louis B.: Cases on United Nations Law, Brooklyn 1956, S. 68 ff.; auch *Bindschedler:* Rechtsfragen, S. 41 mit weiteren Verweisen. Inzwischen ist Indonesien, als einziger Staat, tatsächlich aus den VN und einigen Sonderorganisationen ausgetreten.
[31] Es wurde daher auch von seiten des Auswärtigen Amtes durch den Staatssekretär Carstens zu der Austrittsdrohung Frankreichs im Herbst 1964 im Bundestag erklärt, daß eine einseitige Kündigung unzulässig sei.
[32] *Catalano:* Manuel, S. 99.

ten³³. Es muß für die Gemeinschaften ausgeschlossen werden. Denn sie bilden eine Einheit, innerhalb derer der Gemeinschaftszweck nur erreicht werden kann, wenn ein einseitiger Rücktritt und damit ein erheblicher Unsicherheitsfaktor ausgeschlossen ist³⁴. Die Verträge sehen verschiedene Möglichkeiten vor, gegen die verletzenden Staaten auch von seiten der anderen Mitgliedstaaten vorzugehen. Auf diese bleiben die Staaten verwiesen, die sich durch das Verhalten anderer Staaten verletzt fühlen³⁵. Für die EWG und die EAG haben die Mitgliedstaaten außerdem ausdrücklich die Pflicht übernommen, Streitigkeiten nur nach den durch die Verträge vorgesehenen Verfahren zu regeln³⁶. Diese vertragliche Pflicht ist aus den vorgenannten Gründen unwiderruflich.

Demgegenüber vertritt Bindschedler die Ansicht, daß die Kündigungs- und Rücktrittsrechte des allgemeinen Völkerrechts auch für die Gemeinschaften gelten³⁷. Diese hätten ihren Grund in einem „übergeordneten Gewohnheitsrecht". Dem ist aus den bereits angeführten Gründen nicht zuzustimmen. Bindschedlers Ansicht, daß das Völkergewohnheitsrecht dem vertraglichen Völkerrecht übergeordnet sei, ist nur insoweit zutreffend, als das Vertragsrecht für seine Gültigkeit das Gewohnheitsrecht, etwa den Satz pacta sunt servanda, voraussetzt³⁸. Soweit das nicht der Fall ist, kann das Gewohnheitsrecht durch das Vertragsrecht ausgeschlossen werden³⁹. Das allgemeine auf Gewohnheit beruhende Völkerrecht in Bezug auf Rücktritt und Kündigung wird durch die Gründungsverträge der Europäischen Gemeinschaften ausgeschlossen. Sie sind ihrer ganzen Zielrichtung nach auf Dauer angelegt, ja, auf eine

---

[33] *Bindschedler:* Rechtsfragen, S. 38.

[34] Ebenso *Kraus:* Betrachtungen, S. 371 f.; *Visscher,* Paul de: Actes Officiels II, S. 15, *Carstens:* Revision, S. 4. Obwohl sich alle diese Stimmen auf den für 50 Jahre abgeschlossenen EGKS-Vertrag beziehen, gilt gleiches für die unbefristeten EWG- und EAG-Verträge. Praktisch ist kein Unterschied vorhanden. Auch 50 Jahre sind für diese Verträge eine „unbegrenzte Zeit"; denn es gilt, einen Gemeinsamen Markt zu errichten, der wohl kaum im Jahre 2002 ohne weiteres wieder in nationale Märkte aufgegliedert werden könnte. Außerdem würden Kohle und Stahl dann automatisch unter den EWG-Vertrag fallen.

[35] Art. 88 EGKSV; Art. 169, 170, 224, 225 EWGV; Art. 141, 142 EAGV. Siehe auch: *Jerusalem:* Montanunion, S. 17.

[36] Art. 219 EWGV; Art. 193 EAGV.

[37] *Bindschedler:* Rechtsfragen, S. 39—42. Auch *Dahm:* Völkerrecht II, S. 19 scheint dem zuzuneigen; denn sonst entstünde nach seiner Auffassung eine „Zwangsmitgliedschaft". Diese erscheint mir nicht ganz zutreffend; denn unter Zwangsmitgliedschaft versteht man, daß ein Mensch oder eine andere soziale Einheit gezwungen werden kann, in einen Verband einzutreten, z. B. Zwang zum Beitritt zu einem Wasserverband. Die Staaten treten aber freiwillig den Gemeinschaften bei.

[38] So ist auch *Kelsen:* Principles, S. 314 zu verstehen.

[39] Gegen die generelle Überordnung des Gewohnheitsrechts auch *Reuter:* Cours, S. 82.

## § 18 Staatliche Verfügbarkeit über die Gemeinschaften

immer stärkere Verbindung der Mitglieder untereinander, die selbst einen europäischen Bundesstaat nicht ausschließt[40].

Nun hat aber Rosenstiel darauf hingewiesen, die Gemeinschaften stünden unter dem Schatten der clausula rebus sic stantibus[41]. Auch Bindschedler ist, jedenfalls hinsichtlich der EGKS, der Auffassung, daß dieses Prinzip für die Gemeinschaften gelte[42]. Sehen wir im folgenden davon ab, daß die Geltung einer solchen clausula im Völkerrecht mit gewichtigen Gründen bestritten wird[43] und setzen wir ihre Geltung voraus. Es muß festgehalten werden, daß hier wieder der Ausnahmezustand in die Argumentation eingeführt wird, für den die clausula rebus sic stantibus nur den Versuch einer rechtlichen Erfassung darstellt.

Wie bereits dargelegt, nimmt Rosenstiel den Ausnahmezustand zum Ausgangspunkt seiner „Beschreibung" der Europäischen Gemeinschaften, ihrer Lage und ihres Rechts überhaupt. Die Konsequenzen dieses Vorgehens wurden ebenfalls bereits untersucht. Es gibt zwei Möglichkeiten, den Ausnahmezustand zu behandeln. Entweder man stellt ihn außerhalb des Rechts selbst, oder man versucht, auch für ihn Rechtsregeln aufzustellen. Rosenstiel geht den ersten Weg — wenn er auch aus dem Ausnahmezustand Rechtsordnung sich entwickeln läßt. Sätze wie die folgenden machen das deutlich: „Man muß hier jedes Hirngespinst verbannen: Das Politische läßt sich nicht zähmen; die ‚vollkommene' Politik ist nicht von dieser Welt[44]." „In der Politik fragt sich der, der handelt, nicht. Er fragt nicht, ob er ein Recht zum Handeln hat[45]." „Die Beobachtung der Tatsachen ermöglicht die Behauptung, daß vor dem Recht die Politik kommt: aus ihr entsteht alles und alles kehrt zu ihr zurück. Die Norm setzt sich in den Intervallen durch, die ihr die Politik überläßt[46]." Bei dieser Argumentation hat der Jurist sein Recht verloren; der Rest ist, von seiner Seite, Schweigen. Ein Rücktritts„recht" jedenfalls folgt daraus für den Ausnahmezustand nicht, sondern nur die tatsächliche Möglichkeit. Der Jurist kann erst das wieder zu fassen suchen, was aus dem Ausnahmezustand entstanden ist.

---

[40] Vgl. die Präambeln der Verträge; allerdings sei betont, daß eine solche Entwicklung keineswegs notwendig und vielleicht nicht einmal wünschenswert ist.
[41] Supranationalität, S. 59.
[42] Rechtsfragen, S. 39—42.
[43] z. B. *Kelsen:* Principles, S. 358 ff.; *Rousseau:* Droit international public, S. 61. *Kelsen* ist der Auffassung, daß eine solche Klausel gerade dem Hauptzweck des Völkerrechts, nämlich der Sicherheit, widerspräche und sich auch als positive Norm kaum nachweisen lasse.
[44] Supranationalität, S. 98.
[45] Supranationalität, S. 65.
[46] Supranationalität, S. 50.

In dieser Untersuchung wurde davon ausgegangen, daß auch der Ausnahmezustand nach gewissen Regeln zu bewältigen sei, wenn er wirklich zu einer neuen Ordnung führen soll. Man kann dagegen einwenden, dann sei es kein Ausnahmezustand mehr. Aber dann tritt nur das vorgehend Gesagte ein: Schweigen. — Die Verträge selbst versuchen, den Ausnahmezustand jedenfalls während der Übergangszeiten aufzufangen. Sie sehen vor, daß bei Schwierigkeiten der Mitgliedstaaten bestimmte Maßnahmen ergriffen werden können, die sogar eine gewisse Isolierung der Staaten und damit die teilweise Aufhebung des gemeinsamen Marktes ermöglichen[47]. Innerhalb der EGKS wurden für Belgien entsprechende Ausnahmemaßnahmen getroffen, die zu einer zeitweisen Isolierung des belgischen Kohlemarktes führten. Rosenstiel sieht in diesen Regelungen einen Mangel der Europäischen Gemeinschaften als politische Gemeinschaften[48]. Das ist letztlich aber nur dadurch bedingt, daß er vom Bundesstaat, und damit vom Staat her denkt, den er als einzige politische Einheit gelten läßt. Ohne auf die Stellung der Gemeinschaften nach innen schon hier im einzelnen einzugehen, das bleibt dem letzten Abschnitt vorbehalten, muß zugegeben werden, daß die Europäischen Gemeinschaften keinen Staat bilden. Nun ist aber keineswegs ausgemacht, daß der Staat die einzige mögliche politische Einheit ist. Er war es nicht, sondern ist eine historische Erscheinung, und schon daraus folgt, daß er es nicht immer zu sein braucht. Geht man daher davon aus, daß es auch andere, wenn auch sicherlich lockerere politische Einheiten gibt als die Staaten, so sprechen die genannten Ausnahmeregelungen keineswegs gegen die Gemeinschaften. Man kann sie sogar als Positivum werten. Denn sie erlauben es, den Ausnahmezustand in seiner krassen Form, wo es auf Biegen und Brechen geht, zu vermeiden. Die Vorschriften erlauben eine Bereinigung innerhalb der Gemeinschaften, ohne doch die Mitgliedstaaten als solche aufzuheben, indem sie sie der Autorität der Gemeinschaften endgültig unterwerfen, und ohne die Gemeinschaften preiszugeben, indem jeder schwerwiegendere Konflikt gleich zur Explosion derselben führt. Das Prinzip der Gemeinschaften ist das Gleichgewicht, die Schwebelage. Das ist aber keineswegs „unpolitisch". Es ist sogar im höchsten Maße politisch, wie zu zeigen sein wird. Aber wenn diese Vorschriften nicht mehr ausreichen, muß sich jede Ausnahmebewältigung nach bestimmten Zielen richten: Was ist gewollt? Die Mitgliedstaaten haben sich einmal für die Gemeinschaften entschieden. Dann sind sie und ihre Erhaltung Maßstab für das Handeln im Ausnahmezustand. Wird diese Entscheidung zurückgenommen und der Einzelstaat und seine Souveränität hervorgekehrt — wobei von den Ergebnissen der Paragraphen zwei und drei abgesehen werden soll — so

---

[47] Art. 226 EWGV.
[48] Supranationalität, S. 82/83.

ist das ein revolutionärer Akt⁴⁹. Auch da ist der Jurist am Ende. Bleibt es bei der ursprünglichen Entscheidung, so ist das Rücktrittsrecht ausgeschlossen. Wird sie geändert, so sind damit die Gemeinschaften bereits zerstört, der Rücktritt ist nur der Vollzug und beruht als „Recht" bereits auf der neuen, nicht mehr auf der alten Ordnung. Es erweist sich also, daß der Ausnahmezustand für das Recht nichts hergibt. Denn das Recht will gerade die Politik zähmen. Es ist ein Ausfluß der Vernunft, deren Geschichte die Geschichte Europas ist. „Vernünftig ist, was den Ausnahmezustand vermeidet⁵⁰."

Sowohl hinsichtlich der einverständlichen Auflösung wie auch der einseitigen Kündigung ist aber zu bedenken, daß auch ein Bundesstaat derartigen Möglichkeiten zugänglich ist. Auch ein solcher kann sich auflösen. Auch da gibt es nach der Auffassung mancher das Recht der Sezession⁵¹. Mit Recht weist daher Catalano darauf hin, daß diesen beiden Problemen nicht die entscheidende Bedeutung zukommen kann, die ihnen verschiedentlich zugelegt wird⁵². Sie sind zwar wichtige Anhaltspunkte für die Beurteilung der rechtlich-politischen Stellung der Gemeinschaften, aber auch nicht mehr.

## § 19 Der bündische Charakter der Europäischen Gemeinschaften — Grundlagen

### a) Allgemeines

1. Es besteht Übereinstimmung, daß die Europäischen Gemeinschaften keinen Staat oder Staaten bilden. Was sie aber darstellen, ist ungeklärt. Einerseits sieht man in ihnen einen „partiellen Bundesstaat"¹; auf der anderen Seite steht ihre Kennzeichnung als bloße Verwaltungsgemeinschaften². Im allgemeinen behilft man sich, sie als Erscheinungen „sui generis" zu bezeichnen³. Das ist zwar richtig, aber für sich genommen nicht gerade ergiebig. Auf Grund der vorhergehenden Untersuchungen soll hier ein neuer Versuch unternommen werden, die rechtliche und politische Stellung der Europäischen Gemeinschaften näher zu bestimmen. Es ist jedoch zu berücksichtigen, daß eine abschließende, umfas-

---

[49] Siehe auch *Catalano:* Manuel, S. 421.
[50] *Marquard:* Hegel, S. 115, Fußn. 47.
[51] Art. 17 der Verfassung der UdSSR; auch die frühe amerikanische Auffassung bejahte dieses Recht, siehe *Schmitt:* Verfassungslehre, S. 374 f.
[52] Manuel, S. 421.
[1] *Ophüls:* Grundgedanken, S. 289.
[2] z. B. *Jerusalem:* Montanunion, S. 13 f.; cf. *Rosenstiel:* Supranationalität, S. 121.
[3] z. B. *Catalano:* Manuel, S. 18.

sende Einordnung der Europäischen Gemeinschaften vorerst nicht möglich ist; denn, wie bereits dargelegt, sind sie dynamischer Art, in der Entwicklung begriffen, da ihr Ziel, die Einheit Europas außerhalb ihrer selbst liegt. Sie sind darüber hinaus ein Versuch, der Versuch, neben und über die allgemein-politische Einheit Staat eine funktional-politische Einheit zu setzen. Insofern sind sie etwas Neues. Da aber die Staatlichkeit nicht nur die Tradition und die Leistungen der Vergangenheit, sondern eine gewisse allgemeine Vernünftigkeit für sich beanspruchen kann, ist eine gewisse Skepsis geboten, ob die Nöte der Staatlichkeit, wie sie in den §§ 2 und 3 dargelegt wurden, auf diesem Wege und nicht nur im Wege des Superstaates zu bewältigen sind. Aber andererseits darf diese Skepsis nicht dazu verführen, das Spezifische der Europäischen Gemeinschaften zu übersehen. Denn, wenn sie mit neuen Organisationsformen auch nur ein Versuch sind, dessen Erfolg sich noch nicht bestätigen läßt, so liegt doch gerade in der Neuheit auch die Chance. Die Mittel selbst sind nicht neu in dem Sinne, daß sie vorher nicht angewandt wurden. Man hat sich in der Literatur hinreichend bemüht, Vorbilder zu finden: Zollunionen, speziell der Deutsche Zollverein, die alte Donaukommission und andere. Aber einerseits waren die verschiedenen Mittel noch nie in diesem umfassenden Maße zu so umfassenden Zwecken versammelt, zum anderen erfaßten die genannten Organisationen nicht derart verschiedene Staaten. Auch darüber besteht Einigkeit. Das Neue liegt also nicht in den Mitteln, sondern in ihrer Verwendung.

Rosenstiel hält den Versuch für aussichtslos. Sein Argument: Die Gemeinschaften haben keine Souveränität. Diese ist den Staaten verblieben. Im Ausnahmezustand sind sie diejenigen, die entscheiden, womit alles beim alten bleibt. Aber auch in der normalen Tätigkeit der Gemeinschaften haben die Staaten die alleinige politische Entscheidungsbefugnis. Die Gemeinschaften verwalten, aber sie haben keine Politik aus sich heraus. Diese wird ihnen von außen eingehaucht. Sie sind zwar nicht nutzlos, ja als präföderale Struktur sogar mehr oder weniger notwendig. Aber eine Lösung in sich sind sie nicht. Diese kann erst der Föderalismus, d. h. der europäische Bundesstaat bringen. Diese Auffassung wird einerseits durch die Gegenüberstellung von Souveränität und Föderalismus mit der „Supernationalität", andererseits durch den Versuch einer Beschreibung der Art der Kompetenzen begründet.

Die Thesen Rosenstiels sind zunächst bestechend, vor allem da sie sich mit der Forderung nach einem europäischen Bundesstaat verbinden. Wir sind bereits an mehreren Stellen auf seine Argumentation eingegangen und werden es im folgenden noch tun müssen. Der Haupteinwand gegen Rosenstiel zielt auf den Ausgangspunkt: den Ausnahme-

## § 19 Bündischer Charakter — Grundlagen

zustand. Er folgt insoweit Carl Schmitt[4]. An verschiedenen Stellen ist die von uns vertretene These dargelegt worden[5]. Im Gang der Untersuchung ist aber auch klar geworden, daß wir in Einzelheiten Rosenstiel nicht zu folgen vermögen. Sehen manche die Rolle der Direktorien zu stark, so sieht Rosenstiel sie zu schwach. Er erschließt sich ihm nicht, kann sich ihm vom Ansatz her auch nicht erschließen, die eigentümliche Schwebelage im Verhältnis von Staaten und Gemeinschaften.

2. Rosenstiel übersieht aber noch ein Zweites: die wachsende Abhängigkeit des Politischen vom Funktionalen. Politik kann im industriellen Zeitalter, nach der zweiten technischen Revolution nicht mehr betrieben werden wie zu der Zeit, als das Europäische Staatensystem entstand und sich bildete. Wir haben in den ersten drei Paragraphen einige Aspekte dazu beizutragen versucht.

Das Politische ist bezogen auf die Existenz des Staates als der das Allgemeine verwirklichenden Gesamtordnung der Gesellschaft[6]. Alles, was diese Ordnung unmittelbar berührt, ist „politisch". Das heißt aber nicht, daß der Staat die einzig mögliche Gesamtordnung darstellt. Er ist nur, wie bereits dargelegt, die historisch gegenwärtig gültige. Wenn die Gesellschaft den Staat überschreitet, übernational wird, muß auch die Gesamtordnung des Allgemeinen den geschlossenen Raum der Staatlichkeit verlassen und ihn durch den überstaatlichen ergänzen. Rosenstiel ist der Meinung, das könne nur im Bundesstaat geschehen. Wir geben zu, daß es der bündischen Struktur bedarf. Diese ist aber nicht gleich dem Bundesstaat, der souverän ist und die Souveränität seiner Gliedstaaten beseitigt, sondern sie ist eine Struktur der Schwebe, des Gleichgewichts. Darauf ist einzugehen.

Das funktionelle Handeln unterscheidet sich vom politischen Handeln dadurch, daß es seine Maßstäbe an speziellen konkreten Zwecken emp-

---

[4] Politische Theologie, S. 3: „Souverän ist, wer über den Ausnahmezustand entscheidet." Allerdings hat man bei der Lektüre des Rosenstiel'schen Buches den Eindruck, daß er die Ambivalenz der Schmitt'schen Staatstheorie und gerade die von ihm verschiedentlich entwickelten Begrenzungen, etwa in der Bundeslehre oder im „Nomos der Erde", nicht aufnimmt. Dadurch wird Rosenstiels Werk einseitig und verzerrt. Allerdings ist das in Schmitt's Werk angelegt.

[5] Siehe § 1, S. 19 ff.

[6] Das ist auch der Kern der Bestimmung des Politischen durch Carl *Schmitt*. Schmitt's Begriff ist historisch an der Lage zu Beginn der Epoche des modernen Staates gewonnen. Da gab es nach innen nur einen Willen, den des absoluten Monarchen. Nur von außen wurde die Ordnung des Staates in Frage gestellt, vom „Feind". Im liberalen Staat, wo auch die innere Ordnung umstritten ist, wird das Grundphänomen wieder deutlich, da der innerpolitische Gegner nicht in dem genannten Sinne Feind ist. Z. B. dem Kampf um den Wehrbeitrag zwischen den beiden demokratischen, auf dem Boden der Verfassung stehenden Parteien CDU und SPD, das politische Element absprechen zu wollen, ginge wohl nicht an.

fängt, die es auf möglichst rationale Weise zu erreichen sucht. Jedoch ist dieser Unterschied nicht absolut, sondern durchaus relativ. Denn die Zweckbezogenheit schließt nicht aus, daß funktionelles Handeln gleichzeitig politisch ist — die Erstellung der Agrarmarktordnung innerhalb der Europäischen Gemeinschaften hat es hinreichend gezeigt. Das ist dann der Fall, wenn der Zweck selbst seinerseits die Ordnung der Gesellschaft unmittelbar berührt. Das Politische ist letzlich nur formal bestimmbar, sein Inhalt wechselt[7]. Das Ganze stellt sich nie als solches dem Handelnden dar, sondern immer nur in bestimmten, durch die Umstände mehr oder weniger determinierten Lagen. Konkrete Situationen sind zu regeln, nicht abstrakte Ordnungen an sich zu verwirklichen. Daraus folgt, daß diese aus ihren Umständen gewisse Forderungen an den Handelnden stellen. Er muß rational vorgehen, will er seine Ziele erreichen. Hier trifft sich politisches Handeln mit funktionellem Handeln. Je komplizierter die Sachzusammenhänge werden, je abhängiger die Gesamtordnung von rein technischen Fakten wird, desto „funktioneller" muß politisches Handeln werden.

Es liegt nahe, den eigentlichen Unterschied zwischen politischem und funktionellem Handeln in der Freiheit der Zielwahl zu sehen. Funktionelles Handeln ist zweckbestimmt. Die Politik übernimmt die Zweckbestimmung. Auf den ersten Blick erscheint das eine wunderbare, klare Scheidung. Nur wird sie auf den zweiten Blick weniger deutlich. Denn einerseits ist auch für die Politik vieles vorgegeben. Es gibt keine tabula rasa. Man muß sich einrichten zwischen dem, was vorgegeben ist, und dem, was man erreichen kann. Andererseits wurde bereits dargelegt, daß auch die sogenannte „Sachgesetzlichkeit" keine notwendige insofern ist, als die Sache, aus der die Sachgesetzlichkeit abgeleitet wird, selbst manipuliert werden kann. Die Zwecke können also verändert, können beeinflußt werden[8]. Ein Unterschied besteht zwar, aber nicht so deutlich, wie man hoffen möchte.

Das gilt auch für den dritten Unterschied, den man heranzieht. Das Politische sei mit Macht ausgerüstet, das Funktionelle nicht[9]. Was ist Macht? Hier mag der Hinweis auf die Macht der Organisationen genügen. Darauf ist näher einzugehen. Der Staat existiert wesentlich durch

---

[7] *Visscher:* Théories, S. 98 ff.: „Le politique exprime la relation particulièrement étroite que les gouvernants établissent à un moment donné entre l'Etat et certains biens ou valeurs qu'ils tiennet pour inséparables de sa conservation ou de sa grandeur." Allerdings ist auch diese Aussage unter dem Blickwinkel des internationalen Rechts zu sehen. *Böckenförde:* Lorenz v. Stein, S. 249: „Das Soziale ist heute mehr denn je die inhaltliche Bestimmung des Politischen."

[8] Siehe oben S. 41 ff. *Claessens* nennt dies „das bewegliche Element der Rationalität", Vortrag v. der westfälischen Sektion der IVR.

[9] *Rosenstiel:* Supranationalität, z. B. S. 82, 167.

## § 19 Bündischer Charakter — Grundlagen

seine Organisation. Sie hat ihn mitgebildet[10]. Wieso sollte sich dieser Vorgang nicht wiederholen?

Die Entwicklung eines strengen begrifflichen Gegensatzes des politischen zum funktionellen Handeln, wie Rosenstiel sie durchzuführen versucht, läßt aber, unabhängig von der tatsächlichen Undurchführbarkeit, den bereits berührten Wandel der Rolle des Wirtschaftlichen und Sozialen im Verhältnis zum Allgemeinen außer acht. Im ersten Teil unserer Untersuchung haben wir versucht darzulegen, daß das Wirtschaftliche und Soziale heute weitgehend den Inhalt des Allgemeinen ausmachen[11]. Wir hatten im Anschluß an die Überlegungen Lorenz von Steins zu zeigen versucht, daß der Staat darin seine Aufgabe habe, soziale Reformen durchzuführen, um seine eigentliche Aufgabe, die Sicherung der Freiheit aller Einzelnen, zu verwirklichen. Er muß die Ordnung innerhalb der industriellen Gesellschaft errichten, muß als „Sozial"staat darauf hinarbeiten, „einen materiellen Rechtszustand herbeizuführen und zu erhalten, indem die Vermögensinteressen aller Mitglieder des Gemeinwesens mit denen unbestimmter anderer insoweit als kollidierend verstanden werden, als deren lebenswichtige Interessen auf dem Spiele stehen. Sie müssen also alle dafür einstehen, daß niemand ohne Sicherheit seines Lebens, seiner Gesundheit und seines Eigentums, aber auch niemand ohne Wohnung, Ernährung, Kleidung, Licht, Hygiene, Krankenversorgung, Verkehrsmöglichkeit oder Bildungsmöglichkeit bleibt, und daß bei hinreichender Leistungsfähigkeit mehr Arbeitsmöglichkeit besteht[12]." Gerade die Wirtschaft aber verlangt funktionelles Handeln. In diesen Bereichen herrschen bestimmte Sachgesetzlichkeiten, die das politische Handeln beachten muß, wenn es wirksam bleiben will. Es ist daher im Grunde kein Ausweg angesichts des Debakels der EVG und der „politischen" Gemeinschaft gewesen, daß das Hauptgewicht auf die Entwicklung im wirtschaftlichen Bereich gelegt wurde. Vielmehr lag dem die Erkenntnis zugrunde, daß dieses Gebiet mehr und mehr das Hauptbetätigungsfeld politischen Handelns sei. Wirkt sich das innerhalb des Staates dahin aus, daß die Verwaltung in den Vordergrund tritt[13], so muß auf überstaatlicher Ebene die funktionelle Organisation entstehen, aber nicht als ein Ausweg vor dem Anspruch des Politischen, sondern als eine Erfüllung des Anspruchs des Sozialen an das Politische.

---

[10] *Böckenförde*: Organisationsgewalt, S. 41.

[11] Siehe oben § 3.

[12] *Wolff:* Verwaltungsrecht I, S. 48.

[13] Vgl. den Hinweis *Böckenfördes*, daß die Hinwendung Steins zur Verwaltungslehre „die innere Konsequenz seines verfassungsgeschichtlichen Denkens" sei, Lorenz v. Stein, S. 272.

### b) Die Einheit der Gemeinschaften

Organisatorisch haben wir es zur Zeit noch mit drei Gemeinschaften zu tun, der EGKS, der EWG, der EAG. Jede hat ihren eigenen Gründungsvertrag, jede ihre eigenen Organe, jede ihre eigene Rechtspersönlichkeit. Nirgendwo kommt diese Trennung stärker zum Ausdruck als in Art. 232 EWGV, worin ausdrücklich festgelegt ist, daß „dieser Vertrag" die beiden anderen Verträge nicht berühre. Damit erscheint jede weitere Bemühung vergeblich. Es scheint, als hätten wir ein „Europa der Gemeinschaften", aber keine „Europäische Gemeinschaft"[14].

Doch muß man genauer zuschauen. Schon organisatorisch ist eine starke, rechtlich verankerte Tendenz zur Einheit vorhanden, die sich durch die neuesten Beschlüsse verstärkt. Zwei Organe, Parlament und der Gerichtshof, sind bereits für alle drei Gemeinschaften identisch. Es gibt nicht drei Gerichtshöfe und nicht drei Parlamente. Die Direktorien werden gemäß dem am 8. April 1965 unterzeichneten Vertrag bis 1967 zu einem Direktorium vereint. Das gleiche gilt für die Ministerräte. Man wird sich daher fragen müssen, ob dann nicht auch die Rechtspersönlichkeiten zu einer verschmelzen müssen, wie sie in den genannten Verträgen auch auf die Dauer vorgesehen ist. Außerdem ist ein einheitliches Beamtenstatut für alle drei Gemeinschaften geschaffen worden[15].

Hinsichtlich der EWG und EAG gilt darüber hinaus, daß sie als einheitliches Vertragswerk konzipiert wurden[16]. Man hätte die EAG, wie den Argrarmarkt auch in die EWG einbauen können. Die Einheit ist derart, daß Carstens zu Recht der Auffassung ist, daß die allgemeinen Grundsätze des einen Vertrages auch zur Interpretation des anderen herangezogen werden können. Die EGKS wird, wenn nicht vorher ein Übergang geschaffen wird, nach Ablauf des Vertrages in der EWG aufgehen. Zum dritten haben die vorhergehenden Untersuchungen gezeigt, daß die Grundsätze der Organisation und des Handelns in allen drei Organisationen gleich sind und nur in Einzelheiten voneinander abweichen. Was als „verfassunggestaltende Grundentscheidungen" bezeichnet wurde, stimmt weitgehend überein.

Die drei Gemeinschaften sind aber nur Organisationen. Der Name „Gemeinschaften" ist geeignet, Mißverständnisse hervorzurufen, als ob sie selbst die Gemeinschaft der „Sechs" im existentiellen Sinn darstellten. Sie sind nur der organisatorische Ausdruck derselben. Natürlich ist es höchst mißlich, daß dieser sich in drei Sonderformen aufgespalten

---

[14] *Rosenstiel:* Supranationalität, S. 65.
[15] ABl 62, 1385.
[16] *Carstens:* Gemeinsamer Markt, S. 462 f.

§ 19 Bündischer Charakter — Grundlagen 149

hat, aber daran sollte der Blick nicht haften bleiben, zumal die Aufsplitterung mehr und mehr beseitigt wird. Man muß zwischen den Gemeinschaften als Organisationen und der existentiellen Gemeinschaft der Mitgliedstaaten unterscheiden. Es ist erstaunlich, wie leicht man, auch Rosenstiel geht es im Grunde so, die Brüsseler und Luxemburger Behörden mit der Gemeinschaft der Sechs im existentiellen Sinn identifiziert. Nichts zeigt deutlicher den Fehler dieser Betrachtungsweise als die geplanten Fusionen, die in Wahrheit nur die organisatorische Übersetzung der existentiell bereits vorhandenen Einheit sind. Diese wird durch die gemeinsamen Ziele und Aufgaben und den gemeinsamen politischen Willen konstituiert. Die sechs Mitgliedstaaten streben mit allen drei Gemeinschaften das gleiche Ziel an: die Einheit unter sich. Alle drei Gemeinschaften stehen so innerhalb des gleichen Planes[17].

### c) Der Begriff des Bundes

In den Erörterungen der Rechtsnatur der Europäischen Gemeinschaften wird in verschiedener Form aber in sachlicher Übereinstimmung deren bündische Struktur betont[18]. Was ist darunter zu verstehen? Die Lehre vom Bund oder vom Föderalismus ist ungeklärt. Die Diskussion ist gerade durch das Erscheinen der Europäischen Gemeinschaften wieder in Gang gekommen[19]. Es ist nicht die Absicht dieses Abschnitts, eine neuerliche Erörterung dieser Fragen vorzulegen. Ohne weitere Auseinandersetzung, die den Rahmen dieser Untersuchung bei weitem sprengen würde, wird die von *Carl Schmitt* entwickelte Bundeslehre[20] zugrunde gelegt. Sie übergreift die gängige Unterscheidung von Staatenbund und Bundesstaat, die nicht geeignet ist, die Lösung der Probleme zu fördern, so werden z. B. so unterschiedliche Gebilde wie die

---

[17] *Catalano:* Manuel, S. 419.
[18] z. B. *Ophüls:* Grundgedanken, S. 289 „partieller Bundesstaat", *Catalano:* Manuel, S. 21.
[19] Siehe auch Referate und Aussprache zu dem Thema „Föderalismus als nationales und internationales Ordnungsprinzip", auf der Staatsrechtslehrertagung in Münster 1963, VVDtStRL, Heft 21, Berlin 1964, S. 1—144.
[20] Verfassungslehre, S. 361 ff. *Schmitts* Bundeslehre ist an historischen Erscheinungsformen des Bundes, vor allem dem Deutschen Bund, entwickelt worden. Wenn im vorliegenden Zusammenhang auf sie zurückgegriffen wird, so nicht, weil die Europäischen Gemeinschaften diesen Gebilden substantiell gleichen, sondern weil *Schmitt* in ihr Merkmale entwickelt hat, die auch abgelöst von ihren historischen Erscheinungen in neuen, wenn auch substantiell anders gearteten politischen Gebilden wirksam werden können. Entscheidend ist nicht die Gleichartigkeit, sondern die Gleichgerichtetheit der Gebilde, nämlich die Zusammenfassung mehrerer selbständiger politischer Einheiten zu einer sie zwar bestehenlassenden aber doch übergreifenden Einheit. Der Bund wird so, mit allen sachlichen Vorbehalten gegenüber diesem Begriff im vorliegenden Zusammenhang, zu einer Art „Modellvorstellung", die zur Erklärung neuer Phänomene dienen kann, die denen analog sind, an denen die Modellvorstellung ihrerseits entwickelt wurde.

USA vor wie nach dem Sezessionskrieg, die Schweiz, das Deutsche Reich von 1871 und 1919, die Bundesrepublik als Bundesstaaten bezeichnet, obwohl wesentliche Strukturverschiedenheiten bestehen.

Während diese Unterscheidung an Rechtsbereiche — Völkerrecht und Staatsrecht — anknüpft, das allgemeine Problem des Bündischen aber fast ganz außer acht läßt, nimmt Schmitt gerade dieses als Ausgangspunkt auf.

Wie wenig geeignet die genannte Unterscheidung ist, die rechtliche Stellung der Europäischen Gemeinschaften zu erfassen, mag folgender Hinweis klären. Dem Staatenbund wird gemeinhin als völkerrechtlichem Bund die Fähigkeit abgesprochen, die Bürger des einzelnen Mitgliedstaates unmittelbar zu verpflichten[21]. Gerade das aber ist das Kennzeichen des Bundesstaates[22] oder doch jedenfalls ein unabdingbares Kennzeichen desselben. Die Europäischen Gemeinschaften haben nun zwar eine originäre, unmittelbar den einzelnen „Marktbürger" verpflichtende Rechtssetzungsbefugnis, sind also kein Staatenbund im herkömmlichen Sinne, es sei denn, man folge den Theorien Seydels[23] und seiner gegenwärtigen — oft unbewußten — Nachfolger[24], die aber bereits widerlegt wurden[25]; die Europäischen Gemeinschaften sind aber andererseits keine Staaten, da sie nur funktionell eingehend beschränkte Kompetenzen innehaben, also keine „Fülle der Staatsgewalt". Es muß also auf das gemeinsame Merkmal beider zurückgegriffen werden. Das aber ist der bündische Charakter. Wie dieser im einzelnen ausgestaltet ist, das ist die Frage der Einzeluntersuchung.

Das Wesen des Bundes liegt darin, daß neben die — pluralistische — rechtlich-politische Existenz der sich zusammenschließenden Staaten die neue selbständige rechtlich-politische Existenz des Zusammenschlusses

---

[21] in der älteren Literatur: *Haenel:* Die vertragsmäßigen Elemente, S. 42 f.; in der neueren Literatur: *Nawiasky,* Hans: Staatslehre II, Staatsgesellschaftslehre 2, Einsiedeln-Zürich-Köln 1955, S. 200.

[22] so *Haenel:* Die vertragsmäßigen Elemente, S. 47; *Nawiasky:* Staatsgesellschaftslehre, S. 200.

[23] *Seydel* in der Nachfolge von Calhoun war der Ansicht, daß einerseits die „Bundesstaaten" des 19. Jhdts. nur übertragene Gewalt innehätten, die von allen Bundesgliedern gemeinsam ausgeübt werde, z. B. Staatenverbindungen, S. 53 f., und daß andererseits das Bundesrecht in Wahrheit Recht der einzelnen Bundesglieder sei und nur als solches die Bürger verpflichte, z. B. Staatenverbindungen, S. 29, 40, gegen beides damals *Haenel:* Die vertragsmäßigen Elemente, S. 51 ff.

[24] Die erste vorgenannte These kehrt in *Friaufs* Auffassung wieder, die Staaten übten genossenschaftliche Befugnisse der Gemeinschaften aus, Staatenvertretung, S. 65 ff.; die zweite These *Seydels* feiert Auferstehung in den Transformationslehren, etwa von Schlochauer und Balladore-Pallieri.

[25] Zu *Friaufs* These oben S. 98 (13), zu *Schlochauers* und *Pallieris* Thesen oben S. 99—102.

## § 19 Bündischer Charakter — Grundlagen

tritt[26]. „Der Bund ist, nach Schmitts Definition, eine auf freier Vereinbarung beruhende, dem gemeinsamen Zweck der politischen Selbsterhaltung aller Bundesmitglieder dienende, dauernde Vereinigung, durch welche der Gesamtstatus jedes einzelnen Bundesmitgliedes im Hinblick auf den gemeinsamen Zweck verändert wird[27]." Da zur selbständigen rechtlich-politischen Existenz die Souveränität als die ausschließliche Eigenbestimmung nach innen und außen gehört, scheint es sich um die Quadratur des Zirkels zu handeln. Denn der Bund muß folgende Merkmale aufweisen: Dauer[28], Aufsichts- und Interventionsrecht gegenüber den Gliedern[29], Vertretungsrechte für sich wie für die Gliedstaaten nach außen, soweit das um der gemeinsamen Zwecke notwendig ist[30]. Jedes dieser drei Merkmale berührt aber die ausschließliche Eigenbestimmung und damit die rechtlich-politische Eigenexistenz der Mitglieder wesentlich. Die Dauer schließt das Sezessionsrecht aus. Das Interventionsrecht, das sich bis zur Bundesexecution steigern kann, hebt die Ausschließlichkeit der Eigenbestimmung auf. Die Vertretung nach außen durch den Bund berührt das Recht auf Selbsterhaltung. Mit Recht spricht Schmitt daher von den „Antinomien" des Bundes[31].

Die Unterscheidung Staatenbund — Bundesstaat hilft auch hier nicht weiter, weil auch der Staatenbund diese Antinomien aufweist. Auch ihm kann Dauer zukommen, so bei allen drei Konföderationen, die gemeinhin beispielhaft herangezogen werden[32]. Auch in dem Staatenbund ist eine einheitliche politische Gewalt begründet worden; denn es ist ja gerade ihr Sinn, die gemeinsame Verteidigung zu tragen, so daß sie ein ius belli und eine bis zu einem gewissen Grade gemeinsame Außenpolitik haben müssen[33]. Ein Staatenbund kann aber auch gewisse Aufsichtsrechte nach innen haben, z. B. über die Justiz im Deutschen Bund[34]. Auch der Staatenbund ist daher politische Einheit, da er eine einheitliche politische Gewalt hat, er ist — rechtlich ausge-

---

[26] *Schmitt:* Verfassungslehre, S. 371.
[27] *Schmitt:* Verfassungslehre, S. 366.
[28] *Schmitt:* Verfassungslehre, S. 367.
[29] *Schmitt:* Verfassungslehre, S. 370.
[30] *Schmitt:* Verfassungslehre, S. 370. Schmitt spricht nur von dem ius belli. M. E. ist hier ein Rückgriff auf das Vertretungsrecht allgemein erforderlich, da das ius belli nur dessen äußerste Konsequenz ist. Das Vertretungsrecht braucht im übrigen nicht ausschließlich zu sein, ist es z. B. selbst heute für die BRD nicht. So können die Länder Konkordate schließen.
[31] Verfassungslehre, S. 370 ff.
[32] USA, Schweiz, Deutscher Bund, siehe *Nawiasky:* Staatengesellschaftslehre, S. 199.
[33] *Haenel:* Die vertragsmäßigen Elemente, S. 41 f.; *Nawiasky:* Staatengesellschaftslehre, S. 199.
[34] *Nawiasky:* Staatengesellschaftslehre, S. 200.

drückt — juristische Person³⁵. Daher wird die „allgemeinste Antinomie", in der die drei genannten Antinomien ihren Grund haben, gerade nicht aufgehoben, daß einerseits die Gesamtheit selbst eigenen politischen Willen und selbständige rechtlich-politische Existenz hat, und andererseits die Mitglieder ihre eigene rechtlich-politische Existenz behalten, ja nur um ihrer Erhaltung willen sich bereitfinden, einen Bund zu schließen. Andererseits beruhen auch oft Bundesstaaten auf einer völkerrechtlichen Grundlage einer Vereinbarung, ohne die ein Zusammenschluß von bereits bestehenden Staaten undenkbar ist. Jeder Bundesvertrag hat auch staatsrechtliche Konsequenzen, da er den Status der Mitglieder verändert, also in deren Verfassung eingreift³⁶. Dieser Doppelcharakter der Bundesverträge wird meist übersehen und nur das eine von beiden hervorgehoben. Wir haben an anderer Stelle bereits eingehend dieses Verhältnis erörtert³⁷ und gesehen, daß beides sich nicht gegenseitig ausschließt, sondern miteinander vereinbar ist. Der Vertrag ist daher ein Statusvertrag. Er enthält als solcher die Verfassung des Bundes und ändert die seiner Mitglieder. Aber er bleibt an seiner Grundlage Vereinbarung³⁸.

Auch die Frage nach der Souveränität löst die Antinomien nicht. Souveränität bedeutet die ausschließliche Eigenbestimmung nach innen und nach außen, das Recht des letzten Wortes, der Entscheidung, die zwar nicht willkürlich, aber auch nicht appellierbar ist. Steht sie dem Bund zu, verlieren die Mitgliedstaaten ihre Eigenexistenz; verbleibt sie den Mitgliedstaaten, gewinnt der Bund keine Eigenexistenz, sondern bleibt bloßes Bündnis. Die Souveränität muß in der Schwebe bleiben³⁹.

Jeder Staat besteht, solange der Bund besteht, nur durch und in diesem; aber auch der Bund besteht nur solange, wie die Staaten bestehen. Das meint wohl Haenel, wenn er sagt: „Nicht der Einzelstaat, nicht der Gesamtstaat sind Staaten schlechthin, sie sind nur nach der

---

[35] *Haenel:* Die vertragsmäßigen Elemente, S. 42: „Kurz — auch der Staatenbund ist juristische Person."
[36] *Schmitt:* Verfassungslehre, S. 379 ff.
[37] Siehe oben § 7 a und b.
[38] Zum vorhergehenden *Schmitt:* Verfassungslehre, S. 61 ff., 366 ff.
[39] *Schmitt:* Verfassungslehre, S. 373; ähnlich *Haenel:* Die vertragsmäßigen Elemente, S. 64: „Die zusammenfassende, einigende Kraft wird, um den Ausdruck zu gebrauchen, eine latente sein, die sich zur Aktualität nur umsetzt, wenn es gilt eine Störung des Zusammenwirkens ... zu beseitigen oder ihr vorzubeugen." Gerade diese Antinomie war es, die *Seydel* erklären ließ, daß der Begriff des Bundesstaates rechtlich unhaltbar sei, Staatenverbindungen, S. 15. Dieser Einwand ist wesentlich, und es überrascht, mit welcher Leichtigkeit er in der heutigen Literatur übergangen wird. Andererseits zeigt er, daß *Rosenstiels* Plädoyer für den Europäischen Bundesstaat, weil er souverän sei, gerade den entscheidenden Punkt übersieht: nämlich, daß er dann kein Bund mehr ist und deswegen auf lange Zeit nicht zu verwirklichen.

## § 19 Bündischer Charakter — Grundlagen

Weise von Staaten organisierte und handelnde politische Gemeinwesen. Staat schlechthin ist nur der Bundesstaat als die Totalität beider[40]." Ich verstehe diesen etwas eigentümlichen Satz dahin, daß in einem Bunde Einzel- und Gesamtexistenz nicht getrennt voneinander bestehen, sondern nur in der Zusammenfassung. Zwar können die Glieder auch einzeln existieren, was sie ja vor dem Zusammenschluß taten, aber nicht in dieser Weise. Nach dem Zusammenschluß ist die Existenz der Glieder eine bedingte geworden. Es tritt eine gegenseitige Abhängigkeit ein. Diese gegenseitige Abhängigkeit verträgt keine souveräne Entscheidung des einen Teils, ohne daß sie sich nicht zugunsten des einen und zuungunsten des anderen Teiles verwandeln würde. Die Eigenbestimmung des Bundes kann nur durch das Zusammenwirken der Glieder, die Eigenbestimmung der Glieder nur unter Berücksichtigung des Bundes erfolgen; denn es findet eine Wechselwirkung statt. Die Eigenbestimmung des Bundes ist zugleich Eigen- und Fremdbestimmung der Glieder, die Eigenbestimmung der Glieder zugleich Eigen- und Fremdbestimmung des Bundes und damit der anderen Glieder. In der Tat wird die rechtlich-politische Stellung der Mitgliedstaaten verändert. Die ausschließliche Eigenbestimmung läßt sich nur in der Form der Mitwirkung bei der Ausübung der dem Bunde zustehenden Gewalt aufrechterhalten. Zudem werden Einwirkungsrechte des Bundes nur insoweit eingeräumt, als eigene Mitwirkungsrechte gegenüber den anderen Bundesgliedern erworben werden. Die Gesamtexistenz verändert die Einzelexistenz rechtlich durch Änderung der Kompetenzen und Einräumung gewisser Eingriffsrechte, politisch durch die Einordnung in einen Gesamtwillen. Das System kann nur in der „Normallage" funktionieren. Im Ausnahmezustand schlägt es zum Einheitsstaat mit autonomen, sich selbst verwaltenden Gebieten, oder zur Auflösung um.

Das bündische System setzt zur Überwindung seiner Antinomien Homogenität voraus[41], damit der Konfliktsfall nicht eintritt. Die Gleichartigkeit der Glieder kann verschieden sein. Sie muß aber in einem für die politisch-rechtliche Einheit wesentlichen Element liegen, in dem Sinne, daß durch sie die rechtlich-politisch-soziale Ordnung bestimmt wird. Diese Homogenität verhindert den Konfliktsfall, weil sie die Anlässe dazu ausräumt. Diese Homogenität ist im übrigen entwicklungsfähig. Durch das ständige gemeinsame Handeln wächst sie und vertieft sich. Die Gesamtexistenz einerseits und die Einzelexistenz andererseits fallen in der Homogenität dergestalt zusammen, daß sie aus derselben Quelle gespeist werden. Das drückt sich darin aus, daß die Verfassung der Gesamteinheit und der Einzeleinheiten dieselben Grundzüge ent-

---

[40] Die vertragsmäßigen Elemente, S. 63.
[41] *Schmitt:* Verfassungslehre, S. 375 ff.

halten[42]. Geht die Gleichartigkeit verloren, kommt es zum Konflikt, wie der Sezessionskrieg oder der Sonderbundskrieg zeigen.

Wesentliches Prinzip des Bundes ist die Bundestreue als gegenseitige Rechtspflicht. Auch sie vermeidet den Konflikt, ohne den einen Teil dem anderen unterzuordnen. Sie beruht darauf, daß dem jeweils fundamentaleren Interesse der Vorzug gegeben wird, wobei das fundamentalste Interesse des Bundes eben die Erhaltung der rechtlich-politischen Existenz der Glieder ist, so daß alles, was diesem Ziel widerspricht, von vornherein bundeswidrig ist und daher gegen die vom Bund zu übende Bundestreue verstößt.

## § 20 Der bündische Charakter der Europäischen Gemeinschaften — Einzelheiten

### a) Die Verfassungselemente der Gründungsverträge

Ein Bund beruht auf einem Statusvertrag. Er enthält einerseits die Verfassung des Bundes, andererseits verändert er die Verfassungen der Glieder des Bundes.

Ein einheitlicher Vertrag besteht nicht, vielmehr liegen drei Vereinbarungen vor. Jedoch wie die drei Gemeinschaften organisatorische Ausfächerungen einer ihnen zugrundeliegenden Einheit der sechs Staaten sind, die zudem immer mehr auch zu einer organisatorischen Einheit streben, kann man die drei Gründungsverträge als Ausgestaltungen eines gemeinsamen Willens ansehen. Es sollen hier nicht die drei Verträge von einem „Grundvertrag" unterschieden werden, der nicht besteht. Aber andererseits muß man die drei Verträge doch als eine Einheit von dem in ihnen wirksamen politischen Willen her sehen. Kein Zweifel besteht hinsichtlich der „römischen Verträge"[1]. Aber auch zum EGKS-Vertrag bestehen enge Verbindungen. Außerdem kann ein Bund auch durch mehrere unterschiedene, aber sich ergänzende Verträge gebildet werden. Es ist nicht einzusehen, warum ein einziges Vertragswerk vorliegen muß, zumal dessen Abgrenzung immer etwas fraglich ist. Das „Vertragswerk" von Rom besteht z. B. aus mindestens drei Verträgen[2]. Man kann von einer Vertragsgesamtheit sprechen. Allerdings muß wirklich eine wesensmäßige Gleichgerichtetheit der Verträge vorliegen. Wir haben eine solche in den vorhergehenden Ka-

---

[42] Beispiele bei *Schmitt:* Verfassungslehre, S. 376, heute auch Art. 20 GG. Allerdings sind diese Garantien der Homogenität einseitig zu Lasten der Glieder, was auch gegen den bündischen Charakter der Bundesrepublik spricht. Auch zu Lasten des Bundes muß das Homogenitätsgebot wirken.

[1] *Carstens:* Gemeinsamer Markt, S. 462.
[2] *Carstens:* Gemeinsamer Markt, S. 462.

piteln nachzuweisen versucht. Zwar bestehen Unterschiede, die sogar das Verhältnis der Organe zueinander betreffen; aber diese Unterschiede sind nicht so schwerwiegend, daß sie der Annahme einer Vertragsgesamtheit widersprechen würden, zumal in der EGKS eine gewisse Angleichung an die EWG stattgefunden hat.

Diese Vertragsgesamtheit aus den Gründungsverträgen muß die Verfassung des Bundes der Sechs enthalten. Der Satzungscharakter der einzelnen Gründungsverträge ist bereits dargelegt worden[3]. Jetzt geht es um die Verfassung des „Europas der Sechs", nicht der einzelnen Gemeinschaften. Die Frage ist, ob dieses Europa der Sechs einen Status hat, ob es sich eine besondere politische und soziale Ordnung in dieser Vertragsgesamtheit gegeben hat.

Das scheint zunächst schon daran zu scheitern, daß es sich um völkerrechtliche Vorgänge bei dem Abschluß der Verträge handelte, nicht aber um den Akt der verfassungsgebenden Gewalt, etwa des europäischen Volkes oder der europäischen Völker. Aber einerseits handelten die Staaten durch demokratisch legitimierte Vertreter, zum anderen war für diese Verträge eine breite Zustimmung sicher, so daß man nicht mit dem Fehlen eines gemeinsamen Willens in allen Mitgliedstaaten die Frage bereits verneinen kann. Das Europa der Sechs hat seine Stütze in der Industriegesellschaft. Es ist ein Irrtum, wenn man es mit den Bürokratien in Brüssel und Luxemburg identifiziert, wie es allerdings auch ein Irrtum wäre, von einer europäischen Nation zu sprechen. Der Wille zur Einheit ist da und trägt diesen Zusammenschluß, der seinerseits diesen Willen wiederum fördert, stärkt und vor allem konkretisiert.

Zu einer politischen und sozialen Ordnung gehört aber mehr als der Wille zur Einheit. Es bedarf gewisser Grundentscheidungen, nach denen sich das Leben innerhalb der Gesamteinheit als solcher vollziehen soll. Solche Elemente sind in der Ausstattung der Gemeinschaften als solcher mit eigener, in der Rechtssetzung aber auch in der Rechtsprechung deutlich werdenden Herrschaftsgewalt zu erblicken, die zwar keine unbeschränkte ist, aber doch einen bedeutenden Umfang hat, ferner in der Ordnung der Verhältnisse der einzelnen Organe zueinander, wodurch die Willensbildung des Europas der Sechs in der Vielfalt zur Einheit gebracht und so zu einem selbständigen Element wird. Zu diesen Elementen gehören aber auch gewisse materielle Grundentscheidungen, die sich allerdings fast alle auf den wirtschaftlich-sozialen Bereich beziehen. Es darf aber nicht außer acht gelassen werden, daß es sich dabei trotzdem um politische Entscheidungen handelt, zumal hinter ihnen die Absage etwa an das kommunistische Wirtschafts- und Sozialmodell steht. In ihnen werden Gesamtordnungsvorstellungen formuliert und

---

[3] oben § 7 b.

als allseits bindende Rechtssätze festgelegt, nicht etwa bloße Verfahrensprinzipien. Zu diesen gehört z. B. die Entscheidung für den Wettbewerb, für die Freizügigkeit der Arbeitskräfte und verschiedenes Andere.

Allerdings besteht kein ausgebildetes System einer politisch-rechtlichen Gesamtordnung. Sie erfaßt nur ein, allerdings höchst wichtiges Teilgebiet desselben. Die bündische Struktur hat hier eine Unvollkommenheit zu verzeichnen.

### b) *Interventionsrechte der Europäischen Gemeinschaften*

Die Änderung der Verfassungen der Mitgliedstaaten durch die Einordnung derselben in eine größere Gesamteinheit wird am deutlichsten durch eine unter diesem Gesichtspunkt vorgenommene Analyse gewisser Einzelpunkte. Sie wird hier mit einer Untersuchung zum Interventionsrecht begonnen. Intervention wird dabei sehr weit als Eingriff in den staatlichen Bereich verstanden. Sie hat vor allem drei Aspekte: die Aufsicht, die verbindliche Anweisung, die Exekution. Da die Aufsicht nur dann wirksam ist, wenn ihr die Mittel der verbindlichen Anordnung und der Exekution zur Verfügung stehen, tritt sie hinsichtlich ihrer Bedeutung hinter den beiden anderen zurück, so daß nur zu diesen etwas zu sagen ist.

Das Recht der Europäischen Gemeinschaften, verbindliche Anordnungen zu geben, ist in seiner rechtlichen Begründung und Ausgestaltung eingehend in dem Kapitel III untersucht worden. Zwar ist es als eine originäre, die Staaten und deren Rechtsunterworfene ohne Transformation unmittelbar bindende, durch die Organe der Gemeinschaften ausgeübte Befugnis erkannt worden. Aber das entscheidende Organ ist der jeweilige Ministerrat. Nur in der EGKS ist formell die Hohe Behörde zuständig, aber materiell ist der Einfluß des besonderen Ministerrates entscheidend. Man könnte daher der Meinung sein, es liege letzten Endes doch nur eine, wenn auch sehr verfeinerte Selbstbindung, nicht aber ein Fremdbefehl vor. Jedenfalls aber seien es die Staaten allein, die die durch die Rechtssetzung umgesetzte Politik festlegten[4].

Keineswegs ist es richtig, wenn behauptet wird, die Europäischen Gemeinschaften seien als „funktionelle Gemeinschaften ... im voraus bestimmt und gehorchen nur Reflexmechanismen à la Pawlow"[5]. Das mag im gewissen Rahmen für die EGKS zutreffen, nicht aber für die EWG. Der ihr zugrundeliegende Vertrag ist allenfalls ein „traité cadre" (Reuter). Auf einigen Gebieten, wie dem der Landwirtschaft und dem des

---

[4] So vor allem *Rosenstiels* Argumentation.
[5] *Rosenstiel:* Supranationalität, S. 138.

§ 20 Bündischer Charakter — Einzelheiten

Kartellwesen enthält der EWG-Vertrag sehr genaue Vorschriften. Auf anderen aber, dem der Konjunkturpolitik, der Handelspolitik, der Sozialpolitik bestehen keine materiellen Vorschriften für das Handeln der Organe. Nichts ist vorausbestimmt, jede Reaktion möglich. Man sollte auch nicht ganz das Beispiel der landwirtschaftlichen Marktordnungen übersehen. Ein Vorschlag der Kommission der EWG lag den Auseinandersetzungen um den Getreidepreis zugrunde; alle Mitgliedstaaten lehnten ihn aus irgendwelchen Gründen ab — er wurde fast unverändert Gemeinschaftsrecht. Dahinter stand der Satz „Wir sind zum Erfolg verurteilt". Zwar ist es richtig, daß die Staaten entscheiden. Aber das widerspricht nicht einer Kennzeichnung der Rechtssetzung der Gemeinschaften als Fremdbestimmung, als Herrschaftsakte der Gemeinschaften gegenüber den Staaten. Denn die Staaten sind nur als solche, nicht aber ist jeder einzelne notwendig an den Entscheidungen beteiligt. Zudem ist ihr Einfluß nicht ausschließlich. Die Direktorien haben mit dem Vorschlagsrecht, im Falle der Hohen Behörde sogar mit dem Entscheidungsrecht, nicht nur eine bloße Zuständigkeit, sondern eine aktive Rolle bei der politischen Gestaltung. Es ist keine Frage, daß in der EWG sämtliche wichtige Initiativen von der Kommission ausgegangen sind. Mehrheitsprinzip bei der Entscheidung und Vorschlagsrecht der Direktorien vermindern den Einfluß des einzelnen Staates, ja können ihn ganz ausschalten. Von einer auch noch so sublimierten Selbstbindung und ausschließlichen Eigenbestimmung kann daher im Raum der Europäischen Gemeinschaften nicht mehr gesprochen werden. Es liegt eine Fremdbestimmung seitens der Gemeinschaften vor. Die Agrarmarktordnung ist ein sehr deutliches Beispiel. Diese Fremdbestimmung wird von Rosenstiel als bloß funktional gekennzeichnet. Als solche würde sie die Verfassung als politisch-rechtliche Gesamtordnung nicht berühren. Es wurde bereits darauf verwiesen, daß das Funktionale heute weitgehend die Wirklichkeit des Politischen sei. Bereits insoweit ist der gezogene Schluß nicht richtig. Darüber hinaus muß es aber genügen, daß auf so wichtigen Gebieten der sozialen Ordnung wie der Landwirtschaft, der Konjunkturpolitik, der Handelspolitik, der Sozialpolitik, ja des Rechts selbst und der Wirtschaftspolitik allgemein[6] die Eigenbestimmung erheblich eingeschränkt, teilweise sogar ausgeschlossen ist. Denn die politisch-rechtliche Geamtordnung kann sich auch nur in den konkreten Einzelfragen verwirklichen. Auf dem militärischen Gebiet springt das mehr ins Auge. Aber es wäre ein Fehler, auf die Überschätzung des Ökonomischen durch den Liberalismus durch seine Unterschätzung zu antworten. Die Verfassung der Gliedstaaten wäre durch die Befugnisse

---

[6] Art. 100 u. 101 EWGV könnten zu einer Art „Commerce clause" der EWG werden; denn letztlich wirkt sich alles „unmittelbar auf die Errichtung und das Funktionieren des Gemeinsamen Marktes aus", unten e.

der Gemeinschaften zur Setzung unmittelbar bindender Herrschaftsakte[7] hinreichend verändert, die Hülle der Souveränität durchstoßen, die Ausschließlichkeit der Eigenbestimmung aufgehoben, wenn auch Exekutionsmöglichkeiten bestünden.

Zu Recht weist Schmitt darauf hin[8], daß innerhalb eines Bundes ein Bundeskrieg nicht möglich ist, sondern bloß die Exekution. Es besteht kein Zweifel, daß insoweit die Europäischen Gemeinschaften sehr schwach entwickelt sind. Aber gewisse Exekutionsbefugnisse bestehen[9]. Truppen, Polizei oder dergleichen stehen den Europäischen Gemeinschaften nicht zur Verfügung. Die EGKS kann Geldzuweisungen an die Staaten sperren und wirtschaftliche Sanktionen ergreifen, Art. 88 EGKS. EWG und EAG sehen keine speziellen Regelungen vor, außer einer Klage der Kommission vor dem Gerichtshof[10]. Eine gewisse Gemeinschaftsexekution durch wirtschaftliche Sanktionen wird man aber wohl bejahen müssen. Eine, wenn auch vorläufig noch embryonale Gemeinschaftsexekution ist vorgesehen. Zu Art. 88 EGKS hat der Europäische Gerichtshof erklärt, daß er bei weitem über das hinausgehe, was im Völkerrecht bisher üblich gewesen sei[11]. Auch in dieser Gemeinschaftsexekution drückt sich die Autorität der Europäischen Gemeinschaften über die Mitgliedstaaten aus. Aber in der schwachen Entwicklung der Gemeinschaftsexekution liegt ohne Zweifel ein Mangel der Gemeinschaften. Dennoch ist der Folgerung von Erler nicht zuzustimmen. Denn in jedem Falle liegt bei der Nichtbefolgung einer Anordnung der Gemeinschaft ein gemeinschaftswidriges Verhalten vor. Es ist nicht notwendig, daß eine Verpflichtungsnorm durch eine entsprechende Zwangsnorm, also eine Sekundärnorm, die notwendige Durchschlagskraft erhält. Der gegenteiligen Auffassung liegt die These zugrunde, daß das Recht eine reine Zwangsordnung sei. Diese These ist aber nicht zutreffend. Die Überordnung liegt nicht darin, etwas mit Zwang durchsetzen zu können, sondern ein Verhalten auf Grund einer eigenen Rechtsmacht von einem anderen verlangen zu können. Selbst wenn aber das Recht eine Zwangsordnung wäre, so darf nicht übersehen werden, daß den Gemeinschaften ein gewisser Zwang zur Verfügung steht. Selbst die geringe Entwicklung desselben würde hinreichen, um dieser These Ge-

---

[7] Es „betrifft, wie *Schmitt* darlegt, nur die Art der Umschaltung innerhalb des Bundes", ob eine direkte Anweisungsbefugnis an die Behörden der Gliedstaaten besteht, Verfassungslehre, S. 381 f. und 385. Sie ist nicht Voraussetzung für den bündischen Charakter. Eine Durchführung des Gemeinschaftsrechts durch die Gliedstaaten als „eigene Angelegenheit" entspricht dem bündischen Charakter eher. Der Bund beschränkt sich auf den Erlaß der Rechtssätze, die allerdings unmittelbar gelten.
[8] Verfassungslehre, S. 369.
[9] Unrichtig insofern *Erler:* Öffentliche Gewalt, S. 17.
[10] Art. 169 EWGV; Art. 141 EAGV.
[11] SRGH VI, S. 713.

§ 20 Bündischer Charakter — Einzelheiten 159

nüge zu tun. Wenn Erler behauptet, daß die Verpflichtung der Mitgliedstaaten, ein Verhalten zu beobachten, Grundlage der verpflichtenden Wirkung der Anordnungen der Gemeinschaften sei, nicht aber deren Bindungsgewalt auf Grund einer eigenen Rechtsmacht der Gemeinschaften[12], so kann dem nicht gefolgt werden. Es klafft aber die Grundvorstellung von der Überstaatlichkeit und deren Verwirklichung in den Europäischen Gemeinschaften auseinander. Andererseits ist eine Zwangsgewalt nur in gewissen Graden möglich, ohne den Bund zu zerstören. Soll das Gleichgewicht des existentiellen Dualismus erhalten bleiben, so ist die Bundesexekution erst das letzte Mittel. Auch sie stellt den politischen Pluralismus in Frage; denn sie zwingt u. U., wie im Sezessionskrieg, der als Exekution begann, oder in schwächerer Form im Konflikt Preußens mit dem Reich 1932/33 eine Unterordnung herbei, und damit die Aufhebung der politischen Existenz des Gliedstaates. Wenn auch in den Europäischen Gemeinschaften die Exekutionsbefugnisse zu schwach entwickelt sind, so reichen sie doch hin, um festzustellen, daß sie zusammen mit den Rechtssetzungsbefugnissen eine Verfassungsänderung bei den Mitgliedstaaten hervorruft. Allerdings hat sie Schwächen. Wir stoßen auch hier wieder auf eine Unvollkommenheit der bündischen Struktur des Europas der Sechs, die ihren letzten Grund aber in dem funktional bestimmten Wesen der Europäischen Gemeinschaften hat.

### c) *Gemeinsames Handeln nach außen*

Die entschiedenste Form politischen Handelns nach außen sind Außenpolitik und Kriegführung. Einem vollentwickelten Bund muß beides zustehen[13]. Eine andere Frage ist, ob die Gliedstaaten daneben noch eigene Zuständigkeiten haben können oder nicht. Man wird diese Frage wohl bejahen müssen; denn das bestimmende Ziel des Bundes ist die politische Selbsterhaltung der Glieder. Nur, wenn der Einzelstaat das nicht mehr kann, oder durch ein eigenes Handeln des Gliedes der Gesamtbestand des Bundes gefährdet werden würde, ist eine Bundeszuständigkeit notwendig[14].

Eine ausdrückliche Zuständigkeit auf den beiden genannten Gebieten haben die Gemeinschaften nicht. Ob sie dem „Europa der Sechs" als solchem zukommen, ist zweifelhaft. Jedoch kann man davon ausgehen, daß tatsächlich ein größerer Krieg nur mehr unter Beteiligung aller Mitglieder der Europäischen Gemeinschaften geführt werden könnte

---

[12] Öffentliche Gewalt, S. 17.
[13] *Schmitt:* Verfassungslehre, S. 370; *Nawiasky:* Staatengesellschaftslehre II, S. 199.
[14] *Schmitt:* ibidem.

und daß ein Alleingang eines Mitgliedes den Bestand des Europas der Sechs erheblich gefährden würde. Es ist insofern bedeutungsvoll, daß die Forderung nach außenpolitischer und verteidigungspolitischer Gemeinsamkeit immer deutlicher erhoben wird, und was Deutschland und Frankreich betrifft auch bereits — wenn auch sehr desillusionierend — versucht wird. Sie ist eine innere Notwendigkeit des bündischen Charakters des Europas der Sechs. Auch die Möglichkeit eines Gliedstaates, sich mit einem außerhalb des Bundes stehenden Staat zu verbünden, hat aus dem Bundescharakter sich ergebende Grenzen. Zwar ist es ein Mangel, daß das Europa der Sechs ohne gemeinsame allgemeine Außenpolitik ist; aber es ist andererseits auch ein Zeichen für die Richtigkeit des Weges, daß die Forderung danach immer dringlicher wird[15]. Allerdings bedarf es der Entscheidung; automatisch ergibt sich nichts. Die klassischen zwischenstaatlichen Organisationen bis hin zu den VN stellen die Forderung nach einer gemeinsamen Politik nach außen nicht. Denn sie treten nicht als Einheit auf, sondern sind mehr oder weniger Konferenzgelegenheit miteinander sich in Widerstreit befindender, ihre Souveränität behütender Staaten. Sie nehmen auch den Gliedern das Kriegsrecht nicht, wenn sie es auch einschränken und eine Art Exekution schaffen. Sinn der VN ist, die Außenpolitik ihrer Mitglieder untereinander zu entschärfen, nicht aber, sie selbst zu übernehmen.

Wenn auch eine gemeinsame allgemeine Außen- und Verteidigungspolitik der Europäischen Gemeinschaften erforderlich erscheint, so fehlen doch zur Zeit beide. Die Gemeinschaften haben nur eine gemeinsame Außenwirtschaftspolitik. Zwar macht diese einen erheblichen Teil gegenwärtiger Außenpolitik aus, aber doch nur einen Teil. Auch darin kommt zum Ausdruck, daß die Gemeinschaften funktional-politischen, nicht allgemein-politischen Charakter haben. Diese begrenzte Zuständigkeit zum Handeln nach außen hat für den bündischen Charakter des Europas der Sechs aber wesentliche Bedeutung. Sie begründet die politische Eigenständigkeit der Europäischen Gemeinschaften als Willens- und Wirkeinheiten und, da sie dadurch zum rechtlichen Zurechnungspunkt werden, die Völkerrechtspersönlichkeit der Europäischen Gemeinschaften. Sie werden Bezugspunkt politischer Kraftfelder wie rechtlicher Zuordnungspunkt. Das liegt an der mehrmals hervorgehobenen Bedeutung des wirtschaftlichen Bereiches für das politische Handeln. Die Gliedstaaten verlieren Möglichkeiten, sich der Handels- und Zoll-

---

[15] Die Politik de Gaulles ist also insoweit im Grunde konsequent. Aber er ist im Irrtum, wenn er glaubt, ein einmal eingeschlagener Modus der gemeinsamen Außen- und Verteidigungspolitik würde sich so gestalten und bewahren lassen, daß die nationale Souveränität unangetastet bliebe. Es wird eine gewisse List der Vernunft darin deutlich, daß der Verächter der Überstaatlichkeit der Förderer der Vollendung des bündischen Prinzips werden muß.

politik im Rahmen ihrer allgemeinen Außenpolitik nach ausschließlich ihren Vorstellungen zu bedienen. Sie haben insoweit eine Beschränkung ihrer Bewegungsfreiheit hinzunehmen und können sie nicht mehr zum Zwecke der Selbsthilfe zur Selbsterhaltung nach außen beliebig einsetzen. Es liegt eine Eingliederung der Gliedstaaten auch insoweit vor. Sie sprechen durch den Mund der Gemeinschaften, z. B. bei den Verhandlungen des GATT, bei dem Abschluß von Handelsverträgen u. a.

Auch in diesen Zuständigkeiten der Gemeinschaften liegt eine Einschränkung der ausschließlichen Eigenbestimmung der Gliedstaaten. Auch insoweit tritt ein gewisses Maß an Fremdbestimmung ein. Allerdings ist auch hier diese dadurch gemildert, daß die Staaten als solche an der Willensbildung entscheidend beteiligt sind und den Direktorien Weisungen geben[16], eine der ganz wenigen Fälle, wo das möglich ist.

Die bündische Struktur ist auch hinsichtlich dieses Punktes in Ansätzen vorhanden. Sie ist ebensowenig vollkommen, wie hinsichtlich der anderen Elemente. Es verstärkt sich der Eindruck eines funktional-politischen Bundes.

### d) *Organisation und Organisationsgewalt*[17]

Die Europäischen Gemeinschaften sind Organisationen. Sie sind als solche „faktisch: Inbegriffe der in wechselseitigen sozialen Beziehungen stehenden Menschen, insofern diese zur Wahrnehmung gewisser gemeinsamer Angelegenheiten zu einer durch funktionsteilige Organe (Wirkglieder) handelnden Einheit verbunden sind, ... normativ: Systeme der diese Beziehungen regelnden Rechtssätze[18]." Die Organisation ist ein geordnetes Handlungsgefüge[19]. Erst insoweit eine Gruppe ein solches Handlungsgefüge aufbaut, ist sie in der Lage, Entscheidungen zu treffen und nach innen und außen zu wirken. Durch die Organisation gelingt es, die Vielheit der einzelnen zu einer Einheit des Willens zusammenzufassen und die einzelnen zu Gliedern des Ganzen zu formen. Dieses Ganze ist mehr als die Summe der Glieder. Es wird zum „vielheitlich bewirkten, aber einheitlich wirkenden Aktzentrum ... dessen Wirkungen — unabhängig von allen Normen — weder der Summe der

---

[16] z. B. Art. 113 Abs. 3 EWGV.
[17] Die Anregung zu dem Folgenden verdanke ich Herrn Prof. E. W. Böckenförde; siehe nunmehr auch seinen Hinweis in: Organisationsgewalt, S. 41/42.
[18] *Wolff*: Verwaltungsrecht II, S. 2. Dieser Begriff wird hier also nicht im Sinne der heutigen Soziologie verstanden, siehe etwa: *Mayntz*, Renate: Soziologie der Organisation, rde Bd. 166, Hamburg 1963, S. 36 ff., wo die Verfasserin den Staat ausdrücklich nicht als Organisation bezeichnet, was aber in dieser Untersuchung geschieht. Der von *Mayntz* verwandte Zweckbegriff, S. 7 ff., wird hier nicht verwandt.
[19] *Heller*: Staatslehre, S. 231.

§ 20 Bündischer Charakter — Einzelheiten

Mitglieder allein, noch den Organen für sich, am allerwenigsten aber der isolierten Ordnung zugerechnet werden können"[20]. Durch die Organisierung tritt einerseits eine „Potenzierung der Einzelkräfte"[21] ein, andererseits wird eine neue Ebene oberhalb der Einzelkräfte erreicht[22].

Organisation ist aber nicht nur statisch, sie ist auch dynamisch zu verstehen[23]. Die Organisation wird organisiert durch die Organisationsgewalt. Die Organisierung der Gemeinschaften erfolgt auf doppelte Weise: Einerseits durch die Staaten in den Gründungsverträgen, andererseits durch die Gemeinschaften selbst in entsprechenden organisatorischen Rechtssetzungsakten. In den Gründungsverträgen sind der organisatorische Aufbau, die Aufgaben der Organe und ihre Verhältnisse zueinander geregelt. Sie enthalten „das System der die Organe betreffenden, ihre Zuständigkeiten regelnden Rechtssätze"[24] jedenfalls in den allgemeinen Grundsätzen. Diese sind auch nicht durch die Gemeinschaften abänderbar[25]. So war für die „Fusion der Exekutiven" der drei Gemeinschaften ein Vertrag zwischen den Gliedstaaten erforderlich. Die Organisationsgewalt liegt also zunächst bei den Gliedstaaten, nicht bei der Gesamteinheit.

Aber dieser kommen bestimmte organisatorische Befugnisse zu. Sie beschließt über den Behördenaufbau[26]. Sie beschließt das Beamtenstatut[27]. Sie beschließt über die Verfahren zur Ausübung der Kontroll- und Auskunftsrechte[28]. Sie beschließt über die Errichtung und Befugnisse von Ausgleichskassen und -fonds[29]. Sie ist in der Lage, den einzelnen Organen neue, wenn auch begrenzte Zuständigkeiten zu geben[30]. Die Ausübung der Organisationsgewalt sowohl durch die Mitgliedstaaten wie durch die Gesamteinheiten bewirkt größere Einheit. Böckenförde hat gezeigt, daß die Ausübung der Organisationsgewalt keine bloße Hilfsbefugnis ist, sondern „selbst eine ‚Sach'tätigkeit, die

---

[20] *Heller:* Staatslehre, S. 231.
[21] *Heller:* Staatslehre, S. 232; *Wolff:* Verwaltungsrecht II, S. 1 f.: „Machtsteigerung der Gesamtheit".
[22] *Huber,* Hans: „Supranationalität" und Souveränität, NZZ v. 27. 11. 1963, Bl. 13 R erste Spalte; *Böckenförde:* Organisationsgewalt, S. 41 f. mit Hinweis auf *Schmitt;* ohne es unmittelbar auszusprechen, scheint das auch ein Grundgedanke *Hellers* zu sein, vgl. Staatslehre, S. 231 ff.
[23] *Wolff:* Verwaltungsrecht II, S. 3.
[24] *Wolff:* Verwaltungsrecht II, S. 2.
[25] So ganz deutlich Art. 95 Abs. 3 letzter Halbsatz EGKSV.
[26] Art. 16 EGKSV; Art. 162 Abs. 2 EWGV; Art. 131 Abs. 2 EAGV.
[27] Art. 16 EGKSV; Art. 212 EWGV; 186 EAGV.
[28] Art. 47 EGKSV; Art. 213 EWGV; Art. 187 EAGV.
[29] z. B. Art. 53 EGKSV (z. B. Schrottausgleichskasse); die Ausgleichseinrichtungen im Rahmen der Agrarmarktorganisation.
[30] z. B. für Zwangsmaßnahmen.

Erledigung einer Sachaufgabe"³¹ und als solche nicht nur technischen, sondern auch politischen Charakter haben kann. Nirgends ist das deutlicher geworden als in dem Plan, die Direktorien zusammenzulegen. Hier ist eindeutig eine Sachaufgabe erledigt worden, nämlich eine Vereinheitlichung der Wirtschaftspolitik zu erreichen, z. B. im Bereich der Energiepolitik. Sie hat politischen Charakter, weil die Zentralisierung größere allgemeine Wirksamkeit bezüglich der Gesamtordnung hervorbringen soll. Böckenförde führt hinreichend Beispiele im staatlichen Bereich auf. Aus dem Bereich der Gemeinschaften seien die Ausgleichsmechanismen der EGKS³² oder der Agrarmarktorganisation³³ erwähnt mit ihren Kassen, Fonds, Abschöpfungen, Umlagen, Erstattungen etc., etc.

Durch die Schaffung und den Ausbau einer einheitlichen Organisation im Europa der Sechs wird eine neue Entscheidungs- und Handlungsebene erreicht. Zwar ist sie auf die funktional-wirtschaftliche Seite beschränkt; aber die Wirkung ist eine politische³⁴. Denn der Prozeß, der die Staaten immer gründlicher der Gesamteinheit eingliedert, läßt sich, je weiter er fortschreitet, desto schwieriger zurückspulen, bis es einmal unmöglich wird. Die fortschreitende Organisierung des Europas der Sechs schafft bestimmte Verfestigungen. Das wird stärker, wenn auch die Übergangszeit der EWG beendet sein wird. Eine immer stärkere Zuständigkeitskonzentration findet statt, eine Zentralisation, die analog der „centralisation administrative" verläuft, die Hauriou als ein Grundprinzip der Organisation nachgewiesen hat³⁵. Es entsteht „un centre de coordination et d'unification dans l'administration de l'Etat grâce à l'existence d'un personnel hiérarchisé"³⁶. Aus der Verfassungsgeschichte ist der Verlauf der Zentralisation und ihrer Bedeutung für die Ausbildung des Staates bekannt³⁷. In den Gemeinschaften vollzieht sich ein ähnlicher Prozeß, wenn auch in beschränktem funktional bestimmten Umfange. Diese Zentralisation hat aber auch eine politische Seite. Denn die Zentralisation der Zuständigkeiten bedingt eine Zentralisation des Willens. Die fortschreitende Organisierung und die damit fortschreitende Ausbildung der Gemeinschaften — bzw. der Gemeinschaft — zu einem

---

[31] Organisationsgewalt, S. 40—42.
[32] Siehe die Auseinandersetzungen um den Schrottausgleich.
[33] Siehe dazu *Jaenicke*: Agrarmarktorganisation, unten e.
[34] Siehe *Böckenförde*: Organisationsgewalt, S. 41 f.; *Huber*: Supranationalität, Bl. 13 R erste Spalte.
[35] *Hauriou*, Maurice: Précis de droit administratif et de droit public, 11. Aufl., Paris 1927, S. 44 ff.
[36] Précis, S. 44 f.
[37] Siehe dazu: *Huber*, Ernst Rudolf: Verfassungsgeschichte der Neuzeit, Bd. II, Der Kampf um Einheit und Freiheit, 1830—1850, Stuttgart 1960, S. 282 ff.; *Wolff*: Verwaltungsrecht II, §§ 79, 80.

Aktzentrum im dargestellten Sinne, zu einer eigenständigen Willens- und Wirkeinheit, bewirkt eine neue Qualität der politischen Existenz des Europas der Sechs als handelnde Einheit oberhalb der Staaten in der Zeit.

*e) Integration und Planung*

Eine ähnliche vereinheitlichende Wirkung wie Organisation und Organisieren und mit diesen eng verknüpft haben Integration und Planung. Die Integration geschieht durch die Errichtung eines einheitlichen, eines „gemeinsamen Marktes"; die Planung erscheint als eine Methode, die Integration voranzutreiben. Wie statische Organisation sich zu dynamischer Organisationsgewalt, so verhalten sich Integration und Planung zueinander. In der Planung wird die Integration „organisiert". Sie schafft die wirtschaftliche Homogenität. Über diese Zusammenhänge fehlen bisher hinreichend umfassende Untersuchungen, so daß sich noch nichts Genaues sagen läßt. Aber es lassen sich doch Trends feststellen, die eine eindeutige Tendenz in Richtung auf eine fortschreitende Vereinheitlichung auch gegen äußere Widerstände erkennen lassen.

Integration ist zunächst die Errichtung eines gemeinsamen Marktes zwischen den Sechs[38]. Er ist definiert durch fünf Freiheiten von allen staatlichen Eingriffen: Freiheit des Warenverkehrs, des Kapitalverkehrs, des Dienstleistungsverkehrs, des Arbeiteraustausches, des Niederlassungsrechts[39]. Die Errichtung des gemeinsamen Marktes erfolgt in allen drei Gemeinschaften während einer Übergangszeit durch aufeinander abgestimmte, teilweise automatisch vorzunehmende Handlungen der Gliedstaaten und der Gesamteinheiten. So heben die Staaten ihrerseits die verschiedenen Beschränkungen und Hemmnisse der fünf Freiheiten unter- und gegeneinander auf[40], während andererseits die Gesamteinheiten ihrerseits allgemeine Regeln aufstellen, vor allem auf dem Gebiet der Preise[41], des Wettbewerbs[42], der sozialen Sicherheit der Wanderarbeiter[43], des Niederlassungsrechts[44]. Die Aufhebung der Beschränkungen ist ein negatives Integrationsverfahren. Die Regelungen, die

---

[38] Zu den Einzelheiten siehe: *Carstens:* Gemeinsamer Markt; *Cartou,* Louis: Der gemeinsame Markt und das öffentliche Recht, Baden-Baden/Bonn 1960; *Catalano:* Manuel, S. 149—414; *Reuter:* La CECA; *Jerusalem:* Montanunion.
[39] *Catalano:* Manuel, S. 255. Er spricht von vier Freiheiten, die vierte und fünfte faßt er als „la libre ciculation des personnes" zusammen.
[40] Neben den staatlichen Hemmungen gibt es auch die privaten; sie interessieren erst in zweiter Linie.
[41] z. B. Art. 60 EGKSV.
[42] Art. 60 EGKSV; Art. 85 ff. EWGV.
[43] Art. 48—51 EWGV.
[44] Art. 52—58 EWGV.

## § 20 Bündischer Charakter — Einzelheiten

die Gemeinschaften auf diesen Gebieten erlassen, dienen zunächst nur der Ausräumung von Hindernissen. Die Verordnungen der EWG in den zuletzt genannten drei Sachbereichen zeigen deutlich, daß es zunächst nur darum geht, die Voraussetzungen für die Verwirklichung der genannten fünf Freiheiten zu schaffen.

Aber dieser negativen Funktion ist eine positive Integrationsfunktion der Europäischen Gemeinschaften in Form der Planung zugeordnet, teilweise von vornherein im Vertrag vorgesehen, so vor allem auf dem Gebiete der Landwirtschaft[45], teilweise nachträglich mehr oder weniger verdeckt sich ergebend[46]. Im letztgenannten Fall dient die Koordinationsbefugnis der Organe der Europäischen Gemeinschaften als Programmierungsvehikel. Durch Planung in mancherlei Gestalt oder wie man, wohl aus psychologischen Gründen lieber sagt, Programmierung, verbindliche und unverbindliche, versucht vor allem die EWG den Gemeinsamen Markt zu einer Wirtschaftseinheit zu gestalten, die mehr ist als die Summe ihrer Teile. Auf diese Versuche soll wegen der Bedeutung des die gesamte Wirtschaft umfassenden Aufgabenbereiches der EWG näher eingegangen werden. Aber bereits in der EGKS, vor allem aber in der EAG, ist die Planung nicht unbekannt. Die beiden Verträge haben selbst schon Plan-Funktion. Am EGKSV war maßgebend der französische Planer Jean Monnet beteiligt. Jener stellt die Übertragung seiner planerischen Vorstellungen auf Kohle und Stahl im europäischen Bereich dar. Der EAGV ist bewußt als Plan der Atomenergiewirtschaft und ihrer Entwicklung im europäischen Gesamtraum angelegt.

Auf dem Gebiet der Landwirtschaft ist im Rahmen der EWG inzwischen eine einheitliche Marktorganisation aufgebaut worden[47]. Es sind Lenkungsorgane in Form verschiedener Ausschüsse und Fonds geschaffen worden, außerdem wurden der Kommission Interventionskompetenzen eingeräumt. Mit Abschöpfungen, Ausgleichszahlungen, Qualitäts- und vor allem Preisregulierungen ist ein umfangreiches Steuerungsinstrumentarium entstanden. Der Gemeinsame Agrarmarkt ist bereits heute verplant und steht weiterhin laufend unter den lenkenden Eingriffen seitens der Gemeinschaftsorgane. Art. 39 und 40 EWGV bilden die eindeutige rechtliche Grundlage für diese Organisation. Die auf Grund dieser Vorschriften erlassenen Verordnungen, weit über hundert bereits

---

[45] Art. 38—47 EWGV.
[46] Das „Memorandum der Kommission (der EWG) über das Aktionsprogramm der Gemeinschaft für die zweite Stufe", Veröffentlichung der EWG-Kommission, Brüssel 24. Oktober 1962 geht von der Notwendigkeit dieser Ergänzung aus, S. 5 ff.
[47] Vgl. EWG-Kommission 7. Gesamtbericht über die Tätigkeit der Gemeinschaft, (1. April 1963—31. März 1964), Juni 1964, S. 174—214 u. 8. Gesamtbericht über die Tätigkeit der Gemeinschaft (1. April 1964—31. März 1965), Nr. 160—217.

heute, werfen über dieses Gebiet ein dichtes Netz von Vorschriften, die das Handeln der Marktbeteiligten regulieren und in bestimmte Bahnen lenken. So ist hier eine „Organisation" entstanden, die dieselbe Wirkung zeigt wie jede Organisation: Es wird eine Vereinheitlichung auf einer neuen Ebene herbeigeführt, eine qualitative Veränderung der vorher bestehenden Einzelmärkte. Der deutsche und sizilianische Eierproduzent treten in gegenseitige Abhängigkeit, indem ihr Handeln einem gemeinsamen Handlungssystem unterworfen wird.

Was auf dem Gebiet der Landwirtschaft in besonderer Weise ausgeprägt ist, vollzieht sich in anderen Sachbereichen in abgeschwächter Form. Das gilt vor allem dort, wo eine „gemeinsame Politik" entwickelt werden soll, so insbesondere bei der Verkehrspolitik[48] und bei der Handelspolitik[49]. Auf dem Gebiet der Konjunkturpolitik haben die Mitgliedstaaten erklärt, diese als eine „Angelegenheit von gemeinsamen Interesse" anzusehen[50]. Hier bedient sich die EWG vornehmlich indirekter Mittel, durch Vorausschauen, vergleichende Wirtschaftsbudgets etc.[51]. Diese sind nicht als Pläne anzusprechen, haben aber eine gewisse Leitfunktion durch Information. Über diese informative Tätigkeit geht aber bereits die koordinierende Tätigkeit hinaus. Dabei bedienten sich die Organe bisher unverbindlicher Empfehlungen, können aber gemäß Art. 103 Abs. 2 und 3 EWGV auch hinsichtlich der Ziele verbindliche Richtlinien erlassen. Als im Jahre 1964 sich die inflationären Entwicklungen in den Gemeinschaftsländern, insbesondere in Italien und Frankreich verschärften, ergriffen Kommission und Rat die Initiative und versuchten durch Empfehlungen und andere — wenn auch rechtlich unverbindliche — Interventionen der Entwicklung zu steuern[52]. Sie schlugen auch Maßnahmen vor, die eindeutig Lenkungscharakter trugen.

Aber die Konjunkturpolitik ist als solche kurzfristig. Planung setzt aber jedenfalls mittlere, wenn nicht längere Fristen voraus. Im Jahre 1962 begann daher die Kommission der EWG eine mittelfristige Wirtschaftspolitik auszuarbeiten[53]. Diese ist zudem an langfristige Vorausschätzungen und Zielvorstellungen gebunden. Mit diesen Maßnahmen setzt eine Entwicklung ein, die nunmehr den gesamten Sachbereich der

---

[48] Art. 74—80 EWGV.

[49] Art. 110—116 EWGV.

[50] Art. 103 EWGV.

[51] Siehe dazu den 7. Gesamtbericht der EWG, S. 138 ff. und den 8. Gesamtbericht, Nr. 127 ff.

[52] Im einzelnen: 8. Gesamtbericht der EWG Nr. 118—126.

[53] Für das Folgende danke ich für wertvolle Hinweise und Anregungen Herrn Referendar Gerd *Hoffmann*, Münster; siehe auch dessen demnächst in ZHR erscheinenden Aufsatz: Planification und Wettbewerbsordnung im Hinblick auf den EWG-Vertrag.

## § 20 Bündischer Charakter — Einzelheiten

EWG positiv gestaltend erfaßt und der leitenden Hand der Organe unterwirft. Die Rechtsgrundlagen dieses Vorgehens sind zweifelhaft[54]. Die Frage als solche soll hier nicht untersucht werden[55]. Sollten die Rechtsgrundlagen aber wirklich fehlen, so ständen wir hier vor der bemerkenswerten Erscheinung, daß der durch die Gründung der EWG in Gang gesetzte Prozeß als funktionaler Prozeß aus den Sachgesetzlichkeiten gewisse Handlungsweisen und Entwicklungen notwendig hervortreibt und daher den Willen der Einzelstaaten überspielt. Es entfaltet sich in der EWG ein Eigenleben, das nicht aufzuhalten ist, soll nicht das ganze Werk u. U. überhaupt infrage gestellt werden.

Die Überlegungen zu einer mittelfristigen Wirtschaftspolitik haben ihren Ursprung gerade in dem Gefühl des Ungenügens an den Regelungen des Vertrages angesichts bestimmter wirtschaftspolitischer Forderungen, die von der Kommission der EWG und in geringerem Maße auch von anderen als Notwendigkeit empfunden werden[56]. Die Kommission hat die „Erforderlichkeit" eines mehrjährigen Programms in dem erwähnten Aktionsprogramm mit sechs Punkten begründet[57]. Eine Begründung geht dahin, daß ohne „eine solche Programmierung die Durchführung der gemeinsamen Agrar-, Verkehrs- und Energie-Politik äußerst erschwert würde, da eine Gesamtperspektive für die Wirtschaft der Gemeinschaft, in die sich die Politik der Länder einfügen muß, fehlen würde". Die Formulierung bringt zweierlei bemerkenswerte Aufschlüsse über die Überlegungen der Kommission. Einmal wird von drei Teilbereichen auf den gesamten Wirtschaftsbereich geschlossen, die Anforderungen der Teilbereiche werden zum Maßstab des Ganzen; zum anderen müssen die Staaten nach Auffassung der Kommission um dieser Teilbereiche willen, die sie der EWG übertragen haben, die gesamte Wirtschaftspolitik auch auf den vorbehaltenen Gebieten den Vorstellungen der Gemeinschaft unterwerfen. Die Vorstellung, daß sich die nationalen Vorhaben in einen von der Gemeinschaft aufgestellten wirtschaftspolitischen Rahmen eingliedern oder sich doch jedenfalls an ihm

---

[54] Die Kommission und der Ministerrat stützen sich auf Art. 2, 105, 145 EWGV. Nur Art. 105 EWGV enthält eine Zuständigkeitsnorm, die sich aber lediglich auf Koordinierung, nicht auf Regelung richtet. Weder ist von einer „gemeinsamen Politik", noch von einer „Politik als eine Angelegenheit von gemeinsamem Interesse" die Rede.
[55] Siehe dazu im einzelnen: *Everling*, Ullrich: Die Koordinierung der Wirtschaftspolitik in der Europäischen Wirtschaftsgemeinschaft als Rechtsproblem, Recht und Staat Nr. 296/297, Tübingen 1964.
[56] *Heide*, Harm ter: Die mittelfristige Wirtschaftspolitik der EWG und ihre Probleme, in: Möglichkeiten und Wege zu einer europäischen Wirtschaftsverfassung, Internationale Tagung der Sozialakademie Dortmund, hrsg. von Herbert Schmidt, S. 45—57, Berlin 1964, S. 48 ff.
[57] Aktionsprogramm S. 61 f.; dieses Programm ist nicht zum Programm der Gemeinschaft geworden, sondern unter der alleinigen Verantwortung der Kommission verblieben, *Everling*: Koordinierung S. 9.

orientieren sollen, steht überhaupt im Vordergrund. Das könnte noch als bloße Koordinierung verstanden werden, wenn nicht erhebliche materielle Elemente in das vorzuschlagende Programm aufgenommen werden sollten, die nun eine Beschränkung der nationalen Wirtschaftspolitik und unter Umständen sogar der allgemeinen nationalen Innenpolitik hervorrufen könnten[58]. Wie auf dem Gebiet der Wirtschaftspolitik eine Koordinierung, „die tendenziell bis zur Vereinheitlichung geht"[59], angestrebt wird, so auch auf dem Gebiet der Währungspolitik[60]. Da aber auf diesem Gebiet der Weg noch nicht so weit beschritten ist[61], soll dieser Bereich ausgeklammert werden. Es ist aber nicht zu übersehen, daß in einem völlig harmonisierten und zentralisierten Währungssystem, selbst wenn es aus verschiedenen Währungen besteht, ein entscheidendes Element funktionell-bündischer Struktur liegt. Denn es nimmt den Staaten die Möglichkeit, währungspolitische Mittel im nationalen Interesse einzusetzen und gibt gleichzeitig der Gemeinschaft ein Instrumentarium zentraler Einflußnahmen und Planung. Wird der Diskontsatz nicht mehr vom Zentralbankrat sondern in Brüssel oder erst nach Übereinstimmung mit den anderen Partnerländern gesenkt oder erhöht, tritt das nationale Interesse notwendig zurück.

Die Überlegungen zu einer mittelfristigen Wirtschaftspolitik befinden sich im vierten Stadium. Das erste Stadium bildete das Aktionsprogramm, das zweite die Empfehlungen der Kommission an den Rat vom 26. Juli 1963[62], das dritte der Ratsbeschluß vom 15. April 1964[63]. Das vierte Stadium ist nunmehr die tatsächliche Vorbereitung eines mittelfristigen Programms für die Jahre 1966-1970.

Das Aktionsprogramm der Kommission war darauf ausgerichtet, einen festen Rahmen für die Politik der Staaten und der Gemeinschaft zu schaffen. Es sollte ein konsolidiertes Programm entworfen werden, in dem „die langfristigen Vorausschätzungen der Einnahmen und Ausgaben der Staaten" niedergelegt werden sollte. „Die mutmaßliche, wünschenswerte oder akzeptable Verteilung des Bruttosozialproduktes zwischen den großen Wirtschaftsbereichen" sollte ebensogut Gegenstand des konsolidierten Programms sein, wie „der wünschenswerte und mögliche

---

[58] *Everling:* Koordinierung S. 33.
[59] Aktionsprogramm S. 73.
[60] Aktionsprogramm S. 73—78.
[61] 7. Gesamtbericht S. 144 ff., 8. Gesamtbericht Nr. 133 ff. Es ist bezeichnend für die steigende Wichtigkeit, daß im 7. Gesamtbericht die Währungspolitik in dem Unterabschnitt 1 „Die Wirtschaftspolitik" des Kapitels II erscheint, während ihr im 8. Gesamtbericht ein eigener Abschnitt des Kapitels III gewidmet ist.
[62] Bulletin der Europäischen Wirtschaftsgemeinschaft, Nr. 8/1963, Sonderbeilage S. 13 ff.
[63] ABl. 1964, S. 1031.

## § 20 Bündischer Charakter — Einzelheiten

Verlauf der Wirtschaftstätigkeit der Gemeinschaft in dem betreffenden Zeitraum, ausgedrückt in Bruttosozialprodukt, Einkommen der Produktionsfaktoren, Investitionen und Verbrauch des privaten Bereiches, der Unternehmen und der Staaten zu konstanten Preisen". Das Aktionsprogramm ging aber noch darüber hinaus und plädierte für eine gemeinschaftliche sektorale und regionale Strukturpolitik. Sie sollte dazu dienen, eine größere Homogenität und Gleichmäßigkeit der wirtschaftlichen Entwicklung sowohl in den verschiedenen Wirtschaftszweigen wie in den einzelnen Wirtschaftsräumen zu fördern[64]. Das ganze Programm war wesentlich an den französischen Planification-Methoden orientiert[65].

In der zweiten Phase, den Empfehlungen der Kommission an den Rat vom 26. Juli 1963, wurden die verschiedenen Stellungnahmen und Einwände, insbesondere auch die der deutschen Stellen, verarbeitet[66]. Die Empfehlungen hatten schon nicht mehr das weitgesteckte Ziel, wie es in dem Aktionsprogramm zum Ausdruck kam. Die Empfehlungen unterschieden einerseits Vorausschätzungen und andererseits gewisse Rahmen-Programme für das wirtschaftspolitische Verhalten von Gemeinschaft und Staaten. Dabei schien die Kommission noch davon auszugehen, daß diese Rahmen-Programme für Gemeinschaft und Mitgliedstaaten verbindlich sein sollten. Die Empfehlungen sahen eine Organisation von verschiedenen Ausschüssen vor. Materiell steht die Betonung des Wettbewerbs als leitendes Wirtschaftsprinzip an der Spitze. Es ist auch nicht mehr von einer „gemeinsamen Politik" die Rede. Aber es bleibt das Ziel, einen Gesamtrahmen für die mittelfristige Wirtschaftspolitik auszuarbeiten, „in den sich die Maßnahmen der nationalen Regierungen und europäischen Institutionen einfügen"[67], durch das diese Maßnahmen in ihrer „Rationalität erhöht und auf gemeinsame Ziele gelenkt"[68] werden sollen. Das allgemeine Ziel, durch einen gewissen Grad an Planung eine wirtschaftliche Einheit im positiven Sinne zu formen, ist geblieben.

Der Rat hat dann in seinem Beschluß vom 15. April 1964 zunächst anscheinend nur formelle Entscheidungen getroffen: Die Einsetzung einer Expertenkommission für die Vorausschätzungen und einer Programmkommission aus je zwei nationalstaatlichen Beamten und zwei Kommissionsbeamten für die Programmierung. Jedoch hat er auch bereits über den Rechtscharakter der Programme entschieden und damit materielle Vorentscheidungen gefällt: „Der Rat und die Regierungen der

---

[64] Aktionsprogramm S. 66—71.
[65] *Everling:* Koordinierung S. 9.
[66] Siehe dazu den sehr eingehenden Dichgans-Bericht, Europäisches Parlament, Sitzungsdokumente 1963—1964, 14. Januar 1964, Dokument 115.
[67] Empfehlungen Nr. 8.
[68] Empfehlungen Nr. 5 Abs. 2.

Mitgliedstaaten geben mit der Annahme des Programms ihrer Absicht Ausdruck, auf dem von dem Programm erfaßten Gebiet entsprechend den darin vorgesehenen Leitgedanken zu handeln." Die Programme sollen also nicht mehr verbindlich sein, sondern Absichtserklärungen der Beteiligten darstellen. Aber auch in dem Beschluß des Ministerrates bleibt bestehen, daß eine planvolle Zusammenarbeit der Gemeinschaft und der Staaten als Notwendigkeit erkannt ist. Das Absichtsprogramm stimmt die Maßnahmen aufeinander ab, bringt sie in Zusammenhang und leitet sie vor allem auf gemeinsam entwickelte Zielvorstellungen hin.

Vorausschätzungen und Absichtserklärungen haben zwar keine verbindliche Wirkung, enthalten aber normativen Informativcharakter und können daher psychologisch auf Selbsterfüllung hinwirken[69]. Zwar sollen keine Branchenziele oder dergleichen vorgelegt werden, aber die Erwartung bestimmter Maßnahmen der Regierungen und der Gemeinschaft, sowie die Vorhersage bestimmter quantitativer Wirtschaftsergebnisse, in denen auch Zielvorstellungen wirksam werden, wirkt in bestimmter Richtung motivierend auf das Handeln der am Wirtschaftsprozeß Beteiligten ein. Gerade daher erklärt sich die Sorge, die Wettbewerbswirtschaft als eigentliche Wirtschaftsform der EWG könnte gefährdet sein[70].

Im Jahre 1964 haben die Arbeiten des Sachverständigen- wie des Programmausschusses begonnen. In ihrem 8. Gesamtbericht verspricht die Kommission einen Programmentwurf für Ende des Jahres 1965[71], der die Jahre 1966—1970 umfassen soll. Er soll verschiedene Punkte behandeln, wobei Beschäftigungspolitik, staatliche Investitionen und die Einkommenspolitik wohl die bedeutendsten sein werden. Es sollen „allgemeine Leitsätze für die Probleme festgelegt" werden[72], das kann aber nur heißen: für die Lösung der Probleme.

Die geschilderte Entwicklung ist noch zu sehr im Fluß, um definitive Aussagen zu erlauben. Vor allem muß abgewartet werden, wie die Programme gestaltet werden und wie sie wirken. Der enge Zusammenhang des Funktionalen und des Politischen führt aber dahin, daß selbst eine lockere Programmierung auf die gesamte Existenzweise der Staaten

---

[69] Siehe dazu für die französische Planification: *Schneider*, Hans K.: Planification als normatives Informationssystem und als Koordinationsprinzip, in ZgesStW Bd. 120 (1964) S. 329—351; *Hoffmann* in dem oben Fußn. 48 angeführten Aufsatz, III 3 a.

[70] Der genannte Aufsatz von *Hoffmann* beschäftigt sich ausführlich mit dieser Frage, ebenso *Everling:* Koordinierung S. 14 ff. Allerdings kann nicht von einer definitiven Festlegung auf die Wettbewerbswirtschaft gesprochen werden, siehe oben § 6 b und *Everling:* Koordinierung S. 14 f.

[71] 8. Gesamtbericht Nr. 144.

[72] 8. Gesamtbericht Nr. 143.

und des einzelnen in substantiell verändernder Weise einwirkt. Zu Recht betont Everling, daß z. B. die Einkommensverteilung eine zentrale Frage der gesellschaftlichen Struktur der Staaten darstellt[73]. Ähnliches gilt für andere Bereiche[74]. Es wird eine neue Ebene geschaffen, indem nicht rückspulbare Entwicklungen in Richtung auf eine Vereinheitlichung in Bewegung gesetzt werden. Es wird eine funktional-politische Homogenität als Grundlage bündischer Existenz bewirkt.

## § 21 Die politische Einheit der Europäischen Gemeinschaften

Die politische Einheit des Europas der Sechs beruht auf einem politischen Gesamtwillen. Dieser beruht auf der Homogenität der „Völker" und wird sichtbar im Wege der Repräsentation.

### a) Homogenität

Von einem europäischen Volk kann nicht gesprochen werden. Eine solche demokratische Homogenität ist auch nicht Voraussetzung des Bundes. Sie steht, wie Schmitt darlegt, sogar in einem gewissen Gegensatz zu der bündischen Homogenität[1]. Denn sie hat die Tendenz zum Einheitsstaat, weil sie auf der staatsbürgerlichen abstrakten, also rechtlichen Gleichheit beruht. Die bündische Homogenität hingegen beruht auf einer seinsmäßigen konkreten, also nichtrechtlichen Gleichartigkeit[2]. Sie verträgt rechtliche Unterschiede, die die Demokratie keineswegs verträgt, so daß diese sie zu überwinden trachtet. Damit beseitigt sie aber auch notwendig den Pluralismus politischer Existenz, die den Bund ausmacht. Es ist daher bereits im Ansatz falsch, wenn Rosenstiel meint, „daß die Föderation, historisch betrachtet, die Etappe der Demokratie in Europa bildet"[3]. Wovon Rosenstiel hier spricht, ist der von Schmitt so benannte „Bundesstaat ohne bündische Grundlage"[4], wie ihn die

---

[73] Koordinierung S. 33.

[74] Die erwähnte Konjunkturempfehlung zur Steuerung inflationärer Tendenzen sieht z. B. Begrenzung des Wachstums der Kassenausgaben für die Gesamtheit der öffentlichen Verwaltungen auf 5 v.H. vor. Das bedeutet einen entscheidenden Eingriff in die Haushaltsgestaltung und beschränkt die Autonomie der Staaten. Die Übernahme solcher, wenn auch unverbindlicher Festsetzung in ein mittelfristiges Programm kann entscheidende Auswirkungen auf nichtwirtschaftliche Bereiche haben, wie Bildung, Rüstung u. dgl.

[1] Verfassungslehre, S. 388 f.

[2] Das schließt nicht aus, daß die Bürger aller Gliedstaaten in jedem Land weitgehend die gleichen Rechte haben. Aber es ist für den Bestand des Bundes nicht notwendig, während es für einen demokratischen Staat notwendig ist.

[3] Supranationalität, S. 89.

[4] Verfassungslehre, S. 389 ff.

USA, die Schweiz, die Bundesrepubliken Deutschland und Österreich heute darstellen. Eine solche Lösung für Europa vorschlagen heißt aber, gar keine Lösung vorschlagen. Die Überstaatlichkeit mit diesem Begriff des Bundesstaates gleichzusetzen bedeutet, in die Definition bereits hineinstecken[5], was hinterher bei der Untersuchung der Europäischen Gemeinschaften, für die das Wort „überstaatlich" zuerst verwendet wurde, gar nicht mehr herauskommen kann. Es muß dann in Anführungsstrichen gesetzt werden und damit das Schicksal anderer zwar unbequemer, aber doch vorhandener Wirklichkeiten teilen. Klarer wird das Verständnis durch dieses Verfahren jedenfalls nicht. Es gibt Rosenstiel aber das Mittel in der Hand, das Sein vom Sollen her zu kritisieren, mit dem bereits erwähnten Regressionseffekt.

Die Europäischen Gemeinschaften sind funktionell-politische Verbindungen. Ihre Homogenität muß also zunächst eine sachbezogene, d. h. hier, wirtschaftliche sein. Nun wäre es sicherlich nicht richtig, zu sagen, daß eine solche in umfassendem Maße bestünde. Das mittelfristige Wirtschaftsprogramm der EWG geht gerade u. a. davon aus, daß eine solche Homogenität nicht in jeder Hinsicht und in allen Einzelheiten besteht. Aber die sechs Volkswirtschaften weisen in der Struktur doch eine große Ähnlichkeit auf; sie gehören alle zu den hochindustrialisierten Ländern. Vor allem entwickeln sie fortschreitend eine größere Homogenität, wozu vor allem die Programme beitragen sollen. Die EWG ist ja selbst rechtlich noch in einer Übergangszeit. Indem sie deren Ende entgegengeht, wächst auch die Vereinheitlichung und die Angleichung, die nach und nach die Homogenität wirtschaftlicher Art fördert.

Man mag gegen die Art der wirtschaftlichen Homogenität einwenden, sie sei zu schmal, um eine bündische Einheit zu tragen. Dagegen ist aber zweierlei zu sagen. Zunächst sind die Europäischen Gemeinschaften in sich beschränkte Einheiten, eine breitere Basis ist also nicht erforderlich. Zudem führt die wirtschaftliche zur gesellschaftlichen Homogenität, die rechtlich eine „Privatrechtsgesellschaft" (Mestmäcker) bildet. Gesellschaftliche Beziehungen und Verhaltensweisen gleichen sich an. Die wirtschaftliche Homogenität ist ein bewegendes Element, das die Entwicklung auf allgemeinen Gebieten auslöst und weitertreibt. Die wirtschaftliche Homogenität in Verbindung mit der von ihr erzeugten gesellschaftlichen Homogenität ist eine substantielle, weil sie die allgemeine Existenz des einzelnen wie der Gesellschaft erfaßt. Sie wird im übrigen durch die Homogenität der gemeinsamen geistigen und geschichtlichen Überlieferung der sechs Länder verstärkt.

---

[5] Die Gleichsetzung findet sich bereits auf S. 28 in der „Einführung", bevor also irgendeine Analyse unternommen worden ist.

§ 21 Politische Einheit der Europäischen Gemeinschaften          173

*b) Repräsentation*

Ein Bund muß als politische Einheit, auch als funktional-politische Einheit repräsentiert werden. Als Repräsentanten im Rahmen der Europäischen Gemeinschaften kommen in Betracht das Parlament, die Ministerräte, die Direktorien. Der Gerichtshof scheidet aus. Denn er bringt keinen politischen Willen, der notwendig zur Repräsentation gehört[6], hervor, sondern nur einen rechtlichen Willen. Das Parlament scheidet aber auch aus, weil es keine Entscheidung fällt[7]. Es debattiert zwar, aber es bringt keinen verbindlichen Willen zum Ausdruck. Es verbleiben die Ministerräte und die Direktorien.

1. Ohne das Wesen der Repräsentation erschöpfend zu behandeln[8], sollen im folgenden einige Grundzüge herausgestellt werden, die für die zu entscheidende Frage bedeutsam sind. Repräsentation ist soziale Vertretung[9], dergestalt daß die Handlungen des Repräsentierenden dem Repräsentierten zugerechnet werden, durch einen Dritten oder durch den Repräsentierten selbst. Vertretung ist hier ganz allgemein, nicht im zivilrechtlichen Sinne, die besser als Stellvertretung bezeichnet wird, insoweit sie auf Vertrag beruht, gefaßt. Vertretung im hier gemeinten Sinn ist ein „Stehen an Stelle" plus „ein Handeln für"[10]. Die Repräsentation steht innerhalb der Vertretung neben der Stellvertretung und der Organschaft[11]. Zwar kann sie in einigen Fällen mit dem einen oder anderen zusammentreffen, wie es z. B. beim Parlament der Fall ist[12], aber damit fallen sie noch nicht zusammen, sondern bleiben selbständig bestehen. Der Unterschied liegt in ihren verschiedenen Begründungsarten. Die Stellvertretung beruht auf einer Bevollmächtigung durch den Vertretenen. Sein Wille schafft die Vertretungsmacht des Vertreters, so daß der Wille des Vertreters als der des Vertretenen nach dem Prinzip der Identität gültig ist. Die Organschaft findet ihren Grund in einer Organisation, aus der heraus sie die Vertretungsmacht herleitet[13]. Der Wille des Organs ist der Wille der Gruppe, die anders keinen Willen

---

[6] *Schmitt:* Verfassungslehre, S. 211.
[7] Auch hierzu *Rosenstiel!*
[8] Siehe dazu neuestens: *Krüger:* Staatslehre, S. 232—253; aus älterer Literatur: *Wolff,* Hans Julius: Theorie der Vertretung, Berlin 1934, S. 16—91 u. 303—352; *Leibholz,* Gerhard: Das Wesen der Repräsentation, Neuauflage Berlin 1960; *Schmitt:* Verfassungslehre, S. 208—216.
[9] *Wolff:* Vertretung, S. 46.
[10] Eingehend *Wolff:* Vertretung, S. 2 ff., der die Vertretung eben dadurch von der bloßen „Ersetzung" unterscheidet, daß bei dieser lediglich „ein Stehen an Stelle" vorliegt, während die Vertretung ein „Stehen für" ist, in dem beides zusammengefaßt wird.
[11] *Wolff:* Vertretung, S. 17.
[12] *Wolff:* Vertretung, S. 337 ff.
[13] *Wolff:* Verwaltungsrecht I, S. 191.

haben und äußern kann. Als „immanente Gruppen-Ordnung" (Wolff) ist auch sie ein soziales Verhältnis, das der juristischen Erfassung vorausgeht.

Die Repräsentation ist als erstes Stadium einer von der Identität abgelösten Vertretung anzusehen. Bei dieser „ist" das Anwesende gleichzeitig das Abwesende. Repräsentation hingegen ist ein Gegenwärtigmachen des Abwesenden, das dabei jedoch seine selbständige Existenz behält, also ein von dem Repräsentanten Verschiedenes ist[14]. Das Repräsentierte wird zwar durch den Repräsentanten vorgestellt und ausgedrückt[15], es ist oder wird jedoch nicht dieser, sondern es ist oder bleibt für sich selbst. Repräsentation beruht auf einer doppelten Existenz[16]. Die Repräsentation macht ein außerhalb des Repräsentanten liegendes Sein sichtbar, während bei Identität das Anwesende das ursprüngliche abwesende Sein selbst ist.

Die nähere Kennzeichnung des zwischen Repräsentiertem und Repräsentierendem bestehenden Verhältnisses ergibt sich aus einer Bestimmung dieser selbst. Das Repräsentierte kann das Wesen einer Gemeinschaft sein, und die Repräsentation wird für diese umso notwendiger, je differenzierter dieses Wesen ist. Es ist aus sich selbst heraus dann nicht mehr klar erfaßbar, sondern muß sich in dem Repräsentanten und durch ihn erst wieder sammeln[17]. Dabei ist aber klarzustellen, daß das Repräsentierte nicht selbst eine Persönlichkeit ist, im Gegensatz zum Repräsentanten, sondern in Persönlichkeiten, nämlich denen der Gemeinschaft lebt. Da das Wesen der Gemeinschaft sich mehr und mehr differenziert, je größer und heterogener jene wird, wird eine Repräsentation schwierig, und sie erfordert von dem Repräsentanten eine starke Verbundenheit mit diesem Wesen. Es ist bei großer Differenziertheit durchaus möglich, daß der Gemeingeist nicht mehr von allen Gliedern erfaßt wird, sondern nur noch von einigen. Diese aber werden dann besonders verantwortlich, da sie darüber hinaus den Gemeingeist entscheidend mitformen. Diese Repräsentanten kann man als die Eliten bezeichnen. Sie repräsentieren aber meist nur einen Sonderbereich. Eine für die politische Repräsentation entscheidende Weise ist die Repräsentation des ganzen oder zumindest umfassenden Bereiches, in dem der Sinn des Ganzen, die „Intentionen der Gruppe" ihren Ausdruck finden[18]. Die

---

[14] *Wolff:* Vertretung, S. 19.
[15] *Wolff:* Vertretung, S. 20.
[16] *Leibholz:* Repräsentation, S. 28. Er spricht von „Duplizität der personellen Existenz". Repräsentation ist aber zunächst und vor allem auf Ideen bezogen, so daß diese Bestimmung im allgemeinen als zu eng erscheint. *Schmitt:* Verfassungslehre, S. 204 ff; *Wolff:* Vertretung, S. 24 f.
[17] *Wolff:* Vertretung, S. 50 ff.; *Leibholz:* Repräsentation, S. 32.
[18] *Wolff:* Vertretung, S. 67/68.

§ 21 Politische Einheit der Europäischen Gemeinschaften 175

Repräsentation findet hierin auch weitgehend ihre Rechtfertigung, da in dem Repräsentanten das Wesen erst sichtbar und erfaßbar werden kann.

Jedoch beruht diese Repräsentation, wenn sie irgendwie gültig sein soll, auf einer Verbundenheit des Repräsentanten zur Gruppe. Er ist niemals ganz losgelöst, man würde z. B. einen Deutschen, der seit seiner frühesten Kindheit in einem fremden Volk aufgewachsen ist, nicht mehr als Repräsentanten des deutschen Volkes auffassen. Diese Verbundenheit hat aber auch eine gewisse Gebundenheit zur Folge[19]. Diese geht aber wiederum nicht so weit, daß sie zu einer Verpflichtung werden kann. Wenn das Wesen der Gemeinschaft wegen seiner starken Differenzierung erst in dem Repräsentanten zusammengefaßt, dargestellt und ausgedrückt wird, so würde eine Verpflichtung auf ein Besonderes dies gerade vereiteln. Nicht mehr das Wesen der Gruppe würde sichtbar gemacht, sondern lediglich ein bestimmtes Partikelchen. In diesem Sinne kann von Unabhängigkeit des Repräsentanten gesprochen werden. Bei der staatspolitischen Repräsentation wird das ganz besonders deutlich. Aber die Unabhängigkeit des Repräsentanten ist diesem allgemein zu eigen, dergestalt, daß das Repräsentierte ihn nicht auf eine bestimmte Art der Repräsentation festlegen kann. Dabei ist natürlich festzuhalten, daß diese Unabhängigkeit eine Folge aus dem sozialen Verhältnis der Repräsentation ist. Das Verhältnis zwischen dem Repräsentierten und dem Repräsentanten beruht nicht auf dem Willen, das Repräsentierte hat einen solchen zumeist nicht, da es gar nicht personell ist, sondern er gründet in der Verbundenheit, die sich aus Verschiedenem ergeben kann, dem Glauben, der gleichen Volkszugehörigkeit etc. Weder ist der Wille des Repräsentanten der des Repräsentierten, noch gilt er als solcher. Er wird diesem auf Grund des Verhältnisses angerechnet.

Da Repräsentation ein außerhalb ihrer selbst liegendes Sein sichtbar macht, wird von einigen eine Wertsphäre angenommen, in der sie sich allein vollziehen könne. Insbesondere Schmitt[20] und Leibholz[21] heben diesen Gedanken hervor. Leibholz verneint die Möglichkeit der Repräsentation ökonomischer Interessen, weil sie keinen „spezifisch ideellen Wertakzent" hätten[22]. Mit Recht wendet sich bereits Wolff gegen diese These der notwendigen erhöhten Werthaftigkeit[23]. Sie ist durch nichts gefordert. Sie fällt zumal dahin, wenn man wie Wolff drei Ebenen der Repräsentation unterscheidet: die genuine Repräsentation, die mediatisierter Repräsentation und vulgarisierte Repräsentation[24]. Jeder Ebene

---

[19] So auch *Wolff*: Vertretung, S. 80.
[20] Verfassungslehre, S. 210.
[21] Repräsentation, S. 32 u. 45.
[22] Repräsentation, S. 32.
[23] Vertretung, S. 54 ff.
[24] Vertretung, S. 30.

ist eine besondere Sphäre des Repräsentierten zugeordnet: Die Idee, Ideale der Gruppe, die als solche vergegenwärtigt werden, der genuinen Repräsentation; das Wesen, der Gesamtgeist der Gruppe, das politische Sein insofern es von dem natürlichen Sein unterschieden ist, der mediatisierten Repräsentation; das Bloß-Empirische, das Ökonomische, das Gesellschaftliche der vulgarisierten Repräsentation. Zwar sind diese drei Ebenen und Sphären der Repräsentation keineswegs unabhängig voneinander, aber sie müssen doch voneinander geschieden werden und führen zu einer notwendig differenzierteren Anschauung der Repräsentation. Würde man Schmitt und Leibholz folgen, so wäre eine Repräsentation von Interessen ausgeschlossen. Das aber widerspricht der Wirklichkeit. Schmitts Begriff der Repräsentation ist zu sehr an einer seiner historischen Erscheinungsformen ausgebildet, nämlich der der liberalen Theorie[25]. Bereits Glum[26] und später Kaiser[27] haben die Repräsentation von Interessen dargestellt. Man kann sagen, daß die Repräsentation bloßer Interessen, wirtschaftlicher und sozialer Ordnung nicht die Fülle der Repräsentation sei, sondern nur noch eine Teilrepräsentation. Aber es darf auch nicht der mehrmals erwähnte Vorgang übersehen werden, daß das Wirtschaftlich-Soziale immer mehr zum Inhalt des Allgemeinen wird. Dadurch geraten die zunächst als rein privat erscheinenden Interessen, die insofern einer Repräsentation nicht fähig sind, sondern nur einer Stellvertretung[28], in den Bereich des Öffentlichen, d. h. in den Bereich des Gemeinwesens selbst[29], in dem die Repräsentation möglich ist[30]. Diesen Vorgang hat Glum bei der Behandlung des Reichswirtschaftsrates

---

[25] So auch *Wolff:* Vertretung, S. 22 u. 29. Das liegt auch daran, daß Schmitt die Repräsentation von der Theorie des Parlamentarismus her beurteilt. Hier muß in der Tat eine bestimmte ideengeschichtliche Begriffsbildung zugrundegelegt werden. Aber diese kann nicht zu so allgemeinen Folgerungen ausgeweitet werden.

[26] *Glum,* Friedrich: Der deutsche und der französische Reichswirtschaftsrat, Berlin-Leipzig 1929, S. 25—67.

[27] *Kaiser,* Josef: Die Repräsentation organisierter Interessen, Berlin 1956.

[28] *Schmitt:* Verfassungslehre, S. 208; *Glum:* Reichswirtschaftsrat, S. 29.

[29] *Wolff:* Verwaltungsrecht I, S. 11.

[30] *Schmitt:* Verfassungslehre, S. 208. Einschränkend *Wolff:* Vertretung, S. 83, der der Repräsentation nur eine „Tendenz zur Öffentlichkeit" zuerkennt. Allerdings sind von den beiden Autoren verschiedene Begriffe des Öffentlichen verwandt worden. *Wolffs* damaliger Begriff war gegenüber dem heutigen, der im Text zugrundegelegt wird, rein formal mit „unbestimmte Vielheit" bezeichnet. Schmitts Begriff bleibt unbestimmt. Er scheint ihn dem Begriff des „Allgemeinen" anzunähern. Dem wäre zwar zuzustimmen. Jedoch ist das Allgemeine weder inhaltlich bestimmt noch durch bestimmte Verfahren festgestellt oder feststellbar. Sondern öffentlich wird oder ist ein Handeln, also auch das Repräsentieren, wenn es sich auf das Ganze der Gruppe als solches und deren gemeinsame und allgemeine Angelegenheiten, Interessen, Überzeugungen etc. bezieht. *Glums* Rückzug auf das Öffentlich-Rechtliche, Wirtschaftsrat, S. 28 f., läßt alles offen, weil „öffentlich" offen bleibt.

§ 21 Politische Einheit der Europäischen Gemeinschaften 177

dargestellt. Denn gerade die Wirtschaft ist zunächst im privaten Bereich der individuellen Interessen angesiedelt. Auch Kaiser hat diesen Vorgang im Grunde zum Gegenstand seiner Arbeit gemacht. Mit Recht ist Krüger daher der Ansicht[31], „daß es grundsätzlich keinen Bereich des öffentlichen Lebens und damit keine ‚Seite' des Bürgers gibt, die nicht als Element in den Prozeß der Repräsentation eintreten und ihn einleiten könne"[32].

2. Betrachtet man von diesem Begriff der Repräsentation her die Stellung der Direktorien und der Ministerräte, so kann ihnen repräsentativer Charakter zukommen.

Der repräsentative Charakter der Hohen Behörde der Montan-Union und der Kommissionen des Gemeinsamen Marktes und Euratoms liegt nicht offen zu Tage und ist durchaus fraglich. Dasselbe gilt für die zu schaffende einheitliche Kommission. Der gemeinhin auf sie angewandte Begriff „Exekutive"[33] leugnet einen solchen. Rosenstiels ganze Argumentation geht, wenn es auch nicht ausdrücklich gesagt ist, davon aus, daß sie, da sie bloß verwalten, gerade nicht repräsentieren. Verschiedentlich ist aber bereits darauf hingewiesen worden, daß diese drei Organe eben nicht nur verwalten[34]. Zwar ist ihre Tätigkeit funktional. Aber beides ist nicht identisch. Gegen einen repräsentativen Charakter spricht vor allem die Art der Bestellung der Organwalter, in gewisser Weise auch die Aufgaben. Aber die Art der Bestellung, ob Wahl oder Ernennung, ist für die Repräsentation nicht entscheidend[35]. Ein Großteil der Aufgaben der Direktorien ist in der Tat rein verwaltender Art, aber nicht alle, vor allem aber nicht die wesentlichsten. Für den repräsentativen Charakter aber spricht zweierlei: Die Unabhängigkeit der drei Organe nach ihrer Bestellung und die nähere Ausgestaltung der Aufgaben.

Die Verträge stellen eindeutig die Unabhängigkeit der Hohen Behörde[36] und der beiden Kommissionen[37] heraus. Bloße Verwalter sind nicht unabhängig. Aber Repräsentanten sind ihrem Wesen nach unabhängig[38]. Es findet keine Aufsicht statt und es gibt keine Anweisungen.

---

[31] Staatslehre, S. 240.
[32] Auch *Wolff:* Vertretung, S. 56, hält wohl die Repräsentation wirtschaftlicher Interessen für möglich.
[33] z. B. *Catalano:* Manuel, S. 44—47. Aber auch er gibt zu, daß dieser Begriff jedenfalls nicht ganz auf die Hohe Behörde paßt, S. 45.
[34] *Wolff:* Vertretung, S. 78 f., macht darüber hinaus deutlich, daß Verwaltung und Repräsentation keineswegs unvereinbar sind.
[35] *Wolff:* Vertretung, S. 337 f.
[36] Art. 9 EGKSV.
[37] Art. 157 EWGV; Art. 126 EAGV.
[38] *Schmitt:* Verfassungslehre, S. 212; *Wolff:* Vertretung, S. 79, wenn auch gegenüber *Schmitt* einschränkend.

Die Verhältnisse der Organe sind nur durch Satzungsrecht geregelt, auf dem auch die Pflichten der Mitglieder der drei Organe beruhen. Die Aufgaben sind dahin zusammengefaßt, daß sie ihre Tätigkeit „in voller Unabhängigkeit" „dans l'intérêt général de la Communauté"[39] bzw. „zum allgemeinen Wohl der Gemeinschaft"[40] ausüben. Das muß zwar der bloße Verwalter auch. Aber in dem engen Zusammenhang mit der Erklärung über die Unabhängigkeit der Direktorien bekommt diese Formulierung eine Wendung zur Repräsentation. Die Direktorien — später die allgemeine Kommission — werden zum Hort und Anwalt des allgemeinen Wohles oder der allgemeinen Interessen der Gemeinschaft. In ihnen werden diese gegenüber den Sonderinteressen der Mitgliedstaaten mächtig. Die Direktorien unterscheiden sich bereits insofern von den Generalsekretären der klassischen zwischenstaatlichen Organisationen[41].

Sie unterscheiden sich aber noch in erheblicherer Hinsicht. Denn sie formulieren die Politik der Gemeinschaften. Nichts anderes bedeutet sowohl das Entscheidungsrecht der Hohen Behörde als aber auch das ausschließliche Vorschlagsrecht der beiden Kommissionen. Sie verfassen die Berichte an das Parlament und vertreten sie. Nach außen geben die Mitglieder allgemeine, die Politik der Gemeinschaften nicht nur erläuternde, sondern formulierende Erklärungen ab, verhandeln mit Dritten, handeln die Verträge mit diesen aus und beglaubigen die Vertreter dritter Staaten. Das Vorschlagsrecht konzentriert die Rechtssetzungsinitiative bei den Kommissionen. Diese Initiative ist aber nicht nur eine formelle, sondern vor allem eine sachliche. Das Vorschlagsrecht kommt im herkömmlichen Staatsrecht nicht den Verwaltungen, sondern der Regierung zu. Zwar bestehen die in den Gründungsverträgen aufgerichteten Schranken. Aber in deren, im EWG-Vertrag zudem recht weit abgesteckten Bereichen üben die Kommissionen, insbesondere die der EWG materielle Regierungstätigkeit aus, sie haben Teil an der „Leitung und Führung"[42] der Gemeinschaften, sie geben die Richtung an, in die die Rechtssetzung und die Verwaltung sich bewegen soll[43]. Das Vorschlags-

---

[39] Art. 9 Abs. 5 EGKSV.
[40] Art. 157 Abs. 2 S. 1 EWGV.
[41] Allerdings wächst der General-Sekretär der VN tatsächlich seit einigen Jahren in eine gewisse repräsentative Stellung hinein. Sie leitet sich aber einzig und allein aus seiner Persönlichkeit, nicht aus der Institution ab. Die ihm garantierte Unabhängigkeit, Art. 100 SVN, bezieht sich nur auf die Mitgliedstaaten. Von den anderen Organen der VN nimmt er Weisungen entgegen.
[42] *Wolff:* Verwaltungsrecht I, S. 68.
[43] *Rostenstiel* scheint das nicht zu übersehen, aber für systemwidrig zu halten, Supranationalität, S. 167 ff. Das kann er aber nur, weil er diese Organe von vornherein zu bloßen Verwaltern stempelt, ohne nun die — zweifellos als solche anzusehenden — Besonderheiten zu registrieren. Im übrigen hat jede Regierung im organisatorischen Sinn materielle Regierungs- und Verwaltungsaufgaben, *Wolff:* Verwaltungsrecht I, S. 69.

recht wird gegenüber dem einer Regierung sogar noch verstärkt, weil ein Vorschlag in den allermeisten Fällen, und auch den von erhöhter Bedeutung, unerläßlich ist[44], und nur durch einstimmige Entscheidung des Ministerrates geändert werden kann. Dieses ausschließliche Initiativrecht der Kommissionen legt diesen eine wichtige Beteiligung an der Willensbildung der Gemeinschaften auf. Was an Strömungen, Überlegungen, verstreuten Einzelwillen, Interessen in den Ländern und Gruppen der Gemeinschaften sich bewegt, wird durch die Kommissionen zu einem einheitlichen und aus seiner Individualität zu einem allgemeinen Willen erhoben und zur öffentlichen Darstellung gebracht. Das aber ist Repräsentation. Indem der Ministerrat nur durch seine Gesamtheit seinen Willen an die Stelle des durch die Kommission gebildeten als Gemeinschaftswillen setzen kann, kommt deutlich zum Ausdruck, daß es einerseits gerade die Hauptaufgabe der Kommissionen ist, diese repräsentative und integrierende Funktion wahrzunehmen und andererseits, daß die Kommissionen trotz der verstärkten Entscheidungsbefugnis der Ministerräte in der EWG und der EAG die Organe sind, in denen die Willensbildung der Gemeinschaften als solche zunächst vor sich zu gehen hat. Da die Hohe Behörde selbst das eigentliche Entscheidungsorgan der EGKS ist, gilt für sie das Dargelegte trotz der tatsächlichen Verschiebung in der Handhabung der Befugnisse a fortiori.

Die Repräsentation durch die Direktorien ist eine Interessenrepräsentation. Sie bewegt sich nicht auf dem Gebiet der Ideen und Ideale, der höchsten oder auch nur höheren Werte. Allerdings ist dabei fraglich, was es mit solchen auf sich hat. Jedenfalls ist sie keine genuine Repräsentation. Sie ist vielmehr zunächst vulgarisierte Repräsentation. Da aber die ökonomischen Interessen und ihr Ausgleich mehr und mehr vom privaten Bereich in den des Allgemeinen vorstoßen, haben wir es auch mit einem gewissen Maß an mediatisierter Repräsentation zu tun. Da aber nicht der gesamte Bereich des Allgemeinen ausgeschöpft wird, wollen wir es funktionale Repräsentation nennen. Man kann uns vorwerfen, das sei ein Widerspruch in sich selbst. Das ist richtig, wenn man der engen, besonders von Carl Schmitt dargestellten ideengeschichtlichen Entwicklung des Repräsentationsbegriffs[45] folgt. Aber nichts hindert uns, wenn die Verhältnisse der Wirklichkeit so sind, diesen Weg zu verlassen, da der allgemeine Begriff der Repräsentation, wie er in diesem Abschnitt zugrundegelegt wurde, das zuläßt. Würden wir das nicht tun, so könnte die Aufgabe sachgerechter Erfassung der rechtlichen und poli-

---

[44] z. B. auch für die Handels- und Konjunkturpolitik Art. 111 Abs. 1 u. 2, Art. 113, Art. 103, und für die Angleichung der Rechtsvorschriften Art. 100 EWGV u. a.

[45] Siehe oben S. 175; *Schmitt:* Verfassungslehre, S. 208 ff.; kritisch zu Recht *Wolff:* Vertretung, S. 29 ff.

tischen Stellung der Europäischen Gemeinschaften nicht geleistet werden. Denn einerseits findet formal ein typischer Vorgang der Repräsentation statt, andererseits ist er auf ein Gebiet des Allgemeinen beschränkt. Weder handelt es sich aber auch um Stellvertretung noch um reine Organschaft. Für eine Stellvertretung fehlt die rechtsgeschäftliche Grundlage[46]. Über eine bloße Organschaft geht die Rolle der Direktorien durch die Aufgabe der unabhängigen Willensbildung der Gemeinschaft hinaus. Es bleibt auch von daher nur die Repräsentation als dritte Form der sozialen Vertretung. Somit sind die Direktorien als repräsentative Organe der Gemeinschaften anzusehen. Die zukünftige einheitliche Kommission, für die das Vorhergehende ebenso gilt, da sie dieselben Aufgaben haben wird wie jetzt die einzelnen Direktorien, wird aber auch repräsentativ für das Europa der Sechs als der Grundlage der Gemeinschaften sein.

Aber auch die drei Direktorien bringen bereits jetzt das Europa der Sechs nach außen zur öffentlichen Darstellung.

3. Unzweifelhaft sind die Ministerräte Gemeinschaftsorgane; denn ihre Stellung ist durch die Organisationsnormen der Gründungsverträge geregelt. Nach ihnen allein bestimmt sich die Tätigkeit derselben. Dadurch unterscheiden sie sich von diplomatischen Kongressen oder Konferenzen[47]. Ihre Stellung ist daher der der föderalen Organe eines Bundesstaates ähnlich.

Als Repräsentanten eines Bundes bezeichnet Schmitt „die Versammlung von Repräsentanten der politischen Einheiten, welche den Bund bilden"[48]. Sind die Ministerräte solche Versammlungen? Sie werden von allen sechs Mitgliedern der Gemeinschaften gebildet. Man kann sie daher als Versammlungen ansehen. Dagegen spricht nicht, daß jede Regierung nur ein stimmendes Mitglied entsendet, obwohl jeder Mitgliedstaat u. U. mehrere Stimmen führt. Denn auch wenn pro Stimme je ein Mitglied entsandt werden kann, wie nach den Regelungen der deutschen Verfassungen von 1871 und 1949, kann die Aufsplitterung der Stimmen untersagt werden[49]. Andererseits ist es aber zulässig, daß an den Sitzungen mehrere Vertreter eines Landes beratend teilnehmen[50]. Gegen den Versammlungscharakter spricht auch nicht der Name „Rat". Denn damit soll nur eine Abgrenzung gegenüber der parlamentarischen Ver-

---

[46] *Wolff:* Verwaltungsrecht I, S. 191.
[47] Siehe statt vieler: *Friauf:* Staatsvertretung, S. 127 ff. mit weiteren Nachweisen.
[48] Verfassungslehre, S. 384.
[49] Art. 5 RV, Art. 51 Abs. 3 GG; anders Art. 63 WRV, die die uneinheitliche Abgabe zuließ, *Anschütz:* Kommentar Art. 63 Anm. 8.
[50] Jedenfalls hat sich in der Praxis für schwierige Fragen die Teilnahme mehrerer Fachminister herausgebildet.

§ 21 Politische Einheit der Europäischen Gemeinschaften 181

sammlung möglich gemacht werden. Das entsprechende Organ der VN heißt z. B. auch „Generalversammlung"[51]. Auch der Bundesrat nach der Reichsverfassung von 1871 wurde als Versammlung aufgefaßt[52].

Sind die Mitglieder Repräsentanten der Gliedeinheiten? Nach den Verträgen sind Mitglieder die von den Regierungen entsandten Vertreter[53]. Friauf meint, die eigentlichen Mitglieder seien die Staaten[54]. Diese Auffassung wird auch hinsichtlich des förderativen Organs eines Bundesstaates vertreten[55]. Da die Staaten aber selbst repräsentiert werden müssen, hilft das nicht weiter. Die Frage bleibt die gleiche. Gegen den repräsentativen Charakter scheint zu sprechen, daß die von den Regierungen entsandten Vertreter an Weisungen gebunden sein können. Aber diese wären nur Motive für die Willensbildung, nicht aber entscheidend vom Blickpunkt der Gemeinschaften her. Von diesen her bleibt die Frage offen. Kein Beschluß wird ungültig oder anfechtbar, wenn ein Vertreter wider die Instruktion stimmt. Das heißt aber nichts anderes, als daß diese Vertreter als unabhängig vorgestellt werden[56]. Zudem sind die Vertreter Mitglieder ihrer eigenen Regierungen. Die Regierungen sind aber anerkannterweise Repräsentanten. Diese Vertreter sind als Organteile der Staatsregierung anzusehen, da sie eine eigene Stellung haben. Durch sie nehmen die Regierungen ihre repräsentative Funktion in den Ministerräten wahr. Auf diese oder jene Weise sind die Vertreter in den Ministerräten Repräsentanten der Mitgliedstaaten.

Die Ministerräte wirken durch Zustimmung (EGKS) oder durch Entscheidung (EWG und EAG) bei der Willensbildung der Gemeinschaften mit. Auch sie stellen den Willen der Gemeinschaft nach außen öffentlich dar. Zu Recht bemerkt Friauf, daß ihre Aufgabe nicht ist, nationale Interessen durchzusetzen, sondern Gemeinschaftsinteressen[57]. Auf sie muß die Willensbildung abzielen. Es kommt den Ministerräten daher eine typische integrierende und repräsentierende Funktion zu; denn nicht die Summe der Einzelinteressen macht das Gemeinschaftsinteresse aus. Erst — im Zusammenwirken mit den Direktorien[58] — durch den

---
[51] Der Sicherheitsrat ist keine Versammlung der VN, da er nicht alle Mitglieder umfaßt.
[52] *Laband*, Paul: Deutsches Reichsstaatsrecht, 6. Aufl., Tübingen 1912, S. 61.
[53] Art. 27 Abs. 1 EGKSV; Art. 146 Abs. 1 EWGV; Art. 116 Abs. 3 EAGV.
[54] Staatenvertretung, S. 8.
[55] z. B. *v. Mangoldt-Klein*: Kommentar zum Bonner Grundgesetz, Art. 50 Anm. III 1 S. 1013 (Bd. 2).
[56] So auch für Bundesrat und Reichsrat *Anschütz*: Kommentar Art. 63 Anm. 6.
[57] Staatenvertretung, S. 129.
[58] In Art. 15 des Fusionsvertrages wird nunmehr dieses Zusammenwirken zur Grundlage der Gemeinschaft gemacht: „Der Rat und die Kommission ziehen einander zu Rate."

vereinheitlichenden Beschluß der Ministerräte wird endgültig nach außen sichtbar, was vorher als solches nicht sichtbar und als Einheit greifbar war: Ein einheitlicher, eigenständiger Wille der Gemeinschaften. Auch die Ministerräte haben darin ihre Hauptaufgabe.

### c) Zusammenfassung

Mit dem Nachweis der Homogenität und der in der Repräsentation sichtbaren einheitlichen Willensbildung ist das letzte Glied in der Kette zur Erfassung der rechtlichen und politischen Stellung der Europäischen Gemeinschaften geschlossen. Es handelt sich bei diesen um die organisatorische Ausfächerung, die aber bereits wieder zusammenwächst, einer von den sechs Mitgliedstaaten gebildeten bündischen Einheit. Ihnen ist eine, allerdings funktionalbestimmte Autorität eigen. Ihre Rechtssetzungsbefugnis ist nicht eine bloß delegierte oder abgetretene, sondern sie ist der Ausdruck einer zwar bestimmt umgrenzten, aber doch eigenen Macht. Die Staaten haben zwar die Stellung der letztlich entscheidenden Instanz inne, aber nur in ihrer Gesamtheit sowie in vielfach gebundener Form und im Zusammenwirken mit anderen Organen. Das widerspricht nicht nur nicht dem bündischen Charakter, sondern ist seinen Wesen geradezu zugeordnet. Es ist ein Mißverständnis, wenn man aus der Struktur des modernen Bundesstaates heraus diese Vorherrschaft der Staaten als ein Negativum hinstellt. Denn den modernen Bundesstaaten fehlt die eigentlich bündische Grundlage, wie wir sahen. Ein Bund kann als Bund nur leben, wenn er seine Glieder respektiert. Das ist gerade bei so ausgeprägten Staaten wie den Sechs unerläßliche Voraussetzung, wenn eine mit Macht ausgestattete Einheit zustandekommen soll.

Es liegt weiterhin in der Frage begründet, auf die die Gemeinschaften eine Antwort geben wollen, daß dieser Bund funktional bestimmt ist. Der Staat, der als solcher erhalten werden soll, wird durch ein funktionales, sachbezogenes und dadurch sachgebundenes Problem in seiner Existenz in Frage gestellt. Es gilt daher, dieses Problem zu lösen, mehr wäre von Übel und wird nicht akzeptiert. Es war also eine institutionelle Form zu finden, die einerseits der bündischen Einheit hinreichende Macht sichert, diese Probleme zu lösen, andererseits aber die Staaten so wenig wie möglich in ihrer Eigenbestimmung betrifft. Was angestrebt werden mußte, war eine Minimallösung. Dabei ist durchaus darüber zu streiten, ob der ideale Ausgleich bereits gefunden wurde. Jedenfalls wird er sichtbar und kann nunmehr verbessert werden.

Dieses funktional-bündische Prinzip kann man dann als Überstaatlichkeit bezeichnen. In dem bündischen Element liegt der Unterschied zur bloßen Zwischenstaatlichkeit[59], in der Funktionalität der Unter-

---

[59] Es ist eine die Unterschiede verdeckende und daher nur verwirrende

schied zum allgemeinen Föderalismus[60]. Ob die Überstaatlichkeit eine Zwischenstufe vom Nationalstaat zum Großraumstaat föderaler Struktur ist, läßt sich nicht absehen. Die Beispiele des 19. Jahrhunderts ließen daran denken, entstammen aber einer politisch anders verfaßten Zeit. Ursprünglich war allerdings an den europäischen Bundesstaat herkömmlicher Art gedacht. Die Frage ist, wie sich das funktionale Prinzip zum tellurischen verhalten wird. Je mehr funktionale Bezüge die Raumgrenzen überziehen, desto maßgebender für die Bildung größerer den einzelnen Staat übergreifende Einheiten werden sie an Stelle des räumlichen Prinzips[61]. Der Staat, auch der Großraumstaat föderaler Struktur beruht auf dem durch die Grenze abgesteckten Raum. Die überstaatliche, funktional-bündische Einheit beruht auf den Sachbezügen, die die Grenzen leugnen[62]. Diese Sachbezüge weisen allerdings ihrerseits eine Raumbezogenheit auf, aber in der Weise, daß sie sich den Raum schaffen, in dem sie wirksam werden, nicht umgekehrt wie bisher. Es entstehen Regionen nach den Erfordernissen der wirtschaftlichen und sozialen Zusammenhänge[63]. Diese Regionen weisen Kern- und Randzonen auf, innerhalb derer die Intensität verschieden ist. *Bülck* weist auf das Phänomen hin, daß die schwächer entwickelten Länder Europas und Afrikas der EWG nicht eingegliedert, sondern nur assoziiert werden[64]. Die funktionalen Notwendigkeiten schaffen so ein neues Bezugssystem für „Ordnung und Ortung"[65]. Zwar entstehen Haltepunkte, Abgrenzungen, aber diese sind nicht mehr wie die alten Raumgrenzen Stabilisierungselemente; denn nicht Flüsse, Berge, Meere legen sie fest, sondern die Notwendigkeiten der Sachbezüge, die ihrer Natur nach dynamisch sind.

Daraus folgt, daß die Überstaatlichkeit die Staatlichkeit nicht verdrängen oder auch nur überhöhen kann, sondern nur zu ergänzen vermag. Denn der Staat hat als solcher die Aufgabe der Bewahrung, weil

---

Auffassung, wenn *Bülck* wider alle herkömmliche Begriffsbildung auf einmal den Begriff des Föderalismus, in dem der des Bündischen steckt, auf die europäische Staatengesellschaft des 18. und 19. Jahrhunderts anwenden will.

[60] Das Funktionelle als Element des Bündischen wird auch von *Bülck* mehrfach betont: Föderalismus, S. 1 u. 34 f.; allerdings halte ich es nicht für richtig, von einem „funktionellen Föderalismus" zu sprechen, da Föderalismus weitgehend mit Bundesstaat identifiziert wird, was die Europäischen Gemeinschaften eben nicht sind.

[61] Eigentümlicherweise übersieht das Carl *Schmitt* in seinem „Nomos der Erde".

[62] Im Grunde setzte de Gaulle bei seiner Entscheidung gegen den Eintritt Englands das tellurische Prinzip, das die Geschlossenheit des Raumes und damit den Ausschluß Englands fordert, gegen das funktionale, das die Offenheit und damit den Eintritt Englands forderte, durch.

[63] Siehe dazu: *Bülck*: Wirtschaftsverfassungs- und Wirtschaftsverwaltungsrecht, S. 19 ff.

[64] *Bülck*: Wirtschaftsverfassungs- und Wirtschaftsverwaltungsrecht, S. 22.

[65] *Bülck*: Wirtschaftsverfassungs- und Wirtschaftsverwaltungsrecht, S. 25.

in ihm, wie *Hegel* sagt, das Konkrete zum Allgemeinen wird[66]. Im funktionalen Bereich bleibt das Besondere, das Interesse für sich. Die Überstaatlichkeit, und wiederum erweist sich, wie sehr dieser Begriff definiert werden muß, um nicht zu Mißverständnissen Anlaß zu geben, ist in seiner Bestimmung durch das Funktionale nicht allgemein, sondern besonders; denn es ist nicht nur regional bestimmt, sondern dazu sektoral[67]. Wenn der Staat aber das Konkrete im Allgemeinen verwirklichen will, was nichts anderes heißt, als die „konkrete Freiheit" des einzelnen in der „substantiellen Einheit" des Ganzen zu sichern, muß er das sich im Übernationalen verselbständigende Besondere in der Überstaatlichkeit wieder einholen. Das ist der Sinn der Europäischen Gemeinschaften mit ihren hoheitlichen Befugnissen. Durch sie schaffen sich die Staaten die Möglichkeit, obwohl sie sich scheinbar entäußern, weil sie ihre Eigenbestimmung einschränken, die ihnen entgleitenden funktionalen Sachnotwendigkeiten wieder ihrer Kontrolle zu unterwerfen und damit wieder, wenn auch in anderer Weise, unabhängig zu werden. Zwar werden sie es nicht im alten Sinne, daß jeder Staat für sich selbst ist, aber sie werden es in dem Sinne, daß nicht die Sachzusammenhänge, d. h. das Besondere, dem Substantiellen, d. h. dem Allgemeinen, diktieren, sondern das jene wieder in dieses aufgenommen werden[68]. Was als Einschränkung erscheint, ist in Wirklichkeit Befreiung. Ist die Staatlichkeit notwendige Voraussetzung der Überstaatlichkeit, so ist diese in der gegenwärtigen Lage notwendige Ergänzung jener. Das Verhältnis ist also dialektisch. Der einzelne Staat als solcher wird ohne diese Ergänzung nicht mehr existieren können, nicht wegen der kommunistischen oder einer sonstigen Bedrohung von außen, sondern weil er nicht mehr leisten kann, was er zu leisten hat. Das primäre staatliche System bedarf des sekundären überstaatlichen Systems, weswegen dieses entgegen Rosenstiels Auffassung eben doch politisch ist. Wer im existentiellen Konflikt, d. h. wenn die Überstaatlichkeit sich an die Stelle der Staatlichkeit setzen will, sich durchsetzen wird, bleibt offen. Zwar kann der Staat sich nicht selbst aufgeben, weil dann das Besondere sich selbst absolut setzen und aus dem Allgemeinen lösen würde[69]. Aber löst er

---

[66] *Hegel*, Georg-Friedrich-Wilhelm: Grundlinien der Philosophie des Rechts, herausg. von Johannes *Hoffmeister*, 4. Aufl. Berlin 1956, § 260; dazu auch: *Ritter*, Joachim: Hegel und die französische Revolution, Köln-Opladen 1957.

[67] *Bülck:* Wirtschaftsverfassungs- und Wirtschaftsverwaltungsrecht, S. 26 ff.

[68] Deshalb haben die Staaten in dem Ministerrat der jeweiligen Gemeinschaft, auch in der EGKS de facto, das letzte Wort. Wäre es anders, würde das Besondere sich endgültig verselbständigen und zur Tyrannis der Sachen, d. h. aber der im Hintergrund die Sachen manipulierenden Menschen werden.

[69] Deswegen ist auch der Gemeinschaftszwang nicht stärker entwickelt. Denn, anders als der Bundeszwang im Bundesstaat, würde ein starker Gemeinschaftszwang bedeuten, daß die funktional-politische Gemeinschaft sich

§ 21 Politische Einheit der Europäischen Gemeinschaften 185

sich, so kann auch das u. U. sein Untergang sein. Die Stärke der Überstaatlichkeit ist zugleich ihre Schwäche. Aber ihr entsprechen Schwäche und Stärke der Staatlichkeit.

Die Europäischen Gemeinschaften sind sicherlich nicht die ideale Verwirklichung überstaatlicher politischer Form. Ihre Richtigkeit liegt nicht in der Richtigkeit des Details. Sie liegt vielmehr darin, daß sie es unternehmen, zum ersten Mal das sich verselbständigende Besondere wieder in das Allgemeine einzuholen, ohne eines dem anderen preiszugeben. Ob dieser Versuch Erfolg hat, läßt sich im Augenblick nicht beurteilen. Erst im Nachhinein wird ein endgültiges Urteil möglich sein. Die gegenwärtigen Auseinandersetzungen (1965) sind aus dieser grundsätzlichen Anlage der Gemeinschaften heraus zu verstehen. Aber nicht in den diese tragenden Gesichtspunkte eines etwa verspäteten Nationalismus liegt die eigentliche Gefährdung dieses Versuches[70]. Sie liegt vielmehr darin, daß die Staaten die Übernationalität unter Umständen nicht einzufangen vermögen, daß die Überstaatlichkeit nur zum Vehikel der Übernationalität wird, weil der Staat selbst „technischer Staat" wird. In seiner bereits erwähnten Schrift „Der Mensch in der wissenschaftlichen Zivilisation" hat Schelsky die Veränderung staatlicher Herrschaft durch die die traditionelle „Realtechnik" übersteigende universale Technik[71] als eine solche geschildert, daß der Staat als technischer Staat sich den von den Menschen geschaffenen Sachgesetzlichkeiten unterwerfe, wodurch den Politikern die Möglichkeit der politischen Entscheidung genommen und eine Demokratie eigentlich nicht mehr möglich sei. Für die Herrschaft bedeute das, daß die Herrschenden nur noch eine Apparatur sachgemäß zu bedienen hätten[72]. Hat der Staat, falls diese Diagnose stimmt, damit aber selbst das Allgemeine preisgegeben, hat er sich selbst bereits bedingungslos den Sachgesetzlichkeiten unterworfen und argumentieren seine Repräsentanten nur noch mit Gutachten[73], so kann die Überstaatlichkeit keine Hilfe gegen, sondern nur eine Verfestigung für diese Tendenz sein. Aber auch das Anheimfallen der Staatlichkeit an das Funktional-Technische wäre ein politischer und kein technischer Vorgang. Jedoch ist die Frage zu stellen, ob, da auch nach Schelsky's Meinung die Sachen sich nicht von selbst machen, sondern von Menschen Anfangsentscheidungen gesetzt werden müssen, die die Prozesse in Gang brin-

---

an die Stelle des allgemein-politischen Staates setzen würde. Hier liegt auch die Grenze eines Vorgehens mit Hilfe eines Gerichtsurteils etwa auf Grund Art. 5 EWGV mit anschließender „Vollstreckung".

[70] Es liegt aber nahe anzunehmen, daß de Gaulles Politik die falsche Reaktion auf einen richtig erkannten Sachverhalt ist.
[71] Zu diesen Begriffen: Der Mensch, S. 44 ff. und oben S. 41 f.
[72] Der Mensch, S. 452—460.
[73] *Schelsky:* Der Mensch, S. 457 f.

gen, ihrerseits aber als Vor-Entscheidung nicht von der Sachgesetzlichkeit bestimmt werden können, ob nicht diese Initialentscheidungen noch immer der Wahl und damit der Entscheidung zugänglich sind. Die Apparatur muß auf eine bestimmte Richtung hin in Gang gesetzt werden, „höchste Wirksamkeit" ist zielgerichtet. Die Bestimmung der Richtung aber wird immer eine politische Entscheidung bleiben.

# Literaturverzeichnis

(Es wird immer mit dem ersten Substantiv zitiert, gleichgültig, ob es sich um eine selbständige Schrift handelt oder um einen Aufsatz).

Actes Officiels du Congrès International des Etudes sur la Communauté Européenne du Charbon et de l'Acier, Bd. 1—7, Mailand 1957.

*Armand*, Louis, *Etzel*, Franz, *Giordani*, Francesco: Ziele und Aufgaben für Euratom, Mai 1957.

*Aron*, Raymond: Frieden und Krieg, Frankfurt 1963.

Les Aspects juridiques du Marché Commun. Faculté de Droit de Liège, Comte rendu d'un séminaire, Liège 1958.

*Badura*, Peter: Bewahrung und Veränderung demokratischer und rechtsstaatlicher Verfassungsstruktur in den Internationalen Gemeinschaften, Referat auf der Tagung der VdtStRL Kiel 1964.

*Bärmann*, Johannes: Die Europäischen Gemeinschaften und die Rechtsangleichung, in: JZ 1959, S. 553—560.

*Balladore Pallieri*, Giorgio: Les pouvoirs des organisations économiques européennes à l'intérieur des Etats membres, ZaöRV 23, S. 473—484.

*Ballreich*, Hans: Die Europäische Atomgemeinschaft (Euratom) in: ZaöRV Bd. 19 (Makarov-Festgabe), S. 24—53.

*Bebr*, Gerhard: The balance of power in the European Communities, in: Annuaire Européen-European Yearbook, Bd. 5, S. 53—79.

*Bindschedler*, Rudolf L.: Rechtsfragen der Europäischen Einigung, Basel 1954.

— Internationale Organisation (Grundlagen), in: Wörterbuch des Völkerrechts, Bd. 2, S. 70, Berlin 1961.

— Die Anerkennung im Völkerrecht, Berichte der Deutschen Gesellschaft für Völkerrecht, Heft 4, S. 1—27, Karlsruhe 1961.

*Bodin*, Jean: Les six livres de la République, Faksimile der Ausgabe von 1586, Aalen 1961.

*Böckenförde*, Ernst-Wolfgang: Lorenz von Stein als Theoretiker der Bewegung von Staat und Gesellschaft zum Sozialstaat, in: Festschrift für Otto Brunner „Alteuropa und die moderne Gesellschaft", S. 248—277, Göttingen 1963.

— Die Organisationsgewalt im Bereich der Regierung, Berlin 1964.

*Brecht*, Arnold: Politische Theorie, Tübingen 1961.

*Brunner*, Otto: Land und Herrschaft, 4. Aufl., Wien-Wiesbaden 1959.

*Bülck*, Hartwig: Zur Systematik der Europäischen Wirtschaftsgemeinschaften, in: Berichte der Deutschen Gesellschaft für Völkerrecht, Heft 3, S. 66—119, Karlsruhe 1959.

*Bülck,* Hartwig: Wirtschaftsverfassungs- und Wirtschaftsverwaltungsrecht in nationaler und übernationaler Sicht, in: Staat und Wirtschaft im nationalen und übernationalen Recht, Schriftenreihe der Hochspule Speyer, Bd. 22, S. 15—42, Berlin 1964.

— Föderalismus als nationales und internationales Ordnungsprinzip, in: VVdtStRL Heft 21, S. 1—65.

*Buchanan,* James M.: Staatliche Souveränität, nationale Planung und wirtschaftliche Freiheit, in: Ordo-Jahrbuch, Bd. 14 (1963), S. 249—258.

*Bülow,* Erich: Das Verhältnis des Rechts der Europäischen Gemeinschaften zum nationalen Recht, in: Aktuelle Fragen des Europäischen Gemeinschaftsrechts, Abhandlungen aus dem Gesamten Bürgerlichen Recht, Handelsrecht und Wirtschaftsrecht, S. 28—59, Stuttgart 1965.

*Burdeau,* Georges: Traité de Science Politique, 7 Bde, Paris 1949—1957.

*Burns,* J. H.: Sovereignty and Constitutional Law in Bodin, in: Political Studies, Bd. 7 (1959), S. 174—177.

*Carroz,* Jean; *Probst,* Jürgen: Personalité juridique internationale et capacité de conclure de traités de l'ONU et des Institutions specialisées, Paris 1953.

*Carstens,* Karl: Die Errichtung des gemeinsamen Marktes in der Europäischen Wirtschaftsgemeinschaft, Atomgemeinschaft und Europäischen Gemeinschaft für Kohle und Stahl, in: ZaöRV Bd. 18, S. 459—525.

— Die kleine Revision des Vertrages über die Europäische Gemeinschaft für Kohle und Stahl, in ZaöRV Bd. 21, S. 1—37.

— Der Rang der Europäischen Verordnungen gegenüber deutschen Verordnungen, in: Festgabe für Otto Riese, S. 65—81, Karlsruhe 1964.

*Cartou,* Louis: Der gemeinsame Markt und das öffentliche Recht, Baden-Baden/Bonn 1960.

*Catalano,* Nicola: Manuel de Droit des Communautés Européennes, Paris o. J. (1963).

*Church,* William Farr: Constitutional Thought in 16th Century France, Cambridge (Mass.) 1941.

*Dahm,* Georg: Völkerrecht, Bd. I—III, Stuttgart 1958—1961.

*Daig,* Hans Wolfram: Die Gerichtsbarkeit in der Europäischen Wirtschaftsgemeinschaft und der Europäischen Atomgemeinschaft, in: AöR 83 (1958), S. 132—208.

*Dennert,* Jürgen: Ursprung und Begriff der Souveränität, Stuttgart 1964.

*Ehle,* Dietrich: Verfassungskontrolle und Gemeinschaftsrecht, in: NJW 1964 S. 321—327.

*Erler,* Georg: Staatssouveränität und internationale Wirtschaftsverflechtung, in: Berichte der Deutschen Gesellschaft für Völkerrecht, Heft 1, S. 29—58, Karlsruhe 1957.

— Das Grundgesetz und die öffentliche Gewalt internationaler Staaten-Gemeinschaften, in: VVdtStL Heft 18, S. 7—49, Berlin 1960.

*Eucken,* Walther: Das ordnungspolitische Problem, in: Ordo-Jahrbuch I, S. 56 bis 90, o.O. 1948.

Euratom, Analyse et Commentaires du Traité, hrsg.: Institut Belge de Science Politique, unter Mitarbeit von M. J. Errera, M. J. van der Meulen, u. a., Brüssel 1958.

Europäische Gemeinschaft für Kohle und Stahl — Gemeinsame Versammlung — Die Parlamentarische Versammlung im Europa der Sechs, Bericht des Ausschusses für politische Angelegenheiten, Berichterstatter: Pierre Wigny (Wigny-Bericht).

Europäische Wirtschaftsgemeinschaft: Siebenter Gesamtbericht über die Tätigkeit der Gemeinschaft (1. April 1963—31. März 1964) Juni 1964.

*Everling,* Ulrich: Die ersten Rechtssetzungsakte der Organe der Europäischen Gemeinschaften, in: BB 1959, S. 52—55.

— Die Koordinierung der Wirtschaftspolitik in der Europäischen Wirtschaftsgemeinschaft als Rechtsproblem, Recht und Staat Nr. 296/297, Tübingen 1964.

*Freund,* Julien: Der unauffindbare Friede, in: Der Staat 1964, S. 159—182.

*Freyer,* Hans: Theorie des gegenwärtigen Zeitalters, Stuttgart 1955.

*Friauf,* Karl Heinrich: Die Staatenvertretung in supranationalen Gemeinschaften, Marburg 1960.

— Die Notwendigkeit einer verfassungskonformen Auslegung im Recht der westeuropäischen Gemeinschaften, in: AöR 85 (1960), S. 224—235.

— Zur Problematik rechtsstaatlicher und demokratischer Strukturelemente in zwischenstaatlichen Gemeinschaften, in: DVBl 1964, S. 781—789.

*Fuss,* Ernst-Werner: Zur Rechtsstaatlichkeit der Europäischen Gemeinschaften, in: DöV 1964, S. 577—587.

— Rechtssatz und Einzelakt im Europäischen Gemeinschaftsrecht, in: NJW 1964, S. 327—331, 945—951, 1600—1604.

— Die „Richtlinie" des Europäischen Gemeinschaftsrechts, in: DVBl 1965, S. 378—384.

*Glaesner,* Hans J.: Übertragung rechtssetzender Gewalt auf internationale Organisationen in der völkerrechtlichen Praxis, in: DöV 1959, S. 653—658.

*Glum,* Friedrich: Der deutsche und der französische Reichswirtschaftsrat, Berlin-Leipzig 1929.

*Van der Goes von Naters:* La Révision des Traités Supranationaux, in: Nederlands Tijdschrift voor Internationaal Recht, Liber Amicorum J. P. A. François, Leiden 1959.

*Haenel,* Albert: Studien zum Deutschen Staatsrecht, Erste Studie: Die vertragsmäßigen Elemente der Deutschen Reichsverfassung, Leipzig 1873.

*Hahn,* Hugo J.: Euratom: The conception of an International Personality, in: Harvard Law Review, Bd. 71, S. 1001—1055.

Handbuch der Europäischen Wirtschaft, Baden-Baden.

*Hallstein,* Walter: Der Schuman-Plan, Frankfurt/Main 1951.

*Hauriou,* Maurice: Précis de droit administratif et de droit public, 11. Aufl., Paris 1927.

*Hegel,* Georg Friedrich Wilhelm: Grundlinien der Philosophie des Rechts, hrsg. von Johannes Hoffmeister, 4. Aufl., Berlin 1956.

*Heide,* Harm ter: Die mittelfristige Wirtschaftspolitik der EWG und ihre Probleme, in: Möglichkeiten und Wege zu einer europäischen Wirtschaftsverfassung, Internationale Tagung der Sozialakademie Dortmund, hrsg. von Herbert Schmidt, S. 45—57, Berlin 1964.

*Heller,* Hermann: Staatslehre, Leiden 1961.

*Héraud*, Guy: Observations sur la nature juridique de la Communauté Européenne, in: RGDIP 63 (1958), S. 26—56.

*Huber*, Ernst Rudolf: Verfassungsgeschichte der Neuzeit, Bd. 2, Stuttgart 1960.

*Huber*, Hans: „Supranationalität" und Souveränität, in: Neue Zürcher Zeitung v. 27. 11. 1963, Bl. 13.

*Huber*, Max: Beiträge zur Kenntnis der soziologischen Grundlagen des Völkerrechts und der Staatengesellschaft, in: Jahrbuch des öffentlichen Rechts der Gegenwart, Bd. IV (1910), S. 56—134.

*Ipsen*, Hans Peter: Das Verhältnis des Rechts der Europäischen Gemeinschaften zum nationalen Recht, in: Aktuelle Fragen des Europäischen Gemeinschaftsrechts, Abhandlungen aus dem Gesamten Bürgerlichen Recht, Handelsrecht und Wirtschaftsrecht, S. 1—27, Stuttgart 1965.

*Jaenicke*, Günther: Die Europäische Gemeinschaft für Kohle und Stahl (Montan-Union) — Struktur und Funktionen der Organe, in: ZaöRV Bd. 14, S. 727—788.

— Der übernationale Charakter der Europäischen Wirtschaftsgemeinschaft, in: ZaöRV Bd. 19 (Makarov-Festgabe), S. 153—196.

— Völkerrechtsquellen, in: Wörterbuch für Völkerrecht, Bd. III, S. 766—775.

— Das Verhältnis zwischen Gemeinschaftsrecht und nationalem Recht in der Agrarmarktorganisation der Europäischen Wirtschaftsgemeinschaft, in: ZaöRV Bd. 23 (1963), S. 485—535.

*Jerusalem*, Franz W.: Das Recht der Montanunion, Berlin 1954.

*Kaiser*, Josef: Die Repräsentation organisierter Interessen, Berlin 1956.

*Kaiser*, Karl: Europas Einigung durch die Hintertür, in: Die Zeit v. 15. Nov. 1963, S. 4.

*Kelsen*, Hans: The Law of the United Nations, London 1951.

— Principles of International Law, 3rd. pr., New York 1959.

*Klein*, Karl Heinz: Die Übertragung von Hoheitsrechten, Berlin 1952.

*Koppensteiner*, Hans Georg: Die Europäische Integration und das Souveränitätsproblem, Baden-Baden/Bonn 1963.

*Kraus*, Herbert: Betrachtungen über die rechtliche Struktur der Europäischen Gemeinschaft für Kohle und Stahl, in: Internationale Gegenwartsfragen, S. 356—374, Würzburg 1963.

*Kraushaar*, Reinhold: Zur Kompetenz der Kommissionen der Europäischen Gemeinschaften zum Erlaß von Verordnungen, in: DöV 1959, S. 726—731.

*Kriele*, Martin: Kriterien der Gerechtigkeit, Berlin 1963.

*Kronstein*, Heinrich: Business Arbitration — Instrument of Private Government, in: Yale Law Journal, Vol. 54 (1944/45), S. 36—69.

— Arbitration is Power, in: New York University Law Journal, Vol. 38 (1963), S. 661—700.

*Krüger*, Herbert: Über die Herkunft der Gewalt der Staaten und der sog. supranationalen Organisationen, in: DöV 1959, S. 721—726.

— Allgemeine Staatslehre, Stuttgart 1964.

*Kruse*, Hans: Strukturelle Kongruenz und Homogenität, Festschrift für Herbert Kraus, S. 112—127, Kitzingen 1954.

*Küchenhoff*, Dietrich: Grundrechte und europäisches Staatengemeinschaftsrecht, in: DöV 1963, S. 161—168.

*Lagrange,* Maurice: Le caractère supranational des pouvoirs et leur articulation dans le cadre de la CECA, o. O. 1957.

*Landheer,* B.: Die Struktur der Weltgesellschaft und ihre rechtliche Formgebung, in: AdV Bd. 12 (1964/65), S. 1—13.

*Landolt,* Hans Jorg: Rechtsanwendung oder Billigkeitsentscheid durch den Schiedsrichter in der privaten Handelsgerichtsbarkeit, Bern 1955.

*Langen,* Eugen: Studien zum Internationalen Wirtschaftsrecht, München-Berlin 1963.

*Leibholz,* Gerhard: Das Wesen der Repräsentation, Neuauflage, Berlin 1960.

*Lieberknecht,* Otfried: Patente, Lizenzverträge und Verbot von Wettbewerbsbeschränkungen, Frankfurt 1953.

*Lörcher,* Gino: Der Abschluß völkerrechtlicher Verträge nach dem Recht der europäischen Gemeinschaften (EGKS, EWG und EAG), Bonn 1965.

*Lübbe,* Hermann: Zur politischen Theorie der Technokratie, in: Der Staat, Bd. 1 (1962), S. 19—38.

*Luithlen,* Wolfgang: Einheitliches Kaufrecht und autonomes Handelsrecht, Freiburg/Schweiz 1956.

*Maibom,* H. v.: Die Rechtssetzung durch die Organe der Europäischen Gemeinschaften, in: BB 1959, S. 127—131.

*Mangoldt,* Hermann v., *Klein,* Friedrich: Das Bonner Grundgesetz, Kommentar, 2. Aufl. (2 Bde), Berlin-Frankfurt 1957—1964.

*Mann,* F. A.: Reflections on a Commercial Law of Nations, in: BYIL Vol. 33 (1957), S. 20—51.

*Marjolin,* Robert: Coopération intergouvernementale et autorité supranationales, in: Révue économique 1958, S. 267—277.

*Marquard,* Odo: Hegel und das Sollen, in: Philosophisches Jahrbuch der Görres-Gesellschaft, Bd. 72 (1964/65), S. 103—119.

*Mathijssen,* Pierre: Le Droit de la Communauté Européenne du Charbon et de l'Acier, Den Haag 1958.

*Maunz,* Theodor, *Dürig,* Günter: Grundgesetz, Kommentar, München 1962.

*Mayntz,* Renate: Soziologie der Organisation, rde Bd. 166, Hamburg 1963.

*McNair,* Lord: The General Principles of Law Recognized by Civilized Nations, BYIL Vol. 33 (1957), S. 1—19.

*Mesnard,* Pierre: L'essor de la Philosophie Politique au XVIe siècle, Paris 1951.

*Meyer,* Gert: Das Recht internationaler Organisationen zur Schaffung und Bevollmächtigung eigener Organe, in: AdV Bd. 12 (1964/65), S. 14—33.

*Mosler,* Hermann: Der Vertrag über die Europäische Gemeinschaft für Kohle und Stahl, in: ZaöRV Bd. 14, S. 1—45.

— Zur Anwendung der Grundsatzartikel des Vertrages über die Europäische Gemeinschaft für Kohle und Stahl, in: ZaöRV Bd. 17, S. 407—427.

— Die Erweiterung des Kreises der Völkerrechtssubjekte, in: Berichte der Deutschen Gesellschaft für Völkerrecht, Heft 4, S. 39—79, Karlsruhe 1961.

*Much,* Walter: Die Amtshaftung im Recht der Europäischen Gemeinschaft für Kohle und Stahl, Frankfurt/Main 1952.

*Münch*, Fritz: Die Abgrenzung des Rechtsbereiches der supranationalen Gemeinschaft gegenüber dem innerstaatlichen Recht, in: Berichte der Deutschen Gesellschaft für Völkerrecht, Heft 2, S. 79, Karlsruhe 1958.

*Nawiasky*, Hans: Allgemeine Staatslehre II, Staatsgesellschaftslehre 2, Einsiedeln-Zürich-Köln 1955.

*Oppenheim*, L.; *Lauterpacht*, Hersh.: International Law I, 8th ed. London 1958.

*Ophüls*, C. F.: Juristische Grundgedanken des Schuman-Planes, in: NJW 1951, S. 289—292.

— Quellen und Aufbau des Europäischen Gemeinschaftsrechts, in: NJW 1963, S. 1697—1701.

— Die Geltungsnormen des Europäischen Gemeinschaftsrechts, in: Festschrift für Otto Riese, S. 1—26, Karlsruhe 1964.

*Partsch*, Karl Josef: Die Anwendung des Völkerrechts im innerstaatlichen Recht, in: Berichte der Deutschen Gesellschaft für Völkerrecht, Heft 6, Karlsruhe 1964.

*Rabe*, Hans Jürgen: Das Verordnungrecht der Europäischen Wirtschaftsgemeinschaft, Hamburg 1963.

*Reibstein*, Ernst: Völkerrecht, Bd. 2, Freiburg-München 1963.

*Reuter*, Paul: La Communauté Européenne de Charbon et d'Acier, Paris 1953.

— Aspects de la Communauté Economique Européenne, in: Revue du Marché Commun. Bd. 1, S. 6—14, 160—168, 310—316.

— Cours d'Organisations Européennes, Cours professée à la Faculté de Droit et des Sciences Economiques de Paris, Paris 1959/60.

— Principes de Droit International Public, in: RdC Bd. 103 (1961 II), S. 429 bis 651, Leyden 1962.

*Ritter*, Joachim: Hegel und die französische Revolution, Köln-Opladen 1957.

*Röpke*, Wilhelm: Internationale Ordnung — heute, 2. Aufl., Erbenbach-Zürich-Stuttgart, 1954.

*Rosenstiel*, Francis: Supranationalität, Eine Politik des Unpolitischen, Köln 1964.

*Schelsky*, Helmut: Der Mensch in der wissenschaftlichen Zivilisation, in: Auf der Suche nach Wirklichkeit, S. 439—480, Düsseldorf-Köln 1965.

*Scheuner*, Ulrich: Die Rechtssetzungsbefugnis internationaler Gemeinschaften, in: Festschrift für Alfred Verdross, S. 229—242, Wien 1960.

*Schlochauer*, Hans-Jürgen: Zur Frage der Rechtsnatur der Europäischen Gemeinschaft für Kohle und Stahl, in: Festschrift für Hans Wehberg, S. 361 bis 373, Frankfurt/Main 1956.

— Rechtsformen der Europäischen Ordnung, in: AdV Bd. V, S. 40—62.

— Das Verhältnis des Rechts der Europäischen Gemeinschaften zu den nationalen Rechtsordnungen der Mitgliedstaaten, in: AdV 11 (1963/64), S. 1—34.

*Schmitt*, Carl: Politische Theologie, München-Leipzig 1922.

— Der Leviathan in der Staatslehre des Thomas Hobbes, Hamburg 1938.

— Nomos der Erde, Köln 1950.

— Land und Meer, Eine weltgeschichtliche Betrachtung, Reclams Universalbibliothek, Nr. 7536, Stuttgart 1954.

— Verfassungslehre, 3. Aufl., Berlin 1957.

*Schmitt,* Carl: Staat als konkreter an eine geschichtliche Epoche gebundener Begriff, in: Verfassungsrechtliche Aufsätze, S. 375—385, Berlin 1958.
— Der Begriff des Politischen, Neuauflage Berlin 1963.

*Schneider,* Hans K.: Planification als normatives Informationssystem und als Koordinationsprinzip, in: ZgesStW Bd. 120 (1964), S. 329—351.

*Schnur,* Roman: Die französischen Juristen im konfessionellen Bürgerkrieg des 16. Jahrhunderts, Berlin 1962.
— Bodin, in: Staatslexikon Bd. 2, Sp. 102, 6. Aufl., Freiburg 1958.

*Schottelius,* D. J.: Die internationale Schiedsgerichtsbarkeit, Köln-Berlin 1957.

*Scupin,* Hans Ulrich: Der Begriff der Souveränität bei Johannes Althusius und bei Jean Bodin, in: Der Staat, Bd. 4 (1965), S. 1—26.

*Seydel,* Max von: Zur Lehre von den Staatenverbindungen, in: Staatsrechtliche und politische Abhandlungen, Bd. I, Freiburg/Leipzig 1893.

*Sohn,* Louis, B.: Cases on United Nations Law, Brooklyn 1956.

*Soto,* M. J. de: Les relations internationales de la Communauté Européenne du Charbon et de l'Acier, in: RdC Bd. 90 (1956 Bd. II), S. 33—116.

*Soulé,* Yves Pierre: Comparaison entre les dispositions institutionelles du Traité CECA et du Traité CEE, in: Révue du Marché Commun, Bd. 1 (1958), S. 95—102.

*Steiger,* Heinhard: An Evaluation of Legal Development on a Regional Basis: The Search for European Unity, Ohio State Law Journal, Bd. 22 (1961), S. 495—519.
— Die Unabhängigkeit der Rechtssetzung der Europäischen Gemeinschaften, Diss. iur. Münster 1964.

*Stein,* Lorenz von: Geschichte der sozialen Bewegung in Frankreich, 3 Bde. Neudruck der von Gottfried Salomon besorgten Ausgabe von 1921, Darmstadt 1959.

*Steindorff,* Ernst: Die Vertragsziele der Europäischen Gemeinschaft für Kohle und Stahl als Rechtsvorschriften und Richtlinien, in: Berichte der Deutschen Gesellschaft für Völkerrecht, Heft 2, S. 94—115, Karlsruhe 1958.
— Der Gleichheitssatz im Wirtschaftsrecht des Gemeinsamen Marktes, Berlin 1965.

*Thieme,* Werner: Das Grundgesetz und die öffentliche Gewalt Internationaler Staatengemeinschaften, in: VVdtStRL, Heft 18, Berlin 1960.

*Tönnies,* Ferdinand: Gemeinschaft und Gesellschaft, Nachdruck der 8. Aufl., Darmstadt 1963.

*Tomuschat,* Christian: Die gerichtliche Vorabentscheidung nach den Verträgen über die Europäischen Gemeinschaften, Köln-Berlin 1964.

*Triepel,* Heinrich: Völkerrecht und Landesrecht, Leipzig 1899, Neudruck Aalen 1958.

*Volkmar,* Dieter: Allgemeiner Rechtssatz und Einzelakt, Berlin 1962.

*Verdross,* Alfred: Völkerrecht, 5. Aufl., Wien 1964.

*Visscher,* Charles de: Théories et Réalités en Droit International Public, Paris 1955.

Währungsfonds, Internationaler: Jahresbericht 1964.

*Weber,* Max: Wirtschaft und Gesellschaft, 4. Aufl., Tübingen 1956.

*Wehberg*, Hans: Entwicklungsstufen der Internationalen Organisation, in: Friedenswarte Bd. 52, S. 193—218.

Wehrbeitrag, Der Kampf um den: 3 Bde, München 1952—1958.

*Wengler*, Wilhelm: Völkerrecht, Berlin-Göttingen-Heidelberg 1964.

Wörterbuch des Völkerrechts, begründet von Karl Strupp, 2. völlig neu bearbeitete Auflage, hrsg. von Hans-Jürgen Schlochauer, 3 Bände u. Registerband, Berlin 1960—1962.

*Wolff*, Hans Julius: Organschaft und Juristische Person II, Theorie der Vertretung, Berlin 1934.

— Rechtsgrundsätze und verfassungsgestaltende Grundentscheidungen als Rechtsquellen, in: Gedächtnisschrift für Walter Jellinek, S. 33—52, München 1955.

— Verwaltungsrecht, Bd. I, 6. Aufl., Berlin-München 1965; Bd. II, 1. Aufl., Berlin-München 1962.

*Zemanek*, Karl: Das Vertragsrecht der Internationalen Organisationen, Wien 1957.

## Personenverzeichnis

Es werden nur die Hauptstellen angeführt. Die Zahlen bezeichnen die Seitenzahlen. Die Zahlen in Klammern bezeichnen die Fußnote auf der angegebenen Seite.

Aaron, Raymond 43 (25)

Bärmann, Johannes 77
Balladore Pallieri, Giorgio 101
Bebr, Gerhard 109
Bindschedler, Rudolf 140 f.
Bodin, Jean 19, 20, 21 (25), 23, 24
Böckenförde, Ernst Wolfgang 25 (52), 38, 161 (17), 162
Brunner, Otto 21 (29)
Bülck, Hartwig 183 ff.
Bülow, Erich 114 (70)

Calhoun, John C. 61 (14)
Carstens, Karl 84 (5), 134, 138 (25)
Catalano, Nicola 57, 59, 75, 136 (9), 143

Dahm, Georg 61, 140 (37)
Daig, Hans 74

Erler, Georg 40 f., 158
Everling, Ulrich 71 (12), 77

Freyer, Hans 42 (22)
Friauf, Heinrich 104 ff., 181
Fuss, Ernst-Werner 72 (17), 86 (19)

Glum, Friedrich 176
van der Goes van Naters 137

Haenel, Albert 61 (14), 152 f.
Hallstein, Walther 109 (45), 115 (79)
Hauriou, Maurice 163
Heller, Hermann 161 f.
Héraud, Guy 72 (18)
Hegel, Georg-Friedrich-Wilhelm 45 (6), 184
Hobbes, Thomas 23
Huber, Max 40

Ipsen, Hans Peter 113 f.

Jaenicke, Günther 94
Jerusalem, Franz 69

Kaiser, Josef 176 f.
Kelsen, Hans 20, 134
Kraus, Herbert 62 f., 137
Kraushaar, Reinhold 77
Kriele, Martin 20, 24, 26
Kronstein, Heinrich 32, 33
Krüger, Herbert 21 (25), 22 (30), 37, 83 (11), 104, 177

Lagrange, Maurice 69 (3)
Landheer, B. 33, 43 (26), 53 (29)
Leibholz, Gerhard 175 f.
Locke, John 23
Lübbe, Hermann 42
Luithlen, Wolfgang 31

Maibom, H. v. 77
Marquard, Odo 45 (6), 133 (1)
Maunz, Theodor 115
McNair, Lord 31, 32
Mestmäcker, Ernst-Joachim 172
Monnet, Jean 165
Mosler, Hermann 56, 89 (1), 125 f., 137

Ophüls, C. F. 110

Rabe, Jürgen 72 (17), 79, 80, 106 f.
Reuter, Paul 53 (28), 56, 58, 86 (24), 92 f., 137
Röpke, Wilhelm 28 (3, 4)
Rosenstiel, Francis 20, 26, 40 f., 45 (3, 5, 6), 54 f., 96 (1), 122 f., 133 (1), 141 f., 144 f., 147, 156, 171 f., 177

Schelsky, Helmut 41, 42 (23, 24), 185 f.
Schlochauer, Hans Jürgen 99 f.
Schmitt, Carl 15, 20, 21, 23, 24, 60, 65 (37), 66 (42), 113 (62), 128 (1), 149 ff., 158, 171, 175, 179
Schuman Robert 7
Scupin, Hans Ulrich 20 (20)
Seydel, Max v. 61 (14)
Soulé, Yves Pierre 91 (15)
Stein, Lorenz v. 17, 18, 19 (15), 38, 147
Steindorff, Ernst 56

Teilhard de Chardin, Pierre de 36 (35)
Thieme, Hans 105, 109 (45)
Triepel, Heinrich 47 (2)

Verdross, Alfred 60 f.

Weber, Max 24
Wigny, Pierre de 137 f.
Wolff, Hans J. 47, 67 (3), 108, 124, 161, 174, 175 f.

# Sachverzeichnis

Anerkennung 123, 128, 134 f.
Anordnung 48, 67
 überstaatlicher Organisationen 159
 zwischenstaatlicher Organisationen 49, 50
 siehe auch Rechtssetzung
Ausnahmezustand 20, 23, 24, 25 f., 123, 141 ff.
Austritt
 Europäische Gemeinschaften 101
 Zwischenstaatliche Organisationen 51, 52
 Vereinte Nationen 53
Autorität 44, 48
 siehe auch Herrschaft, Staatsgewalt

**Bund**
Begriff 149 ff.
Europäische Gemeinschaften 16, 65 (34), 182
Souveränität im B. 152
Bundesstaat, bundesstaatlich, Bundesstaatlichkeit 45, 47, 55 (8), 62, 63, 111, 143, 149 ff.
 Europäischer B. 7, 54 f., 145, 183
 Verhältnis zur Überstaatlichkeit 63, 145, 182
Bundestreue 154
 siehe auch Gemeinschaftstreue
Bundesverfassungsgericht 119 f.

clausula rebus sic stantibus 141 ff.

EAG
 Aufgaben 59 f.
 Kommission 77
EGKS
 Aufgaben 55 ff.
 Gründungsvertrag als Gesetz 86 (21), 88
 Grundsatzentscheidungen 56
 Hohe Behörde 70, 78 (10), 89 ff., 128
 Koordinierungsausschuß 92
 Ministerrat 90, 91 ff.
 Versammlung 92
 Verhältnis zur EWG 148, 155
Eigenbestimmung der Staaten 21, 36, 50, 52
 Durchbrechung 83 (11)
 Einschränkung 39
 im Bund 151, 153
 in den Europäischen Gemeinschaften 157, 161
 siehe auch Souveränität
Einstimmigkeit 98 f.
 im Ministerrat der
  EAG 95, 97
  EGKS 97
  EWG 94, 97
Empfehlungen, allgemeine der EGKS 74 f.
Entscheidung 26, 41
 EAG und EWG 71 f.
 EGKS 68 ff.

# Sachverzeichnis

EWG
  Aufgabe 57
  Gründungsvertrag als Rahmenvertrag 58, 86, 156
  Kommission 92 ff., 177 ff.
    Initiativrecht 93 f.
  Landwirtschaft 58 f.
  Ministerrat 92 ff.
  Organe, Rolle 57 f., 86 f.
  Versammlung 94 f.
Europa der Sechs 155 f.
Exekution
  Bund 151 ff.
  Europäische Gemeinschaften 158 f.

Fiktion im Recht 41, 102 (16)
föderal siehe Bundesstaat
Freiheit 17 f., 21, 24, 38 f., 43, 45 (6)
Funktion, Funktionalität 124 f., 128 (1), 130 f., 183
  Verhältnis zum Politischen 122, 131, 145 ff.

Gehorsam 21, 35
Gemeinschaften, Europäische
  Auflösbarkeit 61, 134 ff.
  Eigenständigkeit 132 f.
  Exekutive 177
  funktional-politische Einheiten 144
  Gemeinschaftsgewalt 80, 104, 111, 118
    Ursprung 80 ff.
  Gesamteinheit der drei G. 154 ff.
  Gesamtwille in den G. 171
  Gründung 60, 62
  Grundsätze 7, 15, 56, 58, 155
  Homogenität 109, 171 ff.
  Kriegführung 159 f.
  Organe 60, 95 ff., 137, 148, 178
  Rechtsnatur 122 f.
    Bund 16, 65 (34), 182
    Staatscharakter 63, 142, 143, 150
  Rolle der Mitgliedstaaten 62, 63, 182
    siehe auch Mitgliedstaaten
  Souveränität der G. 54, 122, 144
    der Staaten in den G. 16
  Ergänzung der Staatlichkeit 15
  Überstaatlichkeit der G. 45 f., 54, 182 ff.
  Vertragsabschlußrecht 70, 127 f.
  Völkerrechtspersönlichkeit 63, 125 f., 130, 134, 160
  Willensbildung 179, 181, 182
  Zuständigkeit, Kompetenz 64, 65 f., 76 f., 79 f., 110 ff.
Gemeinschaftsrecht 100, 102
  Gewaltenteilung 103
  Gleichheitssatz 108
  Grundrechte des G. 103, 107 ff.
  Hemmung durch Staatsrecht 118 f.
  Rechtsgrundsätze 177 ff.
  Verhältnis zum nationalen Recht 66, 83 (12), 101, 110 ff., 114 ff.
  Unmittelbarkeit 99 f., 102
Gemeinschaftstreue 62, 66 (41)
  siehe auch Bundestreue
Gerichtshof 56, 69, 108, 109, 115 (79)
  Zuständigkeit 62, 101, 103, 119 f.
Gesellschaft 15, 17 f., 26, 37
  Herrschaft durch die G. 26, 38 f.
  herrschaftslos 41
  Industriegesellschaft 15
  internationale 27
  nationale 27, 34 f., 36
  Privatrechtsgesellschaft 172
  übernationale 27, 33
Gleichheitssatz 108
Grenze 22, 34, 183
Großraumwirtschaft 27
Gründungsvertrag
  Abschluß 60 f.
  Änderung
    Europäische Gemeinschaften 63, 64, 78, 83 f., 136 ff.
    EAG 73, 85
    EGKS 57, 70, 84
    EWG 73, 84
    zwischenstaatliche Organisationen 51 f.
    siehe auch Satzungsänderung
  Aufhebung 133 ff.
  Auslegung, Interpretation 61 (12), 78 (10), 105, 107
  Kündigung 138
  Rechte und Pflichten der Partner aus G. 62
  Rücktritt 139 f.
  Satzung 60
  Vereinbarung 60 ff., 133
  Verfassungsänderung durch G. 65 ff., 83 (11), 117
  Vertragsgesamtheit 154 f.

Grundgesetz
　Art. 19　104, 118
　Art. 24　83, 114
　Art. 100　119
Grundnorm 20
Grundrechte, staatliche und Gemeinschaftsrecht 117 ff.

Herrschaft 24 f., 123
　des Gesetzes 123
　Geschlossenheit der H. 22
　Kontrolle 43
　Monopol 23
　Rechtssetzung als Mittel der H. 25, 46, 67 (3)
　von Sachen 42
　des Staates 17, 19, 22, 48, 135
　übernationale 38 f.
　überstaatlicher Organisationen 67
　Verantwortung 42 f.
　zwischenstaatlicher Organisationen 53
　siehe auch Autorität, Staatsgewalt
Homogenität 153, 169
　Europäische Gemeinschaften 109, 171 ff.
　funktional-politische 171
　wirtschaftliche 164

Ideologie 42
Institution 61, 123
Integration 16, 114, 115, 164 ff.
　siehe auch Wirtschaftsintegration
Interesse
　Begriff 20
　Repräsentation 175 f.
　wirtschaftliches 19, 30, 38 f.
International 27
Intervention
　Bund 151
　Europäische Gemeinschaften 156 ff.
ius ad bellum 53, 159

Koordinierung 58, 138
Kommission der EWG 94
　Initiativrecht 93 f.
Kompetenzvorrang der Gemeinschaften 110 ff.
Kongruenz, strukturelle 106

Liberalismus 28, 37, 38, 41

Markt, gemeinsamer 135, 164 f.
　Agrarmarkt 165 f.
　EGKS 55, 57, 142
　EWG 57 f.
Marktorganisation 163, 165
Mehrheitsprinzip
　Europäische Gemeinschaften 96 f., 98, 99
　EAG 97 ff.
　EGKS 96 f.
　EWG 94 f.
　Völkerbund 49
　zwischenstaatliche Organisationen 49 ff.
Menschenrechte 24, 107 f.
Menschenrechtskonvention, Europäische 103
Ministerrat 95 ff., 156 f., 180 ff.
　siehe auch EGKS und EWG
Mitgliedstaaten der Europäischen Gemeinschaften 16, 60, 62, 63, 66, 92, 134, 137, 153, 182
　zwischenstaatliche Organisationen 50, 53

Nation, Volk, europäisch 171

Ordnung, politische 7, 21, 25, 61, 65, 135, 153
Ordnungsform
　politische 7, 144
　überstaatliche 43
Organisation
　Gründung 61
　Staat als Organisation 15, 25
　überstaatliche 16, 44, 46, 47 ff.
　siehe auch Europäische Gemeinschaften
　zwischenstaatliche 15, 44, 47, 54
　organisatorisch-innerer Bereich 49 f.
　funktionell-sachlicher Bereich 50 f.
　Zuständigkeit 50
Organisationsgewalt
　Europäische Gemeinschaften 162 f.
　zwischenstaatliche Organisationen 49

Parlament, Europäisches 173
Personalhoheit 21
Politisch, Politik 18, 26, 38, 42, 145 ff., 157

## Sachverzeichnis

Planung 164, 165 ff.

Ratifikation 48
Gründungsvertragsänderung 51 f., 64, 84
Organbeschlüsse der Europäischen Gemeinschaften 64, 84, 98
zwischenstaatliche Organisationen 50 f.
Raumordnung 128 (1), 130, 183 f.
Recht 19 f., 26, 158
Rechtsbildung 48, 49 ff.
Rechtsgrundsätze des Gemeinschaftsrechts 107 ff.
Rechtsprinzip 24, 67, 108
Rechtssetzung 24, 25, 46, 48, 67
 Einfluß der Gesellschaft 26
 Europäische Gemeinschaften 67, 99 ff.
  EAG 71 ff., 95
  EGKS 68 ff., 90 f.
  EWG 67, 71 ff., 93 f.
  Umfang 76 ff.
  Ursprung 80 ff.
 Inhalt der Souveränität 19 f., 24
 zwischenstaatliche Organisationen 49, 51, 52
Rechtssubjektivität 124 f.
 siehe auch Völkerrechtspersönlichkeit
Repräsentation 171, 173 ff.
 funktionale 179
Richtlinie 74 ff.

Sachgegebenheit, Sachgesetzlichkeit, Sachzwang 41 f., 146 f., 167
Satzung der Gemeinschaften 60, 63 ff.
Satzungsänderung
 Europäische Gemeinschaften 64 f.
 zwischenstaatliche Organisationen 51 f.
 siehe auch Gründungsvertrag, Änderung
Satzungsvereinbarung 60
 Rechtsgrund der Rechtssetzungsbefugnis 82 f.
Schiedsgerichtsbarkeit 32 ff., 39
Staat 15, 18, 21, 24, 25, 26, 35, 53, 145, 183
 Stellung im Bund 152
 politische Einheit der Gesellschaft 17

Nationalstaat 43
Organisation 15, 25
Recht 21
souveräner Staat 15
societas perfecta 15
Territorialstaat 21
und Wirtschaft 37 f.
übernationale Wirtschaftsbildung 38 f.
überstaatliche Organisationen 15, 44 f., 132 f., 144
 siehe auch Europäische Gemeinschaften
 zwischenstaatliche Organisationen,
Zweck 21, 24, 38 f., 40
Staatenbund 149 ff.
Staatlichkeit 7, 8, 15 f., 132 f., 144, 183
Staatengesellschaft 48, 52 f.
 siehe auch Völkerrechtsgesellschaft
Staatsgewalt 19, 20 ff., 26, 31, 44, 83 (11), 111 f.
 siehe auch Autorität, Herrschaft
Statusvertrag, Statusvereinbarung 60, 154
Souveränität 19 ff., 26, 39 ff., 41, 48, 53, 152
 der Staaten in den Gemeinschaften 16
 Synthese von Recht und Politik 19, 26
 Völkerrechtslehre der S. 39 ff.

Technokratie 41, 42
Territorialhoheit 21
Transformation 48, 69 (3), 99 f.
Treueklausel 112, 119
 siehe auch Gemeinschaftstreue

Übernational, Übernationalität 27 f., 30, 184
 Bewußtsein 33
 Gesellschaft 33
 Ideologien 35
 Herrschaftsschicht 38 f.
 Wirtschaft 30 ff., 38
 Wissenschaft 36
Überstaatlich, Überstaatlichkeit 7, 15, 27, 39, 44 f., 67, 132 f., 159, 172, 182 ff.
 Europ. Gemeinschaften 35, 54
 Herrschaftsform 53
 Organisationsform 43
 Verhältnis zum Bundesstaat 63, 182

Unmittelbarkeit des Gemeinschaftsrechts 99 f., 102

**V**ereinbarung 44, 47
Form der Rechtsbildung 48
Gründungsvertrag als V. 60
Vereinte Nationen 49, 50, 160
Austritt 53
Völkerrechtspersönlichkeit 125, 129
Verfassung 17, 36, 63 f.
Bindung der Gemeinschaften an staatliche 102 ff.
der Gemeinschaften 154 ff.
siehe auch Satzung
staatliche und Gründungsverträge 65 f., 156
Verfassungsvertrag 60
siehe auch Statusvertrag, -vereinbarung
Verfassungswidrigkeit
Gründungsverträge 116 f.
sekundären Gemeinschaftsrechts 117 f.
Verordnung
EGKS 70
EWG und EAG 71

Verwaltung 147
Völkerbund 48 ff.
Völkerrecht 44, 53, 106, 129, 140
Völkerrechtsgesellschaft 128, 129, 130, 134
siehe auch Staatengesellschaft
Völkerrechtssubjekt, -persönlichkeit 47
funktionelle Bestimmtheit 124 f.
primäre und sekundäre V. 125 f.

**W**eltgesellschaft 36
Weltstaat 53
Widerstandsrecht 21, 35 (32)
Willens- und Wirkeinheit 7, 21, 63, 65, 124 f., 134
Wirtschaftsintegration 28, 30
siehe auch Integration
Wirtschaftspolitik, mittelfristige der EWG 166 ff.

**Z**ollunion 58
Zustimmung zu Organisationsbeschlüssen 51 ff.
Zustimmungsgesetze 100 f., 118

Printed by Libri Plureos GmbH
in Hamburg, Germany